HITLER'S WARTIME MAGAZINE

ヒトラーの宣伝兵器

プロパガンダ誌《シグナル》と第２次世界大戦

ジェレミー・ハーウッド［著］

源田　孝［監修］

大川　紀男（ぷれす）［訳］

HITLER'S WARTIME MAGAZINE
by Jeremy Harwood
Copyright © 2014 Quantum Books
Japanese translation published by arrangement with Quantum Publishing Ltd through
The English Agency (Japan) Ltd.

Printed in China

目次

発祥 ……………………………………………… 6
電撃戦 …………………………………………… 8
 ポーランドからノルウェーへ ……………… 10
 西部戦線への猛攻 …………………………… 22
 ダンケルク …………………………………… 50
 嵐の前の静けさ ……………………………… 54
 バトル・オブ・ブリテン …………………… 64
電撃戦から「バルバロッサ作戦」へ ………… 78
 バルカン半島での戦い ……………………… 80
 北アフリカの枢軸軍 ………………………… 92
 「バルバロッサ作戦」 ……………………… 106
ヨーロッパ要塞 ……………………………… 130
 アメリカとの戦い …………………………… 132
 カフカスへの進撃 …………………………… 144
 スターリングラードをめぐる戦い ………… 152
 クルスク以後 ………………………………… 182
 第三帝国への爆撃 …………………………… 192
神々の黄昏 …………………………………… 204
 ノルマンディーからベルリンへ …………… 206
 索引 …………………………………………… 224
 監修者あとがき ……………………………… 226

発祥

ナチス・ドイツによる最も成功した戦時宣伝雑誌である《シグナル》は、1940年4月に創刊号が、そして1945年3月——欧州戦が終結したVEデー（欧州戦勝利の日）のわずか数週間前に最終号が発行された。最盛期には、フランス語、イタリア語、スロバキア語、アラビア語、フィンランド語、そしてオランダ語など20の言語に翻訳され、毎号約250万部が販売されるほどの大成功を収めていた。

その当時の著名な雑誌——中でもイギリスの『ピクチャー・ポスト』、アメリカの『ライフ』や『ナショナル・ジオグラフィック』をモデルとした《シグナル》の発刊は、1940年代初頭、ドイツがヨーロッパ文明の紛うことなき守護神であると喧伝し、第三帝国の国家社会主義の美徳を近隣諸国に誇示することを目的として大部数の雑誌を発行しようとナチスが決意した時にさかのぼる。それによって「占領地域の人びとの信頼」を獲得できるというのが、この雑誌発行の目論見だった。とりわけ、南米の中立諸国がドイツ寄りの立場を採るために影響力を及ぼすことができるとの狙いもあった。

斬新なレイアウトの採用、カラーと白黒の写真、辛辣な戯画、わかりやすいイラスト、高度に視覚的な地図などを惜しみなく使った《シグナル》は、ほとんどすべての発行地域でまたたく間に成功を収めた。ドイツの自信は深く、西側諸国への進攻を始める前だったにもかかわらず、フランス語版創刊の準備を始めたほどであった。もっとも、最初の外国語版はイタリア語だったのだが。ほどなくして《シグナル》は、ベルギー、ボヘミア、モラビア、ブルガリア、クロアチア、デンマーク、エストニア、フィンランド、フランス、ギリシャ、ハンガリー、イラン、イタリア、ルクセンブルク、オランダ、ノルウェー、ポルトガル、ルーマニア、スウェーデン、スイス、セルビア、スロバキア、スペイン、そしてトルコで販売されるようになった。占領地域であったチャネル諸島、中立国のアイルランド、さらには参戦する前のアメリカで販売するために英語版さえもつくられ、アメリカでは《シグナル》はわずか10セントで購入することができた。

1943年までに《シグナル》の発行部数は何と250万部に達し、ヨーロッパ随一の戦時宣伝雑誌という評価は不動のものとなり、フィンランドの定期刊行誌『クスター・ヴァーサ』は同誌を「最もめざましい、驚くべき雑誌」と評した。同年、大西洋を挟んでアメリカで発行された『ライフ』もまた不承不承ながら《シグナル》の成功を賞賛する記事を掲載した。「アメリカが発行する主要な対外宣伝雑誌である『ヴィクトリー』でさえ、ドイツの《シグナル》の二番煎じでしかなかった。発行部数は《シグナル》の半分にも満たず、ドイツの対抗勢力に対する宣伝効果ほどもない」と『ライフ』は、露骨に述べた。《シグナル》は、「枢軸国側の偉大な宣伝兵器」というのが『ライフ』の結論だった。こうして、アメリカは、「言葉による戦争」に負けるという切迫した危険にさらされることになった。

盛衰

ポーランドに対する電撃的な攻撃によって第2次世界大戦が始まった時は、《シグナル》はまだ創刊されていなかった。この新雑誌が創刊されたのは、1940年4月のことであり、多くのドイツ人が連合国との膠着戦を「まやかし戦争」と呼んでから数ヵ月後に、ヒトラーの陸軍がデンマークとノルウェーに進攻したころだった。その翌月、ドイツは、オランダ、ベルギー、そしてフランスを相次いで攻撃した。ドイツ出版社ビルにあった編集部のスタッフ——10人から15人いた——が各号の編集に携わっていた。外部翻訳者の数は120人に上り、そのすべてが外国人ボランティアであり、これにフリーのジャーナリスト、記者、経済学者、そして歴史家などから成る協力者たちが加わった。この雑誌の特色である圧倒的な戦争写真は、《シグナル》が起用した宣伝部隊所属のカメラマンのおかげだった。その規模は千人にも上り、ドイツ国防軍に随行してすべての主要な戦線に赴いた。彼らには最良で最も近代的な写真機器が惜しみなく支給され——なかでもアグファ・ゲバルト社のカラー・カメラは、この雑誌の名声を高めた写真撮影に威力を発揮した。

1941年9月までハラルド・レヘンベルクが《シグナル》の編集長を務め、1942年春までハインツ・フォン・メデンフィントがその職務を継承した。その後、ヴィルヘルム・リーツが1945年2月まで編集長の地位にいたが、1943年5月以降はギゼラー・ヴィルジンクが事実上の編集長であり、後に正式にその職務を継承した。熱心なナチス党員であり、1933年にはナチス親衛隊（SS）に加わり、また「ユダヤ問題調査研究所」にも断続的に携わってい

たヴィルジンクは、同誌スタッフのベルリンからの退避を決定した。最初は、連合軍による断続的な空爆を避けるために、首都から約70キロ離れた村に避難し、次いでバンベルクに近いワッテンドルフに移った。1945年3月に《シグナル》最終号が編集されたのはまさにこの町であり、その翌月、ヴィルジンクとそのスタッフは、進駐してきたアメリカ軍によって拘束された。

　終戦に向かいつつある中、さすがに《シグナル》の発行部数は徐々に低下していったが、何とか多くの読者は維持することができた。連合軍によって解放が進む地域——フランスやその他の東欧諸国——では発行を停止するものも出てきた。それにつれて、雑誌の内容も徐々に変わっていった。もともと《シグナル》は、単なるニュース誌を目指すものではなかったが、戦争の初期、大部分のページは、第三帝国の圧倒的な勝利を祝う記事によって占められた。そうした傾向に変化がでてきた。ドイツの勝利が急激な陰りを見せ、第三帝国が大規模な反撃を受けるようになると、《シグナル》はそのスペースを次第に映画スターのゴシップ、スポーツ大会、コンサート、演劇、そしてファッションなどに割くようになった。北アフリカ砂漠戦の転換点となったエル・アラメインでの敗北はまったく報じられることがなかったし、チュニジアにおける枢軸側の降伏や大西洋海戦の敗北なども同様だった。スターリングラードにおけるドイツ第6軍の降伏なども数ヵ月後に報じられ、しかも記事の内容は「勝利のためには避けられない、一時的な後退だから心配は不要」というものだった。また、シチリア島からの枢軸軍の撤退は、単純な戦術的後退と紹介された。

　1944年ごろになると、1941年、あるいはそれよりもさらに前に撮影された写真が、ドイツ軍の反撃を物語る証拠として使われたが、それらは、実際にはまったくの幻想でしかなかった。第三帝国の主要工業都市に壊滅的な損害をもたらした絨毯爆撃でさえ、ほとんど報じられることはなかった。ごくまれに、連合軍の気まぐれさ、残虐性、非人間性を強調する記事が掲載されることもあった。連合軍の爆撃は"テロ爆撃"であり、そうした爆撃を遂行するイギリス空軍とアメリカ陸軍航空軍の搭乗員たちは"テロ飛行士"と呼ばれた。避けられない終戦が近づくと、記事のトーンはさらに大げさになっていった。ヨーロッパはふたつの野蛮国——ソ連の共産主義とアメリカの資本主義——に脅かされているというのが《シグナル》の主張だった。当然ながら、ヨーロッパ文明に対する最大の脅威は間違いなく第三帝国そのものであることを、《シグナル》は認めなかった。

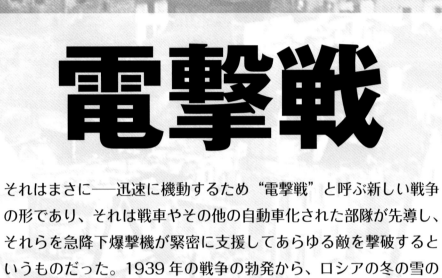

電撃戦

それはまさに──迅速に機動するため"電撃戦"と呼ぶ新しい戦争の形であり、それは戦車やその他の自動車化された部隊が先導し、それらを急降下爆撃機が緊密に支援してあらゆる敵を撃破するというものだった。1939年の戦争の勃発から、ロシアの冬の雪の中でドイツ国防軍が完全に立ち往生するまで、ヒトラーが繰り出した残忍な"必殺パンチ"は、敵の戦意をことごとく喪失させるに十分なほど強烈だった。

ポーランドからノルウェーへ

1939年9月1日にドイツ軍がポーランドに侵攻してからわずか6週間後、ポーランドは降伏した。そのあとの数ヵ月間行なわれたのは、いわゆる"まやかし戦争"だった。そのころヒトラーには、まだ来ぬ敵の攻撃に備えてフランスとイギリスが待ち構えていた西部方面を攻撃する準備ができておらず、ドイツ国防軍が再び攻撃に転じたのは、ようやく1940年4月——《シグナル》が創刊された月——になってからであった。ヒトラーは、スウェーデンから第三帝国までの鉄鉱石のルートを支配するためには、中立国であるデンマークとノルウェーを攻撃する必要があると考えた。その後に行なわれた迅速な作戦によって、連合国側は軍事的に総崩れとなり、イギリス政府に痛手を与えたのである。

ヒトラーがミュンヘンで"ウジ虫ども"と呼んで蔑んでいた国々が、ポーランド侵攻のあと、1939年9月3日に第三帝国に宣戦を布告したときのヒトラー以上に落ち着きを失ったものはいなかっただろう。それはまた、数百万人のドイツ人も同じだった。1918年の降伏の記憶は今もなお生々しく、ドイツ人の士気は依然として低いままだった。その背景にあるのは、ノルウェーは無血勝利で終わったとしても、イギリスとフランスとの戦いとなれば、そういうわけにはいかないということだった。ポーランドに対する電撃戦の成功さえも——ポーランドとの戦争はわずか6週間あまりで終わった——自国内の士気を高めるには至らなかった。それどころか、食糧配給の規制、その他の厳格な統制による締め付け、また例年にない厳しい冬の訪れもあり、ドイツ人の士気が上がらないのは当然だった。

ポーランド電撃戦

実際の作戦は、計画に従って進められた。9月1日、総計60個師団、総兵力約150万人ものドイツ軍の最初の部隊がポーランド国境を越えた。これらの兵員の先鋒を担ったのが5つの機甲師団と、4つの自動車化歩兵師団だった。他の部隊の移動は主に馬と徒歩に頼っていた。この先制軍を、爆撃機897機、戦闘機426機、その他の多様な輸送機と偵察機から成るドイツ空軍が空から支援した。

このころドイツの軍事的優位はまさに圧倒的だった。ポーランドは、英仏両国による介入を恐れていたヒトラーはポーランド侵攻を中止する——悪くても延期する——のではないかと期待していたため、動員が最後まで遅れ、結果的にドイツ国防軍の猛攻に抵抗する体勢を整えることができなかった。ポーランドは表向きは100万の兵力を投入できるとされていたが、その装備は旧式なものだった。ドイツ軍に比べて戦車の数も少なく、空軍も爆撃機154機、戦闘機159機を擁してはいたが、ドイツ空軍の圧倒的な戦力の前には見る影もなかった。いずれにせよ、ポーランド軍はその兵力の大半を地上戦で失い、残る兵力も数日間の空爆によって駆逐されたのである。

ドイツ軍の攻勢

ポーランドへのドイツ侵攻は主に南部のスロバキア側から行なわれたが、東プロイセンから攻撃する師団や、いわゆる「ポーランド回廊」を通過してポーランド西部から進入する師団もあった。ポーランド回廊は、バルト海への独自の"出口"をポーランドに新たに与えるために、1919年のヴェルサイユ条約にもとづいて連合国によって設けられたものだった。

ヒトラーのドイツ軍は、大きく二つのグループに分けられた——そのひとつは第3軍と第4軍から成る北部軍で、指揮官はフェードア・フォン・ボック将軍だった。もうひとつは、ゲルト・フォン・ルントシュテット将軍率いる（第8軍、第10軍、そして第14軍から成る）南部軍である。ポーランド軍も最善を尽くして抵抗したが、ほどなくして総退却を余儀なくされた。1週間もしないうちに、命令系統が完全に崩壊したポーランド軍は混乱の極みに達した。

だが、そのあとにさらに悪い事態が起こった。ポーランド政府がルーマニアに亡命した1939年9月17日——政府の閣僚たちはルーマニアですぐさま拘禁され——ソ連赤軍がポーランド東部国境を越えて、独ソ不可侵条約の中の秘密条項によって定められた分割線に向かって急速に移動してきたのである。不運なポーランドは、今やこれら二つの戦線で戦わざるを得なくなった。

ほどなくしてドイツ軍は、ワルシャワを包囲した。クトノにおけるポーランド軍の自暴自棄ともいえる反撃も、ワルシャワの陥落を少し遅らせたにすぎなかった。総勢12万人のワルシャワ守備隊は、9月27日、苦しい包囲攻撃の末に降伏し、その間、ドイツ空軍はこの窮

1940年4月に行なわれたノルウェー進攻作戦で、名もない村の拠点を急襲するドイツ軍歩兵。「ドイツ軍による侵攻は連合軍による切迫した侵略からノルウェー人を守るため」という公式発表に続いて、《シグナル》が刊行された。

地におちいった首都に何トンもの焼夷弾や高性能爆弾を落とし続けた。ドイツ軍による包囲が完了する前に多くの市民がワルシャワを脱出し、すでに道路を埋め尽くしていた多くの避難民に加わった。当時、ワルシャワの病院で責任者を務めていたジクムント・クルコウスキーは、このときのことを次のように日記に記している。

> 主要道路には、軍の車両、あらゆる種類の自走車両、馬に牽引された車両、そして徒歩で進む何千もの市民であふれていた。全員がひとつの方向——つまり東に向かって移動していた。陽が上がると徒歩や自転車で移動する群衆が混乱をさらに高めた。それはまさに不幸な宿命だった。パニックにおちいった群衆は、どこへ行けばよいのか、なぜ脱出するのかもわからずに、またこの脱出行の結末がどうなるのかも知らずに、ただ先に進んだ。

電撃戦から膠着戦へ

すべての戦闘は最終的に10月6日に終了した。結局ポーランド軍は、ドイツ軍相手に推定7万、それにソ連軍相手に同じく5万人を失った。また、ドイツ軍との戦闘で少なくとも13万3,000人の兵士が負傷したが、ソ連軍との戦いでの負傷者数は今もわかっていない。ドイツ軍は70万人近くのポーランド兵と30万人のソ連兵を捕虜とする一方、ドイツ側も1万1,000人の死者、3万人の負傷者を出すとともに、戦闘中に3,400人が行方不明になった。

そうした損害も、ヒトラーにとってはまったく不安材料ではなかった。この時よりも前の8月27日に、彼は将軍たちを前に、ポーランドは「徹底した無慈悲をもって従属させなければならない。我々の強みはスピードと残忍さである……この戦争の目的は特定の線に到達することではなく、敵を物理的に殲滅することである」と発言していた。彼は自分の命令が遂行される現場をその目で見ることができた。英仏両国が宣戦布告した直後、彼はベルリンを離れて戦線に赴いた。彼は装甲列車を司令部とし、最初ポンメルンに、次いで北部シュレジエンを視察し、その後、彼は遠く離れた安全な場所で戦況を視察した。9月19日、ヒトラーはダンツィヒを訪れ、そこでドイツ系住民の熱烈な歓迎を受け、その後、ワルシャワが陥落するとワルシャワに飛び、ドイツ軍と航空機によってこの首都が完全に荒廃したことを確認した。その後ベルリンに戻ったヒトラーは、10月の初めに英仏両国に和平を提案する。この提案は両国によって拒否されたが、その後、戦闘はほとんど、あるいはまったく起きていない。これが、何ヵ月にも及ぶ"まやかし戦争"——ドイツ側からいえば膠着戦——の始まりだった。

スカンジナビア諸国への侵攻

1940年4月まで、ヒトラーには次の行動への準備ができていなかった。計画されていた東部地域への攻撃も長引く悪天候と、ドイツ空軍の連絡機が中立国ベルギーに不時着したことが重なって、延期されていた。その連絡機に乗っていた将校は、自ら携えていた攻撃計画の破棄に失敗したため、計画は結局ベルギー政府の手に渡ってしまった。今やヒトラーの関心は北欧、特にノルウェーに移っていた。ドイツ海軍最高司令官レーダー提督は、前年の10月以来、同地域への先制攻撃を一貫して主張していた。同提督の懸念は、イギリス自身も何らかの行動を

発砲があった村

敵に占領されて燃えさかる村の戦況──ノルウェー特派員の報告
村の入り口で停止するドイツ軍戦車……
わが軍の戦車に援護されて歩兵分遣隊が疑わしい村へと進む。ここで発砲があったのだ。ノルウェー軍が放った火によって家が何軒か燃えている。全員が神経を張り詰める。敵軍は、万全な守りを固めているだろうか。いったん止まった分遣隊は、援護を受けて前進する……

前進はさらに慎重に……
兵士は、銃の引き金から片時も指を離すことはなく、柵から柵へ、空き地から空き地へと飛び越える。遠く離れた赤い壁と屋根が落ちる音、燃えさかる火事の音、それに時おり聞こえてくる銃声以外に、何の音も聞こえない……

そして、さらなる発砲が……
半ば倒壊した納屋から敵兵が機関銃を撃ってくる。分遣隊はすぐさま態勢を整える。敵を見つけた指揮官は咄嗟に指示を与えた……

計画しており、それが実行に移されれば、原料不足におちいっている第三帝国の武器工場にスウェーデンの鉄鉱石を運ぶ最重要補給ルートが遮断されてしまうことであり、ヒトラーもその意見を積極的に傾聴した。

1940年3月1日、ヒトラーは、「ノルウェー進攻作戦」のための準備を開始するよう各将軍に命じた。ノルウェーとデンマークは、ともに侵攻された。総攻撃を計画するためにドイツ国防軍に与えられた期間は約1ヵ月であった。4月9日未明、ドイツ陸軍は南からデンマーク国境を越え、落下傘部隊はユトランド半島北部のオルボーの複数の飛行場を確保し、さらに上陸部隊はコペンハーゲンとデンマーク海岸線のそのほか4地点で上陸を敢行した。それから2時間もしないうちに、デンマーク政府はすべての抵抗活動の停止を命令した。

一方、ノルウェーは事情が少し違っていた。ノルウェーでは、ニコラウス・フォン・ファルケンホルスト上級大将率いるドイツ軍は5つの進攻グループに分けられた。すなわち、第1グループは北部ナルヴィクから、第2グループはトロンヘイムから、第3グループはベルゲンから、第4グループはクリスチャンサンからそれぞれ上陸し、また第5グループはオスロ奪取を主要任務としていた。こうした上陸はけっして無抵抗の中で行なわれたわけではなく、ノルウェー軍は頑強な抵抗を見せた。たとえばノルウェーの沿岸防衛軍は、フィヨルドをさかのぼって首都への接近を試みたドイツの重巡洋艦＜ブリュッヒャー＞の撃沈に成功した。また、4月10日と13日、イギリス本国艦隊による2度にわたる攻撃で、ナルヴィク周辺に錨泊していたドイツの10隻の駆逐艦が撃沈された。ドイツ軍はまた、15隻の歩兵輸送船を失い、それが増援部隊の到着の遅れにつながった。ドイツ軍はすべてのノルウェー主要都市の迅速な奪取に成功したが、同国の山岳地帯での進攻は難しかった。それはまた、ノルウェーにとっては侵略者に反撃できるチャンスとなった。

連合軍の潰走

4月16日までにドイツ軍はノルウェー南部における地歩を確保した。だがそれよりも数日前、フランス山岳大隊といくつかのポーランド軍によって援護されたイギリス軍がアンナルスネとナムスオースという小さな港に上陸し、また4月17日にはナルヴィクに展開するドイツ軍を攻撃するために、さらなる上陸が行なわれた。

連合軍にとっては最初からすべてがうまく行かなかった。イギリス軍は冬季の戦闘のための装備が全然できていなかった。さらに重要なことに、圧倒的優位を誇るドイツ空軍によって、上陸した瞬間から情け容赦のない爆撃を浴びた。ほどなくしてナムスオースとアンナルスネにいるイギリス軍はなりふり構わずに撤退するしかなかった。イギリス軍の遅疑逡巡と不作為の後、ナルヴィクは5月29日、最終的にドイツによって奪還されたが、そこで行なわれたドイツ軍による突破作戦のあとにフランスで起きた出来事が、連合軍のさらなる退却を招いたのである。連合国の占領軍は、港を爆破したあと、6月8日に自国に向けて出航した。その前日には、ノルウェー国王ホーコン7世とその閣僚たちは攻撃中止の命令を残して、イギリスの重巡洋艦＜デボンシャー＞で亡命のためにノルウェーを脱出した。

ノルウェー遠征によってヒトラーは5,500人の兵員と200機以上の航空機を失ったが、ノルウェー遠征はスウェーデンの鉄鉱石輸出の支配権をドイツに与えるとともに、ドイツ海軍に有用な基地を提供し、それ以降、潜水艦戦は激化することになる。しかし、それ以上に深刻だったのは、ドイツ海軍の最新鋭艦の何隻かが沈没または使用不能にさせられたことだった。こうした結末はドイツ海軍に、とりわけ1940年6月にフランスが陥落したあとに行なわれることになっていたイギリス進攻計画に、深刻な影響を与えた。

スカパ・フローとラプラタ川

ドイツ3軍の中で、何ヵ月にもわたった"まやかし戦争"の期間中、最も活発だったのは海軍だった。1939年10月14日、ギュンター・プリーンを艦長とする、＜U-47＞潜水艦は、オークニー諸島の中心、スカパ・フローにあったイギリス海軍の基地へ侵入し、停泊中の戦艦＜ロイヤル・オーク＞の撃沈に成功した。また、ドイツの装甲艦＜アドミラル・グラーフ・シュペー＞は、ヴィルヘルムスハーフェンにある母港を離れて南大西洋を航海したあと、同海域とインド洋でイギリス商船の追跡を開始した。

12月初旬までに、＜アドミラル・グラーフ・シュペー＞は9隻のイギリス商船を無抵抗のまま撃沈した。これに対抗するため、ヘンリー・ハーウッド准将率いる3隻の巡洋艦で構成するイギリス海軍特別部隊は同艦を捕捉し、ラプラタ川の沖合で交戦した。同艦は、イギリス艦隊に甚大なダメージを与えたが、同艦自身もまた損害をこうむり、当時中立国だったウルグアイのモンテビデオ港に避難せざるを得なかった。イギリス艦隊は増強されていると誤って信じていたこと、またウルグアイ政府から72時間以内に出航しなければ抑留すると通告されたこともあり、同艦艦長ハンス・ラングスドルフは、ベルリンに「公海への脱出と自国海域への突破」は「不可能」であると打電した。そして、「ラプラタ河口で自艦を沈没させるか、あるいは抑留が望ましいか」の決断を要請した。ドイツの公式ニュース通信社によれば、それに対する回答——ヒトラー自身が送ったといわれる——は簡潔かつ要を得ていた。すなわち、「ウルグアイへの抑留は不可。もし船を沈めるのなら効果的な破壊を試みること」であった。12月17日（日曜日）、ラングスドルフはヒトラーの命令を忠実に実行した。彼は＜アドミラル・グラーフ・シュペー＞を自沈させ、その数日後、自らの命を断った。一部の報告によれば、彼は艦旗の上に座って運命の銃弾を放ったと伝えられている。

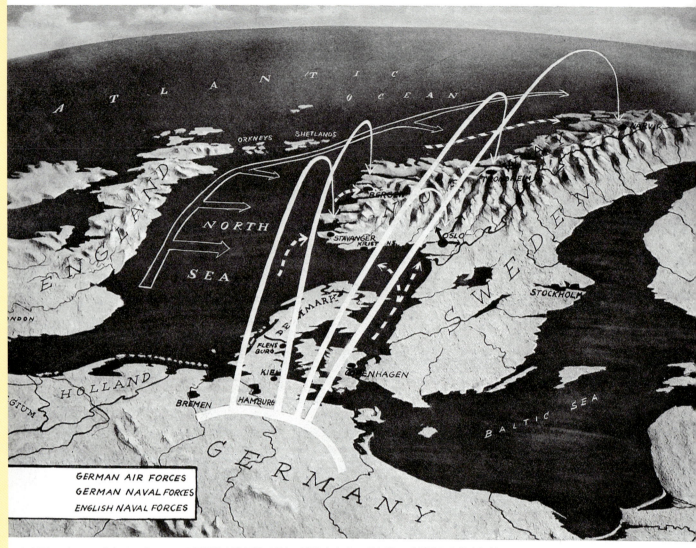

わが軍のデンマークとノルウェーへの電撃的な遠征はこうして行なわれた。それは、イギリスの侵攻に対する、まさに電撃的な動きだった　イギリスの輸送船は、4月9日よりもずっと以前にノルウェー各港に物資を運び込んでいた。イギリスはまたノルウェー海域に機雷を敷設し、4月9日、イギリス海軍の援護を受けた兵員輸送船がノルウェー上陸に向かった。そのとき突然、ノルウェーのいくつかの飛行場の上空にわがドイツ空軍戦闘機の爆音が響き、ドイツ海軍の艦艇がオスロ港の入り口に出現した。続いてベルゲンとナルヴィクにも兵員輸送船が進入した。最も重要な拠点は、ドイツ軍によって電撃的に占拠された。同時にわが軍は、イギリスのいかなる侵攻の試みにも対抗できるようデンマークの防衛を引き継いだ。この地図は、4月9日直後のノルウェー占領におけるわが軍の進路を示したものである。

Ten hours too soon

わずか10時間で！？

作戦前、最後の集合

作戦を前にその任務を兵士たちに詳しく説明するドイツ軍将校と上陸部隊の要員。兵士たちの目は、将校の説明を一言一句たりとも聞き漏らすまいと真剣そのものだ。

ドイツ空軍飛行部隊が到着
4月9日の夜明け、ノルウェー領空にわがドイツ空軍機が飛来した。その目的は、偵察、物資の輸送、そして抵抗に対する攻撃である。

デンマークにおいても……
兵員輸送船からかなりの数の兵員が上陸し、南からやってきた分遣隊に協力した。これらの一団は、上陸のための命令をいつでも受ける体勢を整えていた。

海兵隊も前線へ!
青の制服に身を固めたわが海兵隊の先遣隊が最初に上陸し、整然と占領を開始した。

4月9日午前3時30分、オスロのドイツ大使館で駐ノルウェー大使ブロイアー博士を、フォン・ノイハウス一等書記官が待ち受ける。大使は、ベルリンから特別便で届いていた指示を持って部屋に入ってきた。

午前5時、これらの指示に従ってわが国大使がドイツ帝国全権大使としてノルウェー外務省に到着し、ドイツ政府の覚書を手渡した。

最初のドイツ空軍機がオスロ上空に飛来し着陸したのは午前10時。午後2時には最初のドイツ軍部隊がドイツ大使館に到着し、防御陣を築いた。

ノルウェー防衛のための措置について協議する新駐ノルウェー・ドイツ軍事全権のフォン・ファルケンホルスト将軍とドイツ帝国全権大使。

午後3時、オスロを進軍するドイツ軍主力部隊。このときすでに、ベルゲン、トロンヘイム、そしてクリスチャンサンなどの他のノルウェーの都市はドイツ軍によって占領されており、これらの都市からドイツ軍は整然とノルウェー全土に進駐した。

OSLO
9th April
4月9日のオスロ

西欧列強の意図的な侵略からノルウェーの防衛をドイツ軍が引き継いだ翌日の4月10日、ノルウェーの首都オスロは完全な静けさにあふれていた。生活はいつもと変わらず、公園では人びとが春の陽光を楽しんでいた。

準備万端
ノルウェー任務のために特別に選任されたわが山岳猟兵が、救命胴衣の使用法について説明を受ける。

目的地へ急行せよ
ハーマルへと向かうわがドイツ空軍急降下爆撃機。

関心の的
小休止するドイツ軍オートバイ兵士。これを見ると、ドイツ軍兵士とデンマークの人びとがいかに心のこもった交流をしているかわかる。

4月12日朝撮影
コペンハーゲンの路上で日課の乗馬を楽しむデンマーク国王クリスチャン。

IN COPENHAGEN
コペンハーゲンにて

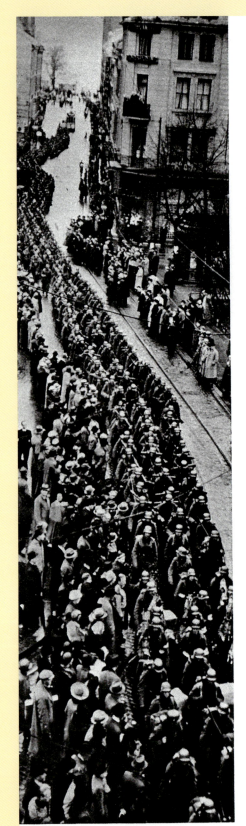

最近オスロでよく見られる光景：ドイツ軍歩兵部隊の上陸
大型のドイツ軍兵員輸送船が次から次へとノルウェーの港に到着する。兵員、武器、弾薬が船から陸に移動する。ドイツ軍がノルウェーに上陸するのはこれが初めてだ。わが軍は北極圏に至るまで、ノルウェーをイギリスから守る決意だ。

イギリスの計画、頓挫！

（占領地ノルウェーからの写真）

道路際に立つ人びとが見守る先には……
ノルウェーの首都オスロを行進するわが軍兵士たち。新しい兵器、ドイツの歌、そして聞き慣れない音楽が人びとの関心を集める。ノルウェーの人たちも、よく訓練された兵士たちがノルウェー人を抑圧し攻撃するために来たのではないこと、ドイツ軍の背後には強大な力があることを、今ではよく理解している。

放棄されたノルウェーの沿岸守備
イギリス空軍と海軍による攻撃に対抗するノルウェーの沿岸守備は、ノルウェー軍将校たちとの組織的な連携のもと、今やドイツ軍に継承されている。

陸軍司令部にて
地図を用いて参謀たちに計画を説明するドイツ軍司令官。
司令官は、西と北への進軍を命じる。命令が行き交う
——司令部は、軍の"頭脳"である。

自動小銃の撃鉄を引いて……
行進するドイツ兵たちを守る大型トラックに乗った兵士。
道路際に、深い森の中に、そしてけわしい岩山に敵兵が
潜んでいるのだ。ノルウェーの政情を知らない孤立した
一部のノルウェー兵たちは、今でもドイツ軍への抵抗を
続けている。

岩礁とフィヨルドのはるか上から……
ノルウェーの沿岸要塞の前に立つドイツ軍
歩哨。

轟音を立てて進む第三帝国軍戦車
オスロからソネフォスに続く道路を、狭
間胸壁や塹壕に行き当たりながら、また
抵抗に遭遇しながら進むわが軍戦車……

ノルウェーのフィヨルドで、岩の海岸や島で：
今やあらゆる場所をドイツ軍兵士が守りを固め、北極圏に至るすべての沿岸砲台には要員が配置されて敵に備えている。

ノルウェー空域を守るドイツ軍高射砲
高射砲に就くわが軍兵士の目は、西から北へと水平線を休むことなく見つめ、雲の切れ目の先さえも凝視する。昼夜を問わず、敵軍機への備えは万全だ。

はためくドイツ軍旗の下で……
安全標識、点滅ライト、あるいは無線を使って絶え間なく通信する沿岸防御施設の要員。

On guard in the North
北を守る

ノルウェーのフィヨルドに夕闇が迫るとき……
それは1日でいちばん危険な時間帯である。砲台を守る兵士たちは周囲への注意を
さらに払う。ちょうどこの時間帯に敵の攻撃機が飛来することが多いからだ。

西部戦線への猛攻

ポーランドとノルウェーの両作戦において、《シグナル》の記事は後追い的だった。この雑誌が創刊されたのは1940年4月だったから、これらふたつの攻撃は事後に報道されている。それに対してこの年の5月、ヒトラーが低地諸国とフランスに侵攻したときは事情がだいぶ違っていた。

《シグナル》が派遣したカメラマンが最初から従軍し、オランダ、ベルギーへの最初の侵攻、スダンにおける突破、パリへの無血入城、フランスの降伏など、ほとんどのドイツ人が終戦につながると信じた6週間にわたる作戦の重要な瞬間をつぶさに記録した。

1940年5月に行なわれた、ベルギー、オランダ、ルクセンブルク、フランスへの侵攻作戦(コードネーム「ファル・ゲルプ(黄色作戦)」)の準備には長い時間が費やされた。もともとこのアイデアは、第1次世界大戦が始まった1914年8月、ドイツ参謀本部が実行に移した「シュリーフェン・プラン」の"変形"として考えられた。それによれば、ドイツの進軍は「マルヌ川の戦い」で一時的に阻止されるものの、短期かつ先鋭的な会戦によってフランスを殲滅して終わるというものだった。

5月10日、ヒトラーによる攻撃が開始された当初、ドイツは同じ計画に従っているように見えた。だが、今回はベルギーとともにオランダにも攻撃を加えた。連合軍総司令官モーリス・ガムランは、疑うことなくこれはヒトラーの意図であると考えた。彼はただちに——イギリス海外派遣軍(BEF)、フランス第7軍・第1軍などの——新鋭の機械化部隊をフランスとベルギーの国境に投入した。ガムランの計画は、BEFをディル川まで急ぎ移動させて川の両岸に沿って地歩を確保する一方、第7軍の一部をブレダまで進撃させてオランダ軍と合流するというものだった。だが、連合軍の司令官の中には、ブレダに関する計画に難色を示すものもいた。中でも、北東方面の指揮にあたっていた総司令官ジョルジュ将軍は「それは無謀な冒険」だと警告していた。それでもガムランの考えは変わらなかった。三つの部隊は、命令に従ってベルギーを目指してす早く移動した。

アルデンヌの奇襲

1939年、当初の意図のとおりにヒトラーが攻撃したとき、それはまさに、ドイツ国防軍による攻撃計画であるはずだった。だが、ガムランにとって不運だったのは、ヒトラーの考えが変わったことだった。すでに何回も悪天候によって攻撃を延期せざるを得なかったうえに、1940年1月、ドイツ空軍の偵察機のパイロットが不用意にも同僚の参謀将校を同乗させ、そして、霧中を飛行して進路を見失い、ベルギーの前線に不時着するという事態が発生した。この将校は、攻撃命令のコピーを携えて搭乗していた。これによって計画は漏洩し、これを致命的と考えたヒトラーは、計画の再検討を参謀本部に命じた。

ヒトラーにとって幸運だったのは、エーリヒ・フォン・マンシュタイン将軍がすでに作戦計画の立案作業に入っていたことだった。彼はいわば異端の軍人であり、当初の攻撃計画を批判したことで、時のドイツ陸軍参謀総長フランツ・ハルダー将軍から遠ざけられていた。その代わりに、マンシュタインはドイツ軍を再配置するという大胆な計画を提案した。それによれば、フェードア・フォン・ボック将軍が率いる29個師団で構成されたB軍集団が当初の計画どおり、最初にオランダとベルギーに攻撃を加えることで、連合軍の注意をこの地域に集中させるというものだった。だが、主要攻撃の重心は、はるか南の厚い森に覆われたアルデンヌであった。

フランス参謀本部は、アルデンヌを戦車が通行することは不可能と考えた。だがマンシュタインは、ゲルト・フォン・ルントシュテット将軍が指揮するA軍集団の45個師団に1,222両の装甲車を加えてアルデンヌに集中させるよう提案した。2月17日、ヒトラーと会ったマンシュタインは、急降下爆撃機によって支援された電撃攻撃は連合軍を混乱させ、効果的な反撃を開始しようする連合軍のすべての努力を阻むだろうと述べてヒトラーを安心させた。ヒトラーは、この新しい計画の採用を命じた。

すべてがマンシュタインの目論見どおりに進んだ。北部ではボック将軍による攻撃によって連合軍が戦意を失う一方、B軍集団は露見することなく進軍し、5月12日、アルデンヌを過ぎてムーズ川沿いにあるスダンに進出した。B軍集団はアンドレ・コラー将軍が指揮するフランス第9軍およびガムランの最も脆弱な部隊の一部と遭遇したが、2日間にわたる熾烈な戦闘の結果、ドイツ軍の戦車はムーズ川を渡って進撃路を確保することに成功し、連合軍の前線に80キロのくさびを打ち込んだため、フランスの抵抗は崩壊した。また、多国籍から成る連合軍の間にはほとんど、あるいはまったく

機関銃、前へ
機関銃は敵兵に"きつい挨拶"をす早く食らわせるだろう。

Infantry Creeping forward

じりじりと前進する ドイツ軍歩兵たち

息をひそめて……オオヤマネコのように目を光らせる
敵兵との遭遇に備えて、いつ何時も気をゆるめることはない。

連絡体制がなかった。その結果、ドイツ空軍が道路への機銃掃射を始めると、混乱——時にはパニック——が巻き起こり、道路は逃げ惑う難民と退却する兵士によってすぐにあふれかえった。

連合軍が直面した問題は、ドイツ軍が橋頭堡を突破したあと機甲部隊がどの方向に曲がるかということだった。ガムランは、マジノ要塞線の沿線にあるフランスの要塞を背後から攻撃するために東方に曲がるか、あるいはパリを目指して直進すると考えていた。ここでもガムランは、ミスを犯した。彼の予想に反してドイツ機甲部隊は西に向けて移動し、ソンム渓谷を掃討した。5月20日、最初のドイツ戦車の一団が英仏海峡に到達した。その前日、ガムランはフランスの首相ポール・レノーによって解任されていた。後任には73歳になるマキシム・ウェイガン将軍が指名され、腰の据わらない連合軍の最高司令官を継承するために、急ぎベイルートから召喚されたのだった。

アラスの戦い

新しい総司令官は、連合軍に対する奇襲作戦が画策されているとレノーに警告するとともに、レノーに遠慮なく「もし私が勝利できない、あるいは勝利の望みすらないと言っても驚かないでいただきたい」と述べた。戦闘開始からわずか10日のうちに、フランス軍の15個師団が徹底的な壊滅に追い込まれ、北部に展開していた45個師団が包囲されるという切迫した危険にさらされていた。オランダ軍は、ロッテルダムに対する無慈悲な空爆を受けたことにより、すでに降伏していた。ドイツ軍パラシュート部隊の精鋭は、エバン・エマール要塞を奪取し、ベルギー軍はアルベール運河まで退却していた。イギリス海外派遣軍（BEF）とフランス第1軍は三方からドイツ軍の攻撃を受け、今や完全に包囲される危険が迫っていた。

ガムランは解任される前に反撃命令を発出していたが、ウェイガンは即座にこの命令を取り消し、状況を自分で分析するためには時間が必要だと述べた。最終的にウェイガンが出した結論は、不運な前任者とほぼ同じだった。彼の考えは、強力な挟み撃ちをするために機動を開始してドイツ機甲部隊の回廊を遮断し、並行してBEFとフランス第1軍が北部のカンブレーから攻撃する。また、他のフランス部隊をソンムから北方に進軍させるというものだった。これらふたつの攻撃はバポームの近くで合流することになっていた。

ウェイガンがその命令を発する前に、イギリス軍はすでにドイツ軍の動きを予測していた。イギリス陸軍参謀総長エドモンド・アイアンサイド卿の強い進言もあってBEF総司令官ゴート卿は5月21日にアラスの東側を攻撃した。それはアイアンサイドが求めたような圧倒的な反撃ではなかったが——イギリスとフランスの各4個師団が同時に攻撃するのではなく、攻撃したのはイギリス軍だけだった——攻撃は初めてドイツ軍の意表を突くものだった。

攻撃の全体的な指揮を執ったのはハロルド・フランクリン少将であり、ジファール・ル・ケスネ・マーテル少将がイギリス装甲部隊を指揮した。イギリス王立第4・第7戦車連隊の戦車群が、第6・第8ダラム軽歩兵大隊の支援を受けて、アラスの西側から二手に分かれて進軍を開始した。右側に進んだ連隊は第3SS装甲師団と遭遇し、また左側に進んだ連隊はワイル村でエルヴィン・ロンメル将軍率いる第7装甲師団の攻撃に成功した。

最初、ドイツ軍はマーテルの強襲によって混乱した。すぐさま戦地に駆けつけたロンメルは、次のように記録している。「敵軍の戦車が放つ砲火は、村にいる我が軍部隊に無秩序と混乱をもたらし、我が軍は、手近にある武器を取って来襲する敵を迎え撃つのではなく、自分たちの車両に乗って道や広場に飛び出した」。ロンメルは、直ちに反撃を開始した。「モスト中尉の助けを借りて、あらゆる武器を敵戦車に向けて発砲した。対戦車砲であれ対空機関砲であれ、すべての火砲で応戦するよう命じた」とロンメルは書いている。最終的にイギリス軍は退却を余儀なくされ、その翌日には、攻撃開始時に74両あった戦車のうちわずか31両が使用可能という状況だった。

粉々になった関係

一方、ウェイガンは北へ飛んだ。イーペルで彼はベルギー国王と第1軍集団司令官ガストン・アンリ・ビヨット将軍に会ったが、ゴートと会うことはできなかった。情報の行き違いのせいで、ゴートはウェイガンがパリに向けて発った1時間後に到着したのだった。ゴートに状況を説明するのはビヨットの責任になった。ゴートは攻撃に同意したが、レオポルド国王によれば、「（ゴートは）これから参加する作戦行動の成功確率は事実上ゼロであると考えていた」。そのあとで悲劇が起きた。第1軍司令官であるジョルジュ・ブランシャール将軍への報告に向かう途中、ビヨットが自動車事故で負傷したのである。彼はその2日後、結局意識を取り戻すことなく死亡した。

結末は最悪なものとなった。ビヨットはウェイガンから直接報告を受けた唯一の北部方面連合軍司令官であったし、ゴートとレオポルド国王が信頼を寄せていたただ一人のフランス軍司令官だった。いずれにせよ、時間だけが容赦なく過ぎていった。それからすぐに、ヒトラーの戦車群は英仏海峡沿いの海岸に向けて進軍を再開し、ブーローニュ、カレーを奪取し、BEF、フランス第1軍、ベルギー軍を捕捉した。当初、ヒトラーの戦車群は、西は海岸に沿ってグラヴリーヌまで、東はオーステンデを越え、また南ははるかバランシエンヌにまで進撃した。だが5月28日にベルギー軍が敗走すると、ヒトラーの戦車群は、ダンケルクの周辺約50キロ四方で停止した。

ゴートは、ジレンマに直面した。彼は、南方方面に攻撃を仕掛けるか、あるいはダンケルクまで退却した後に自軍を撤退させるか、という二つの選択肢のどちらを選ぶか迷った。結局、彼は後者を選んだ。それ以前に彼は、「いかなる形にせよ我々の前進は本質的に急襲になるだろうし、我々には今、真剣な攻撃をするための弾薬がないことを考えると、救援は南方から行なってほしい」とロンドンに

フランス軍の砲弾が近傍に落下する中、友軍を援護する――「あと一歩でぶつかるところだった」という《シグナル》のキャプションが付けられている。これは、ドイツ軍による本格的な電撃戦が始まる前の1940年5月に西部戦線で撮影されたものと思われる。

打電していた。ウェイガンが約束した反撃が実現しないとわかると、ゴートはアラスを捨て、ダンケルクと英仏海峡沿岸への退却を開始した。

最後の戦い

ダンケルクからの撤退が進む中、ウェイガンと彼の消耗著しい部隊は、ソンムとエーヌを越え、さらにはパリや南西に広がるフランス中心部にまで進むと予想されるドイツ軍の圧倒的な攻撃に抵抗しようと覚悟を決めた。だが、ドイツ軍は、総勢104個師団もの兵力を集中させたのに対し、フランス軍が投入できたのはわずか43の歩兵師団、もともとあった三つの機甲師団の残存部隊、それに同じく弱体化した三つの軽機械化師団だけだった。これにイギリスの第51高地師団と第1機甲師団――後者の兵力は初期の3分の1にまで下がっていた――さらにマジノ線を守るために張り付いていた第17師団がこれに加わった。

ウェイガンが恐れたとおり、それでは不十分だった。6月5日にフォン・ボックが攻撃を開始すると、その4日後、フォン・ルントシュテットがこれに加わった。フランス軍も当初は必死で抵抗したが、その後は状況が変わった。ロンメル率いる第7装甲師団がアミアンの西を突破し、南に向かって掃討を開始した。その後、北転してルーアン付近を周回すると、今度は海を目指して、今や孤立化したウェイガンの左翼の分断を図ったのである。一方、フォン・ルントシュテットもまた同様にす早く進撃していた。電撃戦の立案者であるハインツ・グーデリアン将軍もまた、エーヌを挟んで自軍の装甲車を投入した。ほどなくして無抵抗の中、大量の装甲車が南に向かって進撃を開始した。

西部ではルーアンが陥落し、東部ではドイツ軍がマルヌ川を渡ると、パリそのものに危機が迫るのも時間の問題となった。6月10日、フランス政府は、首都を、最初トゥールへ、次いでボルドーへ移転した。その翌日、フランス政府は、パリを「無防備都市」に定めた。6月14日、ドイツ軍は大きな抵抗を受けないままパリに入城した。

悪いことは重なるもので、フランス政府における和平論者は、ますます力を強めていた。ウェイガン自身はヒトラーに休戦を申し入れる考えに傾いていた。それはまた、第1次世界大戦におけるベルダン戦の英雄だったフィリップ・ペタン元帥の考えでもあった。フランス首相レノーは、スペイン大使の職にあったペタンを呼び戻すと、入閣を要請した。「北アフリカから徹底抗戦しよう」というレノーの提案を一笑に付したペタンは、「永遠なるフランスの存続のために、私の目には休戦は必要な条件」とレノーに語った。6月16日、困憊し孤立していたレノーが首相を辞任し、ペタンがその後を継いだ。フランス全土をほぼ完全な混沌が襲うようになると、この新しいフランスの指導者は、放送を通じて「今は戦闘を休止し、講和を求める時だ」と全国民に語りかけた。6月24日、ドイツとの講和が発効した。ヒトラーは、歴史上もっとも偉大な軍事的包囲が勝利したことを祝った。

オランダと

5月10日、英仏軍の機先を制するために、オランダ、ベルギー、そしてルクセンブルクの国境線をめぐるわがドイツ軍の進撃が前線全体で始まった。その最初の決定的な突破はエバン・エマール要塞への急襲だった。その5日後、オランダが降伏。マジノ線は100キロに及ぶ前線にわたって破られた。わが戦車師団はす早くフランスを刺通し、アブヴィル、ブーローニュ、そしてカレーにまで達し、その後、東に進路を変えた。北の方ではスヘルデ川のベルギー軍陣地が制圧され、18日目に同軍は降伏した。ポーランドのときとまったく同様、新型兵器と対応する戦術がわが軍の勝利を決定づけた。

任務を遂行するわが空軍部隊：5月10日、ドイツ空軍は、オランダ、ベルギー、フランスにある72ヵ所の飛行場を組織的に破壊するとともに、数百もの敵機を地上で撃破した（写真上）。これによりドイツ軍は戦闘初日から制空権を確保することに成功。制空権を得たことは、敵増援部隊への継続的な攻撃、および偵察活動の遂行にとって重要な前提条件である。

電撃的なパラシュート部隊の行動：彼らは重要な飛行場を占拠し、わが空軍部隊の着陸を可能にする。また、ドイツ軍が進撃する道路上の橋や鉄道分岐が破壊されるのを防ぐとともに、前線の背後にいる敵軍に介入して混乱させる。

ベルギーの18日間

ドイツ軍機から次々と降下するわが兵士たち…… ドイツ軍機は密接に編隊を組みながら、エンジン全開で落下地点上空を飛ぶ。兵士たちは、できるだけ接近したフォーメーションを維持して着地できるよう、す早く連続して降下する。

地上めがけて真っ逆さま パラシュート部隊専用の空軍機（写真右）には、ドアのない開口部が一つあるだけだ。パラシュート隊員たちは、降下するにあたって、まず手すりにつかまって身を乗り出してジャンプの準備をする。飛び出してからの最初の数秒は自由降下し——そのあとでパラシュートが開く。

交差点にある戦術的重要性を持つ建物をわがパラシュート隊員が一挙に占拠したが、有利な地点にいる敵軍の集中砲火を浴びた。

ロッテルダムのある橋で:弾薬を付けたパラシュートの回収に成功。

ロッテルダムのある道路で:パラシュートによって補給物資が届けられた。

炎上するロッテルダム:退却するオランダ軍が立てこもる地区ではあちこちでバリケードが築かれ、それを拠点にオランダ軍の抵抗が続いた。わが軍の〈シュトゥーカ急降下爆撃機〉が市内を攻撃し、抵抗を鎮圧した。

ロッテルダムのあるビルの屋上で:ライフルを構えるドイツ軍パラシュート部隊狙撃兵。

使者が到着:かくしてロッテルダムは降伏した。

5日間：ベルギー・フランス国境に進軍
5月14日、強力なわが装甲部隊がマース川合流点に集結。その間、歩兵部隊は橋頭堡の拡大に当たっていた。近代兵器史上最大の戦車戦が始まった。5月14日から28日までの間に、ディナン、ジヴェ、ヴァランシエンヌ、サンカンタン、アブヴィルなどの町が相次いで陥落。わが軍は英仏海峡にまで達した。

続々と集結する戦車群 小型戦車と軽装甲部隊がすでに向こう側に待機している。その後、工兵たちがつくった舟艇に乗った重戦車が続く。

フランスにおける大戦車戦

今次大戦で初めて、ドイツとフランスの戦車が激突。ドイツ軍を〈シュトゥーカ急降下爆撃機〉が援護し、さらに重高射砲が投入され、直接戦車に発砲して敵を制する。

炎上するスダンの町
ドイツ軍が占領したあと、フランス軍砲兵部隊が町を砲撃、すべての道路に火を放った。

史上初、カラー写真が伝える西部戦線の状況

退却する敵軍——進撃するドイツ軍
燃えた自動車、放棄された装備、壊れたガラスや衣服などが散乱……また道路沿いには何千人ものフランス兵捕虜が集まっている。彼らを見ると、様々な有色人種が参加していることがわかる。

上：急襲部隊のための道
集中攻撃によって鉄条網の中に小道がつくられた。爆破と同時にドイツ軍の小部隊が前進。何が起こったのかを敵軍が悟る前に、わが軍の手榴弾が敵陣地で爆発している。

下：炎への対抗策なし
敵機関銃陣地を守る鉄条障害物にもわが工兵は果敢に立ち向かう。数条の炎と致命的な燃料油の流れが敵兵の息を止める。恐れを知らない火炎放射手、はまさに"鋼鉄の神経"の持ち主だ。

敵国深く中間地帯を哨戒飛行するドイツ空軍機：敵陣地の上空を飛ぶ偵察機を高速戦闘機が護衛するので、敵戦闘機も近づくことができない。その後、わが偵察機はあらゆる防御手段を活用して単独で飛行を継続、事前目標の上空を敵の監視を受けることなく飛行することができる。マジノ線沿いの要塞群とフランス軍戦闘機の飛行場を越えて帰還する際にも、彼らを迎えるためにわが軍の高速戦闘機が飛び立ち、護衛に付く。

わが偵察機の収穫：地下壕やドイツ軍炸裂弾による多くの穴が写ったマジノ線要塞付近を撮った写真。

Before the No Man's Land
中間地帯の前に

「来る日も来る日も、われわれは同じことを何度もくり返している」：ハンス・リスカによるこのスケッチのために、当誌特派員のケネウェグはこう書いている。「相当の高度を維持しながら、常に雲の真下にわが軍の大型偵察機が飛んでいる。彼らの下と脇には銀色に光る小型の高速戦闘機が飛んでいる。やがて偵察機は中間地帯のもう一方の側に消えていく。と、小型戦闘機が戻ってきた。機数を数えてみる。1機、2機、3機……8機、9機。みな無事だ。それで偵察機も無事だということがわかった。それから2、3時間後、彼らを見ると、今度は順番が違っていた。最初にドイツから飛んできた高速戦闘機だけが西に進み、青い空に消えていく。そのあとでまたエンジン音が聞こえてきた。前方には何千という目が空を見ている。そのとき再び彼らが見えてきたので、機数を数えてみる。1機、2機、3機……8機、そして9機……12機、13機。『おい、見たか？』と地上にいる兵士たちが聞いてきた。『やつら、戻ってきたぜ』と言いながら、互いに笑い合った」

その兵士たちは、空にいる同僚と特別なつながりを持っている。彼は、偵察機1機1機の特徴とその任務を知っているし、何より自分にとって、また同僚にとって成功することがいかに重要かを知っている。我々もすぐに彼らの近くに寄って詳しく知ることになるだろう。というのも我々は2、3日のうちに前線と地下壕地帯を去り、防空地域にある飛行場と高射砲部隊に配属になるからだ。

我々は今日、過去2週間に行なった我々の仕事の結果、つまり、前線からも、主たる戦闘地域からも、そして地下壕地帯からも離れた、"誰にも属さない土地"に関するフィルム、絵やスケッチを軍事郵便に託した。防空地域からの我々の報告もすぐにお届けできるだろう。

中間地帯

1918年以来フランスが所有するロレーヌ地方の工業都市フォルバックの人口は、今や――ゼロ。
ショーウィンドウは割られ、家具は粉々に壊され、本や紙が路上に散乱している。こうした破壊活動はみなフランス兵が退却するときに行なったものだ。これは、当誌記者たちがわが軍偵察隊とともにこの町を訪れたときに目撃した光景である。

静寂に包まれたワイン街道。この道はドイツとの国境沿いにあり「平和のゲート」ともいわれるワインゲートで有名だ。この地域の住民の数は、今や――ゼロ
敵軍の砲火によって愚かにも破壊されたこの町の廃墟の中にドイツ軍の機関銃の陣地があり、偵察隊の進撃のための援護に当たっている。

フォルバックにおける市街戦
この絵は、戦闘を指揮したドイツ軍将校の説明に従って描かれた。わが軍偵察隊は、この中間地帯の町の複数の家屋から突然飛び出してきた敵軍により銃撃されたが、数で勝る敵軍を圧倒し、彼らを捕虜にすることに成功した。

はるか北で、空軍機が雪をかぶった大地の上を旋回する。機体から兵士たちが降下しパラシュートが開く。彼らはナルヴィクで戦う勇敢な兵士たちのための援軍だ（宣伝部隊：ベッヒャー）

カメラを持った兵士
宣伝部隊の前例のない記録
（II. 名もなき宣伝部隊員）

敵国内のはるか数百キロのところで起きた出来事が、その翌日には詳細な宣伝部隊の報告として読者に届けられ、あるいは無線で伝えられる。どうすればこんなことが可能なのか、不思議に思う人も多いだろう。

こうしたことを可能にする男たちの行為は、もっと詳しく語られてよい。ここで紹介する事例は、彼らの活躍のほんの一端である。

ある宣伝部隊に所属する記者たちの一団は、わが軍戦車師団への従軍を命じられた。幌もなく攻撃への備えがない彼らの車は、装甲をほどこされた偵察車や戦車とは対照的だが、山岳横断にはまったく不向きにもかかわらず、先頭を行く部隊にぴったりと付いていた。わが軍はフランス戦線の突破に成功すると、さらに後背地への前進を迅速に行なった。その日の夕方、この師団は元の前線よりも97キロ以上も前進した。

宣伝部隊に属する記者は、短時間の休止をうまく利用して前線突破の状況、またその日の戦勝を記録した。また、2人のカメラマンはライカフィルムを15本「撮影」し、また録音記者は、戦闘の状況や有益な情報をもたらしてくれた捕虜の取り調べの様子を紹介した8巻の放送用録音を作成した。最後に残った問題は、これらの資料をどうやって129キロもの暗闇を通過して後方に届けるかということだった。

……フランスに向かって前進！　アルトワ、ブルゴーニュ、そしてイル・ド・フランスなどの道をわがドイツ軍兵士の隊列が進む——この写真のように、ドラマ的要素がまったくない写真こそ、偉大な歴史的出来事の息づかいを伝えている（宣伝部隊：フシュケ）

彼の戦争は終わった 巨大な鋼鉄製戦車を離れたフランス兵が両手を挙げながらドイツ軍歩兵に近づいてくる。わが軍兵士たちは、フランス軍がいう「火を噴く要塞」を沈黙させた。人間の勇気は鋼よりも強し──写真はこの真実を如実に物語っている（宣伝部隊：ウテヒト）

最初の数キロは何ごともうまく行っている。オートバイに乗った派遣隊員は、時おり、師団に所属する補給部隊や部隊の監視兵に遭遇するくらいだ。1時間半後、彼はたった1人になった。エンジン音以外何も聞こえない。遠くで村が炎上している。まるで定規のように道は何マイルもその村に向かってまっすぐに続いている。跳ねるような炎が道を幽霊のような光で照らす。

その村の入り口に着いた。ものすごく熱い。それでも進まなければならない。村の一部はまだ破壊されていない。小さな農場の前に救急車が止まっている。彼は止まり、水を乞う。代わりにワインをもらう。このあたりにフランス兵がいないか聞く。誰もその姿を見ていないという。再び出発し、まっすぐの道を行く。そのとき突然、見えない力がオートバイのハンドルを叩き、両手を引き離した。オートバイから投げ出されてしまった。オートバイは溝にはまっている。オートバイから転落したことですっかり動揺しながらも、彼はゆっくりと起き上がった。手から出血している。幸いオートバイは壊れておらず、また伝書鞄も無傷だ。懐中電灯を点灯する。馬の死骸にぶつかってしまったのだ。

それから5キロ過ぎたとき、彼は左からの発砲にさらされた。前照灯を消して全速力で走る。突然、数百メートル前方で何か大きな破裂音が聞こえる。フランス軍が橋を爆破したところだった。オートバイに急ブレーキをかけ、それを道路際の茂みに隠し覆いをかける。どこからか声が聞こえる。ライフルの安全装置を外す。声はしだいに遠ざかっていく。

1時間半待ったあと、伝書鞄を肩から斜めがけして再び道に出る。オートバイはしばらくそこに残し、あたりを偵察する。橋は完全に破壊されている。川幅は27メートル以上。壊れた橋から抜いた板を使って川の深さを測る。歩いて渡ることは不可能だ。

彼はエンジンをかけ走り出す。15分ほどして次の橋に到着。橋は破壊されておらず、反対側には何人かの警備兵も配置されている。彼らに向かって叫ぼうとしたそのとき、……

ヨーロッパ大陸から去って行くイギリス軍 イギリス軍が英仏海峡に向かって退却したとき、道路の両側には大きな煙の柱が上がっていた。「連合軍」に属する町や村は略奪され、そして火を放たれた（宣伝部隊：シュミット）

炎に包まれるルーアンの町 フランス軍は、ルーアンを流れるセーヌ川の対岸を保持するために破れかぶれに戦ってきたが、わが軍はフランス軍陣地を強襲し、燃えさかる町を確保した（宣伝部隊：ヴェーラン）

"全面戦争"の光景：ワルシャワに続いてロッテルダムもまた、無駄な挑戦をしたことで、ドイツ空軍に抵抗することがいかに無意味かを悟ったに違いない——ロッテルダムが得た教訓の代償は、市内中心部の破壊だった（宣伝部隊：カールステンセン）

力強く前進するドイツ軍戦車：敵が駆逐されたオルレアンの街（宣伝部隊：キッパー）

警備兵たちがフランス兵であることに気づく。スピードを上げることなく村を駆け抜ける。村は敵軍によって占領されているのだ。だが、人影は見えない。左折し、村のメイン・ストリートにさしかかる。ここで動きがある。軍隊が進軍しているのだ。それはドイツ軍兵士たちだった！ もう安全だ。最初に出会った将校に報告すると、1時間後、自分が所属する宣伝部隊の情報センターに到着した。彼は無事、指令を遂行したのだ。

橋の堤防のそばの茂みの中を這う。地図と懐中電灯を取り出す。いちばん近い橋は8キロ先、道路の右手にある。つい先ほど耳にした声は左の方向に消えていった……

ダンケルクの"地獄"で捕らえられた敵兵：疲労と絶望の表情を浮かべるイギリス軍捕虜（宣伝部隊：ティッツ）

"死の手"：ドイツ軍爆撃機がイギリス軍の高速魚雷艇に果敢に挑む。機関銃を何発か浴びると乗組員は魚雷艇から離脱。この船は10キロ先の海岸を目指していた。雨のように砲弾が落ち——その直後、1発が魚雷艇に命中。魚雷艇は、海底へと沈んでいった（宣伝部隊：ヴンツハメル）

コンピエーニュ——最後の仕事！ 1918年11月、ドイツが屈辱的な休戦協定を締結したまさにこのコンピエーニュにおいて、1940年6月、「コンピエーニュの大罪」を完全に消し去るための歴史的なセレモニーが行なわれ、わがドイツ軍儀仗兵が堂々と行進した（宣伝部隊：ボルヒャルト）

完全に制圧された道路 大変な悲劇の中のこの光景を、深く感動せずに直視できる人がいるだろうか。果てしなく続く捕虜の列の横を、難民たちが家を目指して急ぐ。すっかり疲れ果てて乳母車の上で眠ってしまった少年の姿は、捕虜たちにとって自分たちの運命を忘れさせてくれる一瞬だ（宣伝部隊：ウェーバー）

兵器の威力 戦闘に登場した巨大な迫撃砲。戦場の煙の中にそびえるその姿は、まるで先史時代の恐竜のようだ（宣伝部隊：バウアー）

オートバイに戻ると、伝書鞄をサイドカーにしまった。だがエンジンをあえてかけようとしない。居場所がわかってしまうからだ。フランス軍はそう遠くないところにいるはずだ。そこから274メートル先にある爆破された橋に向かってオートバイを押しはじめる。そこで彼は右に曲がり、川に沿って進んだ。東の空はそろそろ白みはじめている。

恐怖の一瞬？ いや：心理的な一瞬だ ドイツ軍が敵の丸屋根に近づくと、敵の炸裂弾が爆発した。宣伝部隊員は、まず写真を撮り、それから自分の身を守る体勢を取った（宣伝部隊：グリム）

Historical Hours Around Paris
パリをめぐる歴史的な時間

有名なイギリスの歴史家リデル＝ハートは、自著『オルレアンの男、フォッシュ』の中で、1918年11月のコンピエーニュの森での"決定的な時"について次のように書いている。

フォッシュがドイツ軍最高司令部から、交渉者の名前を挙げながら会談場所を指定するよう求める無線メッセージを受けた11月7日、最初の30分は何となく過ぎた。このメッセージは、こう続いていた。「ドイツ代表団の到着によって敵対関係が人道の名の下で一時的に中断することになれば、ドイツ政府は嬉しく思う」。フォッシュはこの依頼を無視し、デブネ前線にある前哨基地にドイツ代表団を淡々と招き入れた。

1919年7月14日：フランスへの凱旋
1914年から18年にかけて行なわれた第1次世界大戦の勝利者たちがパリ凱旋門の下を行進する。先頭には「マルヌの征服者」であるジョフル将軍とフォッシュ総司令官の姿が見える。

1940年6月14日：ドイツ軍のパリ入城
パリ凱旋門手前のエトワール広場を横切るドイツ軍補給部隊。手前に見えるのは対戦車砲。

1871年3月1日：戦勝ドイツ軍のパリ入城
ビスマルクはドイツ軍に、凱旋門の下ではなく、横を行進するよう命じた。休戦の最初に実施されたのは、休戦条件がフランス議会で承認されるまで、パリ市はドイツ軍によって占領されるという条項だった。

69年前 パリ市グラン・ブールヴァールに築かれたバリケード。今回、パリ市民はドイツ軍に対する市街戦のために全面的に備えてきたが、1871年当時、こうしたバリケードは、パリの騒乱者を鎮圧するためにフランス政府によって築かれたものであった。

午後5時、フォッシュはウィームズ提督を伴ってサンリスを離れ、特別列車でコンピエーニュの森の中のルトンドに向かった。列車は、最重量の列車砲のために作られた側線に退避した。フォッシュは、寝台車で床に就いた。翌朝の7時前、ようやくもう一本の列車がゆっくりと隣の線路に滑り込んできた。ドイツ軍は、自陣の障害物によって足止めを食っていた。ウェイガンは列車に乗り込み、フォッシュが9時過ぎにドイツ代表団を受け入れることを伝えた。

指定の時間にサロン・カーに現れたドイツ代表団を、ウェイガンとホープ提督がややぎこちない態度で丁寧に迎えた。ウェイガンは、フォッシュに伝えた。それから数分後、フォッシュはウィームズ提督とともに現れた。高官たちは互いに敬礼した。最高司令官の謹厳な表情には、敗北した敵に対する一切の同情もなかった。エルツベルガーは、フォッシュが小柄であり、バイタリティーにあふれている印象を持つとともに、一目で彼が指揮官にふさわしいことを見抜いた。エルツベルガーが低い声で随行員を紹介すると、フォッシュは簡潔にこういった。「皆さんは、何か書類をお持ちかな？ 皆さんの信任状を確認しなければならないので」

フォッシュは書類を確認するためにウィームズとウェイガンとともに一瞬、その場を離れた。マックス・フォ

22年前 「皆さんの来訪の目的は何か」「私に何を期待するのか」——フォッシュ将軍はこう述べながら、参謀たちとともにドイツ代表団をコンピエーニュの森に停車するプルマン・カーに迎え入れた。ウェイガン将軍（左から2人目）が連合国による休戦条件を大きな声で読み上げた。

ン・バーデン大公の署名が入ったその書類には、エルツベルガー、オベルンドルフ伯爵、フォン・ヴィンテルフェルト少将、そしてファンゼロウ大尉に休戦交渉とドイツ政府の同意を前提とした合意のための全権を与えると書かれていた。いくぶん若い将校2人も代表団に加わっていた。

フォッシュは、書類を確認すると、右にウェイガンを左にウィームズを座らせて席に着いた。ウィームズの向かいにはエルツベルガーが、フォッシュの向かいにはヴィンテルフェルトが着席した。自分の主義に忠実なフォッシュは、主導権を取るために「皆さんの来訪の目的は何ですか 私から何を期待しますか」と尋ねた。それに対してエルツベルガーが、休戦協定の締結に関する連合国側の提案を受け入れるためにやってきたことを丁寧に伝えると、フォッシュは「提案するものは何もありません」と答えた。

フォッシュの答えに驚いたドイツ代表団は、沈黙するしかなかった。オベルンドルフ伯爵がようやく「では私たちから申し上げてよろしいか。私たちは何か具体的な書式に従う必要はありません。私たちはいつでも休戦の条件をお聞きしたいと考えております」というと、フォッシュはこういった。「具体的に申し上げられる条件は、何もありません」

エルツベルガーはウィルソンのメモを読みはじめるとフォッシュは急にそれをさえぎってこういった。「皆さんは本当に休戦をお望みか。もしそうなら、そういえばよい正式に……」

「まったくおっしゃるとおりです。私たちは休戦を熱望しています」

「よろしい。では、休戦の前提となる条件を皆さんに読み上げましょう」

ウェイガンが読み上げた協定の主文は、一文ごとに翻訳された。厳粛な表情を浮べたフォッシュは、ときおり口ひげを引っ張りながら身じろぎもせずにそれを聴いていたウィームズは、片メガネをいじっていた。ヴィンターフェルトの顔にはしだいに落胆の表情が浮かんできた。

ウェイガンが読み上げ終わると、エルツベルガーは戦闘活動を即座に停止することを提案した。革命は頓挫し、兵たちはもはや従わないだろう。エルツベルガーは、ボルシェヴィズム（ロシア共産革命）が中央ヨーロッパに蔓延することを恐れていること、また、もしそうなれば中央ヨーロッパがボルシェヴィズムの影響を免れることは難しいことも訴えた。ドイツ軍の規律とドイツ国内の秩序を回復するために、ドイツ政府は連合国側の圧力を軽減する必要があった。

このようにエルツベルガーがドイツの国内事情に言及したことは、フォッシュにとって意外だった。さまざまな事実が、フォッシュの信念を……そして虚勢を支えはじめた。だが、無情にもフォッシュは、エルツベルガーの提案を拒否した。「あなたは、敗者特有の病気にかかっている。私はそんなことを心配していない。西欧は危険を回避する方法と手段をきっと見つけるだろう」——フォッシュはこう述べた。

と、ここでヴィンテルフェルトは1枚の書類を取り出し、自分がドイツ政府とドイツ軍最高司令部からある特別の任務を託されていることを伝えた。彼が読み上げた書類にはこう書かれていた。「私たちが今ちょうど知った休戦条件は、慎重な検討を必要とする。理解に到達することが私たちの意図だという事実に照らし、条件の検証はできるだけ早く完了させる所存である。だが、それには一定の時間がかかることもご承知いただきたい。今しばらく、貴国側と我々との間には戦闘行為が続き、一般市民だけでなく兵士たちの間にも多くの犠牲者が出るだろう。そうした不必要な犠牲は最後の1分まで続くだろうが、家族の利益のために彼らの命を何としても救いたい！簡単にいえば、ドイツ政府とドイツ軍最高司令部は、戦闘行為の停止をくり返し提案し

炎上するパリ北部の石油タンク
厚い黒煙は、ドイツ軍が進軍したあとも、わが空軍の急降下爆撃機の活動が続いていることを物語っている。

フォッシュ大通りでパレードを待つ
凱旋門の前で行進のために待機するドイツ軍騎馬隊

パリの生活は今日も続く
降伏の翌日、パリ市民たちが、シャンゼリゼ通りでドイツ軍増援部隊の行進を見ている。

1940年6月のコンピエーニュ フランス歴史記念館でフォッシュ最高司令官のためのプルマン・カーを見入るドイツ兵たち。1918年11月7日、この車両の中でドイツ側交渉担当者たちは休戦条件を受け取った。

たのである。

だが、フォッシュの答えは冷酷だった。「ノー。私は今、それぞれの条件を表明した連合国政府を代表してここにいる。休戦協定が締結される前に戦闘行為を止めることはできない」

「では、最低限、現在の休戦を24時間延長することはできないだろうか。わが国政府と通信するために時間が必要なのです」

「では、貴国政府と連絡するための手段を皆さんに提供しよう。だが、期限はわれわれ各国政府によって決められたものであり、延長するわけにはいかない。交渉期間は最大72時間とし、その期限は11月11日月曜日の午前11時とさせていただく」

フランス文化を　守る人たち

1914年から18年にかけての戦争でもフランスは、自国の利益を守るために有色人種部隊を使った。その当時、年々人口が減り続けたために、フランス軍は戦力を維持することができなかった。ラインラントの占領のときでさえ黒人兵が召集されたほどである。そして今またフランスは、ベルベル人、モロッコ人、アラブ人、セネガル人、バンツー族、そしてシンハラ人など、多様な人種と民族から成る有色人種部隊を使ってドイツに立ち向かっている。

パリ市内に入ったドイツ軍がフォッシュ大通りを行進する

家を追われフランスの道路にしゃがみ込む哀れな老婆たち

完全な平和の時代のように
シャンゼリゼ大通りに面したカフェでは、今日もパリジャンたちが食前酒を飲んでいる。彼らに混じってわがドイツ兵の姿も見える。今やパリの人びとにとって、ドイツ兵はすっかり見慣れた存在のようだ。

パリ、占領後24時間

フランス兵と有色人支援兵たち：有名なリボリ通りアーケードとルーブルのアーケードとの間を行く。彼らの行き先はドイツ軍の捕虜収容所だ。

退役軍人：1870年の「マルス・ラ・トゥールの戦い」に参加した年老いたパリジャンがドイツ軍伍長と話している。

パリジャンたちも滅多にできない経験：エッフェル塔に上る：無傷のままのパリを鳥瞰するために、エッフェル塔に初めて上るドイツ兵たち。

保釈中のフランス兵捕虜たち：パリで戦争捕虜になったドイツ語を話すアルザス人兵士たちが、集結キャンプまで単独で行く許可をドイツ軍司令部から得た。彼らに同行する親戚も見える。

パリの警察官とドイツ軍兵士：路上に見慣れぬ光景が出現したパリで、交通整理する地元の警察官がドイツ兵を見つめている。

フランスのどこかで：要塞化された町の最後……

敵軍はこの町を要塞に変えた。ある朝、ドイツ軍の前進はここで止まってしまった。一軒一軒の家が機関銃を備えた防御陣地であり、立てこもった何人もの敵兵たちが道路目がけて殺傷力の高い銃弾を浴びせてくるからだ。サイレンが鳴り響く中、ドイツ空軍の急降下爆撃機の編隊が突然、襲来してあらゆる口径の砲弾をすべての方向に落とした。屋根や壁は崩れ落ち、敵兵の抵抗も砕かれた。無人となった家の窓枠からは炎が吹き出し、残骸が山のように積み重なり、道路は黒焦げになった梁によってふさがれた。ドイツ軍は敵を打破し、この町を確保した。戦闘は、強力に守られた敵軍の主要退却道路に沿って行なわれた。こうした道路に隣接した家屋敷にはまったく損害が及んでいない。

ここでドイツ軍部隊は敵軍の行く手を打破する：

ドイツ軍の大砲によって粉砕された、マジノ線の延伸部地域にある敵の装甲塔。かつてこの砲塔から放たれた銃弾は、前方に広がる広大な平原を支配していた。

ヒトラーの宣伝兵器

ダンケルク

　連合軍の敗退とともに北フランスとベルギーの戦況が混沌としてくる中、勝利の自信に満ちたドイツ国防軍は、猛攻の手を緩めようとしなかった。効果的な反撃が何もできないフランス軍に失望したイギリス海外派遣軍（BEF）総司令官ゴート卿は、その疲弊した部隊に、ダンケルクと英仏海峡への退却および海路による撤退の準備を命じた。「ダイナモ作戦」と名付けられたこの作戦の成功を信じるものは少なく、ダンケルクとその周辺海岸から撤退できるイギリス軍はせいぜい4万5,000人程度だろうというのが大方の予想だった。

　5月19日、日曜日は、西部戦線で行なわれた1940年の電撃戦の中でも特筆すべき日となった。それは、モーリス・ガムラン将軍が連合軍総司令官を解任され、マキシム・ウェイガン将軍に交代した日であっただけでなく、BEF総司令官ゴート卿が、フランス軍の念願に反して、英仏海峡に面した各港まで自軍を撤退させる以外に選択肢はないだろうとの結論に至った日でもあった。最悪の場合、BEFをそこから本国へ移送することになるとゴートは考えていた。ちょうどそのころ、イギリスでは海軍本部が最悪の事態を想定した計画をすでに練り始めていた。「ダイナモ作戦」というコードネームで呼ばれたこの撤退作戦は、ドーバー方面司令官サー・バートランド・ラムジー中将が指揮することになり、彼はすぐさま、救出に適した船舶をテムズ河口とイングランド南部に集めるという途方もない計画に着手した。

ドイツ装甲部隊の休止

　BEFが徐々に後退し海岸に向かって困難な前進を続ける中、状況は急速に悪化し始めた。5月22日以前にハインツ・グーデリアン将軍率いるドイツ装甲部隊がすでにブーローニュとカレーの入り口まで迫っていた。ブーローニュは5月25日に、カレーも翌日の遅くには陥落した。その後、グーデリアンは、ダンケルクへの最後の進撃を準備する途中で、ヒトラーから驚くような指令を受け取った。「ヒトラーは我々に、アー川の左岸に立ち止まるよう命令した。川を渡ることは禁じられ、その理由については何も聞かされなかった。ただそこには『ダンケルクは我がドイツ空軍に任せるように』……と書かれていた。我々は、完全に言葉を失った」とグーデリアンは戦後に書いている。

　ヒトラーがこう命じた理由はいくつか考えられる。ひとつはヒトラーが地形を心配したこと、つまり装甲車の行動に不適と考えたことである。彼は、フランス軍との最後の決戦に備えて装甲部隊を温存しようとしたのかもしれない。あるいは、チャーチルとその新内閣との和平交渉を有利に運ぶためにBEFの退却——結局のところ、BEFはすべての重装備品を残して撤退したのだが——を積極的に望んだのだと推測するものもいた。

　ドイツ空軍総司令官ゲーリングも、この決定に一定の役割を果たしていたと考えられている。彼は、自分の空軍力だけで任務を終了することができるという自信を示し、ダンケルクに関する全権を自分に与えてほしいとヒトラーに懇願した。ひとつはっきりしていることは、ドイツ装甲部隊の前進スピードを落とすよう努めていたゲルト・フォン・ルントシュテット将軍が、装甲部隊の完全な停止を強く主張したことである。

撤退の開始

　ヒトラーは、その命令を撤回するまでに3日間もの貴重な時間を費やした。それはゴートとBEFらが最も必要としているもの、つまり時間を与えたのである。ドイツ装甲部隊が進軍を再開するまでに、ゴートはダンケルクの橋頭堡周辺に強力な防御網を急造することができた。BEFが生き残る望みが出てきたのだった。

　5月26日から27日にかけて兵員輸送船＜モナズ・アイル＞が港に到着したことで撤退が始まった。その夜に撤退できたのはわずか7,669人だったが、その翌日、ウィリアム・テナント艦長が指揮するイギリス海軍の上陸支援部隊が到着した。テナントには、後の大掛かりな救出作戦につながるような任務が与えられていた。だが、最初から彼は大きな困難に直面した。ドイツ軍の頻繁な爆撃とドイツ空軍の容赦のない空爆のせいで、すべての船渠ネットワークが機能を失っていた。港への入り口を守る東西の防波堤だけはまだ使用可能だったが、それらは大型船に適していなかったし、そもそも軍事目的に使用するには不十分だった。

　テナントは、破壊された港から北に伸びる広くて平らな海岸、それに東防波堤を撤退用に使うしかないと考えた。その

イギリス海外派遣軍（BEF）がダンケルクから撤退した跡地を調査する《シグナル》。《シグナル》は、イギリス軍がすべての重装備品を残さざるを得なかったことを強調したが、その一方で30万以上の英仏軍将兵が撤退したことには触れなかった。

考えに従って、彼はイギリス海軍本部に打電し、海岸で待っている将兵を沖合に停泊している大型船に運ぶための小型船をできるだけ多く英仏海峡を越えて派遣してほしいと要請した。そうした小型船舶の第一陣がフランスの海岸に到着したのは5月29日の夜半になってからであった。撤退が完了するまでにこの危険な役目を担った小型船舶は、延べ300隻にのぼったといわれている。

増え続ける数

撤退作戦に従事する船舶と海岸に避難している将兵たちはともに、ほとんど途切れることのないドイツ空軍の爆撃に耐えなければならなかった。5月29日には少なくとも10隻の駆逐艦、8隻の人員輸送船、それに何隻かの小型船がドイツ空軍の爆撃によって使用不能になった。中でも最も大きな損害をこうむったのは、東防波堤周辺に停泊していた船舶群であった。そうした船舶のうちの7隻が、3回にわたるドイツ空軍による敏速な連続爆撃によって手ひどい損傷を受けた。だがそのとき、天候がイギリス軍に味方した。ドイツ空軍機の大半が駐機している複数の飛行場が厚い霧におおわれたのだ。ドイツ空軍の搭乗員たちは、意欲に反して攻撃を手控えざるを得なかった。

救出される兵の数は、しだいに増えていった。5月30日までに12万5,000人のBEF将兵がイギリスへの帰還を果たし、さらにその翌日には1日の数としては最高の6万8,014人がダンケルクの海岸を離れた。またその日、ゴート自身も、イギリス軍司令官の一人であるサー・ハロルド・アレキサンダー将軍を後任者に命じて指揮を委ねたあと、船で帰国した。

この偉大な撤退作戦も終わりに近づいた。6月3日の朝までに最後のイギリス軍部隊の乗り組みが終わったが、今度はイギリス海軍がフランス軍将兵の救出を行なうことになった。6月4日の夜明け、フランス軍将兵を乗せた最後の船がダンケルクを離れた。合計33万7,000人の将兵のうちフランス兵は11万人であり、彼らは他日の戦闘のために救出されたのであった。

砕かれた最後の抵抗!：ダンケルクの浜辺：砲弾がこめられた大砲、今にも動き出しそうな戦車、海岸要塞などがあちこちに残されている。これらはみな、敵軍によって放棄され、ドイツ軍によって破壊されて使用不能になったものだ。

戦車対戦艦
不意に現れた戦車の砲撃を受けて大きな損害を受けたイギリス軍戦艦と輸送船。

イギリスの"入り口"で

"大殲滅戦"の写真報告

置き去りにされたもの
イギリス軍があわてて逃走したあとに残された大量の軍需物資。

爆発することなく……
フランス軍要塞近くの堤防に残された不発弾。

最後の一瞬まで イギリス軍は、引き潮の海中にトラックを長く並べることで即席の突堤をつくろうと試みたが、これもうまく行かなかった。

直撃 ドイツ空軍の大編隊がダンケルク攻撃を実行し、爆撃によって18隻の軍艦と49隻の輸送船が撃沈されるか、重大な損傷を受けた。

西部戦線で行なわれた"大殲滅戦"の最終局面は、周到に組み合わされた我がドイツ軍兵器の抵抗不能な威力を再び明らかにした。イギリス軍は、自国対岸にあるフランスの海岸を闇雲に獲得しようと試みたが、不成功に終わった。フランス軍の援護を得て彼らは自国への帰還を死にものぐるいで目指したが、これまた失敗に終わった。イギリス海外派遣軍の精鋭部隊は殲滅され、多数のイギリス兵が今も行方不明となり、多くの軍需物資がドイツ軍の手に渡った。こうしてドイツ軍は、今やイギリスの"入り口"に立っている。

何千ものイギリス兵が……
ダンケルクで敗れながら自船に戻ることができなかった多くのイギリス軍の敗残兵がドイツ軍に捕らえられた。前線の背後に停められている輸送バスを目指して、兵士の列が果てしなく続く。

嵐の前の静けさ

ダンケルク陥落の報を作戦司令部で聞いたヒトラーは大いに喜び、ただちに第三帝国中の鐘を3日間、鳴らし続けるように命じた。ドイツ国防軍は、迅速な進撃によって不運なフランスを片付けると、残ったフランス軍は完全に統制を失って、間もなく崩壊した。フランスはドイツに対して和平を提案し、6月22日に休戦条約が発効した。それから3日後の夜半にすべての戦闘が止んだ。「今や連合軍はいなくなった。残る敵はただひとつ、イギリスだけだ」──ドイツ最高司令部の最終コミュニケ(公式声明)は勝ち誇るようにそう述べた。

ドイツ人の大多数がそうであったように、ヒトラーは、フランスに勝利したのだから戦争は終わったも同然と自信を深めた。コンピエーニュを舞台にしたフランスとの休戦交渉の開始を指揮すると、すぐにヒトラーは、第1次世界大戦当時、伍長として勤務していた部隊の3人の古い戦友を伴って、第1次世界大戦の戦場をめぐる旅に出発した。彼はまた、時間の都合をつけてパリを日帰りで訪れた──実はヒトラーがフランスの首都を訪れたのはこのときだけだった。専属建築家だったアルベルト・シュペーア、それに彫刻家のアルノ・ブレーカーとともにヒトラーは、6月28日の夜明け前にパリに着くと、電光のような観光ツアーに出発した。一行はまず、彼らのために特別な装飾をほどこしたオペラ座を訪ね、次いでエッフェル塔、廃兵院、モンマルトルの芸術街などを訪れた。「パリを見るのが長年の夢だった。今日、その夢が叶うことの幸せは表現のしようもない」と、ヒトラーはシュペーアに熱っぽく語ったといわれている。

お祭り気分にひたっていたのは一人ヒトラーだけではなかった。戦勝気分に酔いしれた何千何万というドイツ兵たちが、熱い夏の太陽に照らされて、当然の褒美である休息を楽しんだ。ドイツ兵の群れはヒトラーを見習うようにパリに殺到し、あるものは景色を見、あるものはたっぷりと支給された占領通貨マルクを使って買い物に狂奔した。一方、船の残骸が散乱する北フランスの海岸には、革長靴を脱ぎ捨てて温かい海へと漕ぎ出し、英仏海峡の先にあるドーバーの白い断崖をじっと見るドイツ兵たちの姿があった。そんな中、ドイツ国防軍A軍集団指揮官フェードア・フォン・ボック将軍は、ダンケルクを訪問して、市街周辺や海岸にイギリス海外派遣軍(BEF)がどのような装備品を残していったのかを視察した。「イギリス軍の退却戦は、まさに想像を絶する様相を呈していた。大量の車両、大砲、装甲車、装備品が積み重なり、驚くほど小さいスペースに捨て去られていた。イギリス軍はそれらの装備品の焼却を試みたが、急いでいたために焼却されたのはごくわずかだった」と、ボックは書いている。

勝利を祝う

6月6日、ヒトラーはベルリンに戻り、予定どおり6月16日の祝勝パレードに臨んだ。その日、数多くの熱狂した群衆がヒトラーを見るために道路に陣取った。駅から総統府までの道は花の絨毯でおおわれ、ヒトラーは総統府のバルコニーに何度も登場しては、眼下に集まった数万の群衆の歓呼に応えた。パレードは、さらに壮観だった。1871年以来初めて、ドイツ軍の精鋭部隊が次から次にブランデンブルク門をくぐった。その2日後、クロール・オペラ劇場で開催された特別式典でヒトラーは、戦勝に貢献した12人の将軍に元帥号を授与した。勝利を獲得した第三帝国のあちこちで、これと同様の熱狂的な祝勝会が開催された。

イギリスとの和平もまた目前にあるように思われた。実際、ヒトラーは条件を提案する準備をしていた。7月19日、発言を待ちわびるドイツ国会での演説でヒトラーは、イギリス政府およびイギリス国民に対する「最後の説得材料」を発表した。2時間に及ぶ演説の最後にヒトラーは、「なぜイギリスはこの戦争を続けなければならないのか、その理由が私にはわからない」と述べた。それに対するイギリスの反応は速やかだった。1時間もしないうちにヒトラーの呼びかけは拒絶された。

イギリス侵攻計画

大多数のドイツ国民と同様、ヒトラーはイギリスが交渉の提案を断固として拒否するとは夢にも思っていなかった。「私が話を聞いたドイツ人はみな、まったく理解できないようだ」と、アメリカ人ベルリン特派員であるウィリアム・シラーは書いている。だがそうなれば、イギリス侵攻に向けた準備をする以外、選択肢はなかった。むろんそれは、言うは易く行なうは難し、だったのである。

ノルウェー作戦において、ドイツ艦隊はかなりの損害をこうむっていた。3隻の巡洋艦、10隻の駆逐艦が轟沈されたほか、2隻の重巡洋艦と1隻の古い戦艦が使用不能になっていた。その結果、ド

イツ海軍総司令官であるレーダー提督が英仏海峡に充当できる艦船は、重巡洋艦1隻、軽巡洋艦2隻、駆逐艦4隻だけとなった。そのため、ドイツ海軍は、9月半ばまでイギリス侵攻の準備をすることができなかった。翌年の5月まで延期するのが得策というのがレーダーの考えだった。

陸軍もまた問題を抱えていた。英仏海峡と北海の各港に逐次集結中だった約2,000隻の侵攻艇の大部分は、海が完全な凪でないと渡ることができないということが判明したのだった。ポートランド岬からドーバーに広がる幅広い前線から上陸するというのがドイツ参謀本部の考えだった。だが、圧倒的な優位にあるイギリス艦隊から攻撃を受けるというリスクを懸念したレーダーは、参謀本部案を拒否し、より無難な方法を採るべきだと主張した。

ヒトラー以下全員が共通して認識していたことは、イギリス空軍を圧倒できるドイツ空軍の役割は重要であり、空軍力では全体的に優勢であったことである。空からの援護がなければ、イギリス海軍の艦艇といえども容易にドイツの急降下爆撃機の目標となる。そのことはイギリス参謀本部も想定していた。参謀たちはチャーチルと戦時内閣に対して「重要なことは空軍の優位性です」と報告した。「アシカ作戦」と名付けられたイギリス侵攻計画の成功は、ひとえにイギリス空軍を挫くことができるかどうかにかかっていた。

新たに元帥に昇任したものの"大言壮語"の癖のあるゲーリングは、ドイツ空

1940年4月、ルドルフ・ヘス（左）とともにドイツ国会議員たちに挨拶するヒトラー。《シグナル》は、イギリスとの和平が近いとする公式見解を裏付けるために、バイロイトのワーグナー音楽祭の開会式にからめて、この写真を掲載した。

軍をもってすればイギリス空軍の圧倒など訳もないと自信に満ちていた。ゲーリングは、数日のうちにイギリス空軍を駆逐してみせるとヒトラーに断言した。ドイツでは「海峡の戦い」、イギリスでは「バトル・オブ・ブリテン」と呼ばれる英独両空軍による航空戦の開始が近づいていた。

平時とまったく変わりなく
ある日のベルリン競馬場

美しい障害競馬場 晩秋の暖かい日曜日、カールスホルストにあるベルリン競馬場では、年間最大のレースが行なわれた。「カールスホルスト大賞」など8つのレースの賭け金は、総額6万5,000マルク。これはドイツ史上最大だった。

平時とまったく変わりなく 大勢の観客が競馬場を埋め尽くした。快速電車は3分おきにベルリン市内を出発し、プログラムと競馬新聞各紙は、出走開始からわずか10分で売り切れた。

勝ち馬に賭けたのはだれ？ 若い女性の表情を見ると、彼女の馬はいい位置に付けているようだ。隣りの2人の将校は、「陸軍乗馬学校」の厩舎の馬に声援を送る。彼らの馬の名は、「トゥーティッシュ」。だがこの馬の騎手は、前回の騎乗で鎖骨を折ってしまい、つり包帯に腕を乗せて騎乗している。果たして彼は、レースを制することができるだろうか。

コーナーをまわる 人馬一体となったレースの美を示す一枚。蹄が音を立てて緑の芝を蹴る。騎手たちは手綱を締める。さあ、最後のジャンプだ！

写真：ディートリッヒ・ケネヴェク

勝利した騎手 ヴォルフという名のこの騎手は片腕だけで騎乗した。落馬事故はかなり深刻なものだったにちがいない。だが、彼と「トゥーティッシュ」は大賞を制した。計量のためトラックをあとにする騎手の顔は、プレッシャーの大きさを物語っている。

戦時下の幸福な幕間

写真が語るささやかな本当の話

撮影：ハンス・ハブマン

1. ベルリンで活動する当誌専属カメラマンのハンス・ハブマンはある日、いい写真を撮るためにベルリンのキャバレーで行なわれたドレス・リハーサルを見学した。ダンサーのひとりが彼の目を引いた。「何だか見たことがある顔だぞ」——そう考えた彼はそのダンサーに話しかけた。そう、彼女こそゲルダ・クルツだった。

2. 4年間、「左から2番目」で踊ってきたゲルダ・クルツ　ベルリン・メトロポール劇場のコーラスライン：でも、もはや彼女は「左から2番目」にはいない。何が何でもここから出たいと考えていたわけではないが——何しろ彼女はここで月に250マルクも稼いでいた——自分の念願を実現するために思い切って前に進もうと考えた。ハンス・ハブマンは、彼女のストーリーを追うことにした。

3. メーク室の彼女の鏡の前には、彼の写真が誇らしげに飾られていた　「でもどうやって？」、そう聞くと、彼女はこう答えた。「私たちは何とか結婚したかったんだけど、戦争が始まったばかりのときにペーターが召集されて、彼の収入は無くなってしまった。結婚するとなれば本当に多くのものを揃えなくてはならないでしょう。それを解決するためにこの道を選んだのよ」

4. ゲルダが語る彼女の物語：「できることは何でもする覚悟はできているわ。週に2回、発声のレッスンを受けたわ。アクロバティックなこともスポーツも。私たちの仕事ではトレーニングがすべてだから。もちろん、それには多額のお金がかかるけど……」

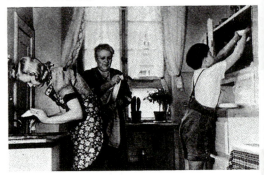

5.「両親と自宅で生活できる自分は幸運だったわ」
「食事の準備を手伝う、小さい弟の勉強を見るなど、できることは何でも協力したわ」

6.「"配給の受け取り"も大事な仕事よ！」

7.「飛躍のための準備ができたと考えたとき、帝国劇場会議所に行ったの。会議所の人は私をすぐに、ここ『コメディアン・キャバレー』に派遣したの。支配人が新しいタレントを探していると彼らは言ってくれた。競争は大変だったけど、何とかパスすることができ、そうして今は……」

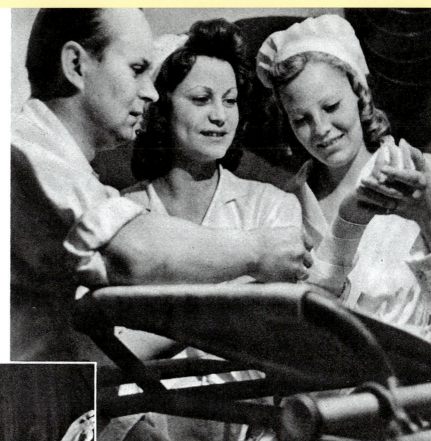

9. ハンス・ハブマンが写したステージ以外で働く彼女の姿
ゲルダは銃後でも活躍している。劇場の防空団の看護婦の仕事だ。包帯の巻き方や毒ガスの犠牲者の手当などをすべて習得した。

8. コメディアン・キャバレーでソロを踊るゲルダ

10. それから2、3週間後
ハンス・ハブマンは、ある代理結婚式の介添人を務めた。ドイツが勝った今こそ結婚する好機とペーターは考えた。彼の部隊はほどなくして戦地に赴くだろうから、彼は部隊の指揮官に結婚の承諾を申請した。ハブマンがペーターに"花嫁のいない結婚式"の写真（上）を送ってもらい、一方、"花婿のいない結婚式"にはハブマンが介添人として出席した（右）。ゲルダは、ベルリン市内の居住地域の戸籍事務所で「はい」と答え、自分の名前を署名した。これぞまさに、戦時の中の幸福なひと時だった。

これが我々の仕事だ

5人の映画音楽家への《シグナル》インタビュー

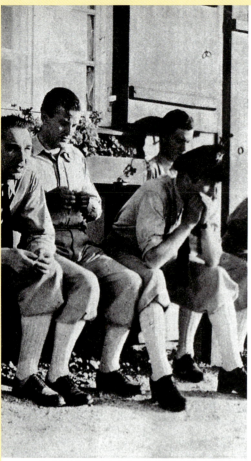

『へぼパイロット』から＜ふるさとの星＞

『若い男が来るならば』から＜おやすみ、かあさん＞

ヴェルナー・ボホマン 彼の穏やかな笑顔は、彼が生まれたメーラネの風土に由来する。化学を学んだが、アルバイトで音楽の道に進む。職業として音楽を選んだのは、これなら生活の糧を得ることができることを知ったからだ。彼はこのことを、あるカフェに座ってアルゼンチン人バンドの演奏を聴いたときに"発見"したという。ある日、映画の技術的側面に強い興味を覚え、サウンド・プロジェクションの技術者として実績を残す。その後、彼がつくった＜ふるさとの星＞＜夕べは酒場で＞＜おやすみ、かあさん！＞といった曲は世界中で人気を博す。

フランツ・グローテ 父親が有名なピアノメーカーの販売店の経営者だったことはともかく、母親が歌手だったことは、彼の作曲家としての才能にかなり大きく影響しているといってよい。彼にとって幸運だったのは、音楽の勉強に専念できたことである。指揮者として、またSPレコードの監査官としての活動の後の活躍は目覚ましく、さらにひとりの美しい女性がそれを助けた。彼の妻は映画スターのキルステン・ハイベルクである。オーケストラとの活動から得た経験も、ドイツ・ラジオの「ドイツ舞曲と娯楽楽団」の共同創立者という立場にぴったりフィットしたという。作曲家として彼は特別な才能の持ち主といってよく、彼のポピュラー音楽は永遠の魅力を持っている。

ヨーロッパのためのメロディー

「ピアノに向かって作曲することは滅多にないね」——**テオ・マッケベン**はこう打ち明ける。「作曲家がいつも鍵盤に向かっているというのは素人の思い込みさ。まったく楽器を弾かないことだってあるし。映画の中の人気の歌の重要性は、音楽的な観点でいえばほとんど無視してよい。その歌は一種の、つかの間のインスピレーションであり、あるいはまったくそれがないものでもある。映画『美貌の友』のように、劇中でシャンソンが中心テーマを説明するという重要な役割を負っている場合は、まったく話は別だよ。歌詞が主人公のキャラクターを明瞭に示しているんだ」

「自分はしばしば昼と夜が逆転した生活を送っている」と語るのは**ハラルド・ベーメルト**である。「何もかもが静寂でなくてはならない。何度も何度もストップウォッチを片手に仕事をしなくてはならない。というのも、あるときは30メートルのフィルムに合わせた音楽を求められることもあれば、あるときはわずか58秒分の音楽しかいらないこともあるからね。観客は映画を見終えれば、そうした付随音楽をほとんど覚えていない。でも、付随音楽を作曲することは、いわゆるヒット曲をつくるのに負けず劣らず難しいんだ」

「ツァラー・レアンダーの歌＜もし奇跡が起きたら＞と私の＜船乗りの歌＞の両方がまたたく間に人気を獲得したらどうなっていただろう」と質問するのは**ミハエル・ヤーリ**である。「私にはわからない。"船乗り"という言葉には特別なイメージがあるのかもしれない。この歌が、ドイツ内陸部よりも海岸に沿って急速に浸透していったことは事実だ。でも……私は、手の届くところに楽器がありさえすれば、最初のころよく起こったことについて別の歌を歌うこともできたんだ！」

「私は、サウンド・プロジェクターをとても頼りにしている」と**ヴェルナー・ボホマン**は語る。「私は、トーキーのコピーを作ってもらい、それを再生し、次回もっとうまくできるようにするために聞き返している。残念なことに、映画の中で音楽と会話が混ざり合うことを何度も聞いたことがあると思うんだが、それで、多くの人が不満を漏らすんだ。だがね、主役の声は、ある特定の周波数帯に記録される。このことを考慮すれば、また楽器音を人間の声の周波数帯からできるだけ離せば、音楽と声を同時再生しても、それらが混じり合うことはないはずだ」

「人気のある歌は"仕立て"の基準に合わせてできるものではない」——こう語るのは**フランツ・グローテ**である。「それは思考の問題ではない。音楽的なインスピレーションが簡単に苦もなく生まれれば生まれるほど、成功の見通しは高くなる。そして"はずみ"ということも大切だ。つまり、その歌を映画や演劇に最初にどう取り入れるかによって、印象が決まってくる。映画においては、その歌が的中しているかどうかは最初からはっきりしている。ラジオは最後の味付けをするにすぎない」

ある兵士の歌が空と人の心を支配する
あなたとともに……リリー・マルレーン！

今から4年ほど前、ある歌がベルリンで初めて歌われた。聴衆はこの歌を好んだが、その印象が持続することはなかった。だが、キャバレーの歌手であるララ・アンデルセンはこの歌をレコード用に録音した。いろいろな努力はあったが、結局はこの歌も何百万という曲のひとつにすぎなかった。この曲の名は〈リリー・マルレーン〉。歌詞はハンブルクの詩人ハンス・ライプの詩集『港の小さな手風琴』の一節、そして作曲はノルベルト・シュルツェによるものだった。それから3年後の1941年の夏、ベオグラードのドイツ軍ラジオ放送局がこの歌を流した。突然のことだった。あわててかき集められた装備品の中には、多かれ少なかれ流行のレコードが

敵のいないアメリカの"戦争"：ニュージャージーの航空機部品工場の前で、守備のポーズを誇らしげに取るアメリカ兵たち（撮影：宣伝部隊マインホルト、AP通信社、宣伝部隊ホフシュイット）

"戦争の父"ルーズベルト：ベッドで朝食を取りながら行なわれる定例会議。右に座っているのはルーズベルトの顧問ホプキンス。左端は主治医。そして中央は"気のきいた返答"をするルーズベルト。

銃後の守り："第五列"（スパイ）とパラシュート部隊に備えてロンドンを守る訓練に当たる。"第五列所属の子守り女"に扮した者が歩哨を驚かす。

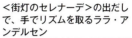

最期：ソ連の墓地にある共産主義者の墓。

〈街灯のセレナーデ〉の出だしで、手でリズムを取るララ・アンデルセン

ドイツで最も有名な兵士の歌の最初の数小節（許諾：アポロ出版のパウル・リンケ、ベルリンSW 68　撮影：ヘッダ・ヴァルサー）

入っており、その中に〈リリー・マルレーン〉があった。その歌が放送されたのだ。それから数日すると、「街灯について歌っている歌」について問い合わせる何十通もの手紙が兵士から送られてきた。そのあとで、フランス、ノルウェー、クレタ島、ウクライナから「〈リリー・マルレーン〉を放送してほしい」という野戦郵便が洪水のように届いた。それからの数ヵ月、毎夜10時になるとベオグラード放送局は、すべての前線に向けて〈歩哨のセレナーデ〉とか〈街灯のセレナーデ〉と呼ばれたこの曲を流した。そして何千何万というドイツ兵たちが飽くことなくこの曲に耳を傾けた。ララ・アンデルセンも、登場すれば最低2回はこの歌を歌わざるを得なかった。

この歌を直訳すればこうなる。
「兵営の前、大きな門の向かいに街灯が立っていたね。もし今もまだそこにあるなら、そこでまた会おう。昔みたいにまた街灯のそばで会おうよ。リリー・マルレーン」

この歌の成功の秘密は何だろうか。ララ・アンデルセンの声？　彼女はこの歌以外にもたくさん歌っている。この歌そのもの？　でも、この歌は有名になる前から長く知られていた。

この問いに答えてくれるのはリリー・マルレーンだけかもしれない。そう、まだ誰も見たことのないリリー・マルレーンだけかも……。

「沈黙の過去から、僕の夢の土地から、君の心がこもった唇がよみがえる……」
——この曲の最後の一節を熱唱するララ・アンデルセン

トービス・フィルムの『美貌の友』から〈あんたは女好き、美貌の友〉

テオ・マッケベン 「映画音楽は演技の重要な一部であり、観客が映画の中の音楽に気が付かなければ気が付かないほど、音楽の役割は成功したといえるんだ」——マッケベンはこう皮肉っぽく語る。1897年にプロイシシュ・スタルガルトで生まれたマッケベンは早くも5歳でピアノを弾きはじめ、15歳のときにはすでに多くのコンサートで演奏したという。第1次世界大戦が勃発するとマッケベンは召集され、軍楽隊勤務を命じられる。その後彼は、音楽の解釈ではなく創作こそ自分の使命であることを知る。ラジオと演劇でしばらく活動したあと、映画音楽の作曲を開始、『美貌の友』『ピグマリオン』『故郷』『女王の心』などで名声を築く。彼の名前はツァラー・レアンダーの成功と大きくつながっている。彼のオペレッタ『黄金の籠』が「アドミラル劇場」で上演されたばかり。そして今、ウーファーはマッケベンの協力を求めている。

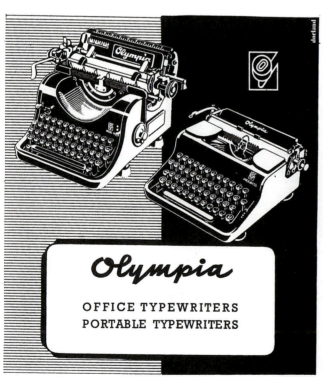

ヨーロッパのた

ウーファー・フィルムの『恋と最初の鉄道』から＜人生は愛がすべて＞

ウーファー・フィルムの『大いなる愛』から＜もし奇跡が起きたら＞

ハラルド・ベーメルト ベーメルトの自宅をちょっと見れば彼が芸術作品のコレクターであることがわかる。とりわけ東洋美術に目がなく、それが彼の音楽の神秘主義に反映している。ハレに生まれたベーメルトは地元で美術史と哲学を学ぶが、音楽の才能が高まるにつれノルトハウゼン、ハルベルシュタットに遊学、最後にハレに戻り、そこで市内のいくつかの劇場の指揮者を務める。やがて彼の名は、モンビジュー宮で開かれるコンサートの指揮者として知られるようになり、ラジオや映画界からのオファーを受ける。中でも彼の民族音楽は、敏感でいい知れぬ魅力を持っていると、映画界の高い評価を得る。当初、技巧的で国際的な傾向を持った彼の映画音楽のキャリアはなかなかうまく行かなかったが、彼の歌のひとつにもあるように「忘れられるなら涙はいらない」のである。

ミハエル・ヤーリ かつて見習い修道士だったヤーリがまだ小学生だったころ、教会の聖歌隊を指揮したことはあまり知られていない。だがこのことを念頭に置くと、ツァラー・レアンダーの二つの大ヒット曲＜この世の破滅はまだ来ない＞と＜もし奇跡が起きたら＞がヤーリの作曲だということをにわかに信じることはできない。彼の音楽家人生は紆余曲折の連続だった。ボイテンの市立劇場を振り出しに、ベルリンの多くのナイトクラブを経て、最後はベルリン市から与えられた奨学金で本来の作曲家の仕事に就くことができた。これによって"まじめな作品"を作曲する好機を得た。彼のキャリアを決定づけたのは、リューマン、ジーベル、ブラウゼヴェッターのトリオが元気よく歌った＜船乗りの歌＞である。これによって彼の人気は不動のものとなった。

めのメロディー

戦時下にあってもドイツのポピュラー音楽は、映画やラジオを通じて世界中に広まっている。そうした映画音楽芸術の卓越した実例を紹介する。

バトル・オブ・ブリテン

　世に「バトル・オブ・ブリテン」として知られる英本土航空戦のための準備が進む中、ゲーリングは、飛行が可能な晴れた日が4日あればイギリス空軍（RAF）を空から駆逐してみせると豪語した。ヒトラーもまた、「ドイツ空軍は、すべての部隊が攻撃態勢にあり、最短の時間でイギリス空軍を圧倒できる」と公言した。すぐにこれに応じたゲーリングは、「作戦の成否は、敵の空軍力を倒すためにすべての手段を使えるかどうかにかかっている」と指揮官たちを鼓舞しながら、総力戦への出動を命じた。これはRAFにとっても負けることができない戦いだった。まさに両軍にとって今後の進路を左右する決戦の火ぶたが切られた。

　ゲーリングの空軍は三つの航空艦隊に配備されていた——すなわち、ノルマンディーに展開する第3航空艦隊、北フランスと低地諸国に展開する第2航空艦隊、それにデンマークとノルウェーに展開する第5航空艦隊である。司令官はそれぞれ、フーゴ・シュペルレ元帥、アルベルト・ケッセルリンク元帥、それにハンス＝ユルゲン・シュトゥンプ将軍だった。一方、イギリスの守りに当たったのは1936年以来、イギリス空軍戦闘機軍団司令官を務めていたヒュー・ダウディング大将だった。イギリス空軍は700機の最新戦闘機を擁していたが、ダウディングはそれを四つの戦闘機群に分割した——すなわち、イングランド南西部を守る第10戦闘機群、同じく南東部を守る第11戦闘機群、同じくミッドランドを守る第12戦闘機群、イングランド北部・スコットランド・北アイルランドを守る第13戦闘機群である。この大規模な航空戦の主役を担ったのが、44歳のニュージーランド人で、熟達した戦闘機戦術家であるキース・パーク少将が指揮する第11戦闘機群であった。

　表面的に見れば、恰幅の良いフーゴ・シュペルレ元帥とその部下である指揮官たちが自信を持つのも無理もないことであった。彼らは意のままになる2,422機の航空機を擁し、そのうち949機が〈ハインケル He 111 爆撃機〉、〈ドルニエ Do 17 爆撃機〉、そして〈ユンカース Ju 88 爆撃機〉であり、336機が〈ユンカース Ju 87 急降下爆撃機〉、869機が〈メッサーシュミット Me 109 戦闘機〉、そして268機が〈メッサーシュミット Me 110 双発駆逐戦闘機〉であった。ポーランド、ノルウェー、それにフランスとの戦闘経験で鍛えられたドイツ空軍の飛行機乗りたちは、イギリスとの航空戦を手ぐすね引いて待っていた。歴戦の兵士たちの多くは「コンドル軍団」の一員としてスペイン内戦に参加してフランコを支援していた。むろん彼らもまた、RAFと戦うことを"朝飯前"とは考えていなかったが、最終的にもう一度迅速な勝利を挙げることに自信を持っていた。

　だが数の優位以外、いくつかの点でドイツ空軍の実力にはあまり見るべきものがなかった。たとえば、ドイツ空軍の主力戦闘機である〈メッサーシュミット Me 109〉にしても、イギリス空軍戦闘機軍団が擁する〈スピットファイアー戦闘機〉と同等であり、〈ハリケーン戦闘機〉よりは優れていたが、航続距離が短いためわずか数分しかイギリス上空で活動できず、再給油のために母基地に帰還しなくてはならなかった。イギリスの航空機生産もまたドイツのそれを凌駕していた。チャーチルによって新たな航空機生産大臣に任命されたビーバーブルック卿の奮闘によって、イギリスの航空機生産は休むことなく続けられた。戦闘の開始からわずか数日のうちに、新たに生産された航空機は62パーセント、同じくエンジンは33パーセント、修理された航空機は186パーセント、同じくエンジンは159パーセント、それぞれ増えた。これはイギリスの生産ラインから週に300機の航空機が新たに生まれたことを意味した。加えて、6月最後の2週間だけを見ても、損傷を受けた250機の航空機が修理を受けて空軍の飛行中隊へと戻っていった。それに対し、ドイツの航空機生産はイギリスよりもはるかに低下しつつあった。6月にドイツで生産されたのは、わずか220の戦闘機と344機の爆撃機だけだった。その翌月になるとこれらの数字は一段と低下し、修理機数はさらに悪化した。1940年全体を見ても、損傷を受けた1,000機強の〈メッサーシュミット Me 109〉と、わずか59機の〈ユンカース Ju 88〉だけが修理を終えて戦場に復帰した。

　何よりイギリス空軍戦闘機軍団の強みは、ドイツ空軍の来襲を早期に察知することができるレーダー設備だった。イギリス海岸に沿って大きな弧を描くように配置された、全部で21もの巨大な長距離レーダーは——マストの高さが最大で110メートルもあり——海に向けて"にらみ"を効かせていた。これらのレーダーをもう少し小型の30の短距離レーダーが補完するとともに、イギリス防空監視隊に所属する3万人のボランティアたちがこれを支えた。彼らは、もう少し内陸にある1,000ヵ所の監視ポイントに常駐していた。何か異変があればその情報は、ミドルセックス州スタンモアに置かれた空軍戦闘機軍団司令部からイギリス全土にある四ヵ所の戦闘機群本部へ送られ、さらに攻撃にさらされる危険性があるすべての部署へと通報された。すると、区域を担当する管制官は直ちに戦闘

機の出動を命令、そのうえで無線を用いて敵機への誘導を支援した。こうした未知のマストが何のためにあるのかわからなかったドイツ空軍情報部は、イギリスの空域防衛システムにおいてこれらのマストが重要な役割を果たしていることを最後まで理解することができなかった。

「アドラータークก（鷲の日）」とその後

ゲーリングは8月13日を「アドラータークก（鷲の日）」と定め、航空艦隊の全力を結集してRAFに立ち向かい、ひいては殲滅することを決意した。だが8月13日は、ドイツ空軍にとって不運な一日となった。第2爆撃航空団司令ヨハネス・フィンク大佐は、後に次のように記している。彼が率いる〈ドルニエ Do 17〉は、午前7時30分に離陸したあと北フランス上空を上昇してグリ・ネ岬に向かい、そこで援護役の戦闘機群と合流する予定だった。だが戦闘機群が現れることはなかった。それどころか予想外の巨大な厚い雲が行く手に現れた。それでもフィンクは攻撃の開始を決断した。

攻撃目標である飛行場に近づくとフィンクたちは爆弾投下の準備を始めた。そのとき突然、最後尾にいた複数の〈ドルニエ Do 17〉が、朝日の中を急降下してきた何機かのイギリス空軍第74飛行中隊所属の〈スピットファイアー〉の攻撃を受けた。この最初の攻撃においてフィンクは、〈ドルニエ Do 17〉1機を失うとともに、その他の爆撃機もほとんどが損傷を受けた。その後、手負いの爆撃機たちは、カンブレー近くの母基地に戻る途中、テムズ河口の上空を飛行中に再びイギリス空軍機の攻撃を受けた――今度は第111飛行中隊に所属する〈ハリケーン〉だった。その結果、4機の〈ドルニエ Do 17〉が撃墜され、残りの4機もまた、排気の航跡を残し、銃弾によって穴だらけになりながらかろうじて帰還したというありさまだった。怒り心頭に発したフィンクは、自らケッセルリンクに電話して抗議した。それに対してケッセルリンクは、天候が変わったことでゲーリングが攻撃をその日の午後まで延期するよう命令していたのだと説明した。この決定は、戦闘機の離陸を止めることはできたが、爆撃機には間に合わなかったのである。これによって、いったん爆撃機が離陸してしまうと、彼らに帰還を直接命じる手段がないということが明らかになった。

ドイツ軍にとって事態は「悪い」から「より悪い」へと変わっていった。カーンを離陸した23機の〈メッサーシュミット Me 110〉がドーセット州の海岸上空にさしかかるとすぐに、はるか上方で彼らを待ち受ける三つの〈ハリケーン〉中隊と遭遇したのである。攻撃行動を中止し帰還しようとする前に、1機が海上に、6機が陸上に撃ち落とされ、さらに7機が損傷を受け、わずか9機だけが無傷で帰還できたのだった。ハンプシャー州ミドルワロップに向かおうとしていた〈ユンカース Ju 87〉の二つの航空団もまた、戦闘機による援護を受けていたにもかかわらず、手ひどい攻撃を受けた。彼らの約3分の1が撃墜され、"生き残り"たちも何らかの損傷を受けた。

激化する戦闘

この日、ドイツ空軍は延べ1,485回もの出撃を果敢に仕掛けて39機を失ったが、それに対してイギリス空軍の損失はわずか15機だった。その2日後にも攻撃が再開されたが、ドイツ空軍は76機を失い、イギリス空軍は29機を失った。なかでも〈ユンカース Ju 87〉の損害はひどく、すべての戦闘からの離脱を余儀なくされたほどだった。

さすがのゲーリングも甚大な損害に途方に暮れた。その失望感は、ベッポ・シュミット大佐がドイツ軍は実際にはもっと多くのイギリス空軍の戦闘機を撃破しているというとんでもない報告をしても変わらなかった。シュミットは、ゲーリングの参謀の一人であり、ドイツ空軍情報部で指導的な役割を果たしていた。8月16日、騙されやすいゲーリングに対し、イギリス空軍戦闘機軍団に残っている航空機は今や430機にすぎず、そのうち使用可能な機体はわずか300機だと報告した。だが実はダウディングは、いつでも出動ができる653機の戦闘機を有していたのである。

ゲーリングは、戦術の変更を決断した。ゲーリングは、最も有利な条件でイギリス空軍戦闘機軍団の〈スピットファイアー〉と〈ハリケーン〉と交戦できるよう、自軍の戦闘機を戦域上空で自由に飛行させるのではなく、脆弱な爆撃機に貼り付けて大きな犠牲を払ってでも爆撃機を援護することを命じた。算術的にいえばこのことは、爆撃機1機を3機の戦闘機で守ることを意味した。ゲーリングはまた、イギリス空軍戦闘機軍団の基地の破壊に集中することを決断した。その一方でゲーリングは、一刻の時間も無駄にしないために、イギリス空軍の主要なレーダー基地への攻撃をやめるよう部下に命じ、その理由として「これまでに攻撃を加えたレーダー基地で使用不能になったのは一つもない」ことを挙げた。ここでもドイツ空軍情報部は、イギリスのレーダー網の本当の意義を理解することができなかった。

重大な局面

8月が終わりに近づくにつれ、戦闘はさらに激化した。天候が晴れると、決まって多数のドイツ空軍機が出撃した。イギリス空軍は、無情の攻撃に屈しはじめていた。ドイツ空軍爆撃機の破壊を目指せば目指すほど、撃墜されるイギリス空軍機の数も増えただけではなく、パイロットの数も戦力を維持することが不可能なまでに減ってきていた。そこでドイツ空軍は、再び戦術を変更したのである。

ヒトラーは、それまでロンドンを爆撃しないよう厳命していたが、8月24日の夜、ロチェスターの航空機工場を目指していたドイツ軍爆撃機が誤ってテムズ川からメドウェイに進入し、かわりにミルウォール、トッテナム、そしてイズリントンを誤爆してしまった。これに対するイギリス軍の反応は速かった。その翌日の夜にはイギリス空軍爆撃機軍団の50機の爆撃機がベルリン空襲のために飛び立った。これらの爆撃機は、8月28日にも再度、ドイツの首都を爆撃した。

これらの爆撃が与えた実際的な損害はそれほど大きくはなかった。1回目の爆撃はベルリン市内にほんの数発の爆弾が落とされただけだったし、2回目の爆撃はもう少し成功したとはいえ、ベルリン市民の死者は12人、負傷者29人にとどまった。だがこれらの空襲がドイツ国民に与えた心理的影響は計り知れなかった。ベルリンは二度と爆撃させないと、ゲーリング自身が躍起になって説明したほど

雲でおおわれたイギリス上空で

だった。

その2日後、イギリス空軍は再度ベルリンを襲撃し、同市にあるテンペルホーフ飛行場を攻撃した。ベルリン空襲は9月3日にも行なわれ、これにはヒトラーも堪えた。その翌日、彼はスポーツ・プラザでの演説で、イギリスに対する報復を宣言するとともに、激高しながら次のように語った。「もしイギリス空軍が2,000キロ、3,000キロ、4,000キロの爆弾を落とすなら、我々は一晩に15万キロ、18万キロ、23万キロ、30万キロ、40万キロ、あるいはそれ以上の爆弾を落とすだろう。もし彼らが我が国の都市に大規模な攻撃を加えると宣言するなら、我々は彼らの都市を消滅させるだろう。神に誓っていうが、我々はこの夜の海賊遊びを止める決意である。まもなく我々とイギリスのいずれかが滅びるだろうが、それは断じて我が国家社会主義のドイツではない」

潮目の変化

復讐心に燃えたヒトラーは、ゲーリングを派遣して自分に代わって戦闘指揮に当たらせた。今やロンドンが主たる攻撃対象となった。9月7日の午後、グリ・ネ岬の断崖に参謀たちとともに立ったゲーリングは、指揮官たちを集めると、頭上に雷鳴が響く中でドイツ空軍最大の大編隊を見た。それは実に900機――うち300機が爆撃機、600機が戦闘機――から成る大編隊だった。空は見渡すかぎりドイツ軍機で埋め尽くされた。ドイツ軍爆撃機がロンドンのドックランド地区を破壊すると――彼らはその夜に再び攻撃をかけた――イギリス軍は、ドイツ軍のイギリス本土上陸が切迫していることを示す暗号を発信した。

その翌日、ドイツ空軍はロンドン市街を攻撃し、さらにその翌日にも金融街のシティーとウェストエンドを空襲した。イギリス本土上陸をいつ開始するか、あるいは延期するかを決めるようにとのプレッシャーが高じてくると、ゲーリングの中で決定的な成果を達成しなくてはならないというプレッシャーもまたしだいに高まってきた。9月15日、彼がイギリスに大打撃を与えることになると考える作戦を開始した。

ドイツ軍のロンドン大空襲は二波にわたって行なわれ――1回目は朝、2回目は午後に行なわれた。この作戦を指揮したケッセルリンクはすべての空軍機を投入したが、イギリス空軍もまた全力を尽くしてこれに対抗し、185機のドイツ軍

イギリス空軍の＜スピットファイアー＞（左）を追尾するドイツ空軍の＜メッサーシュミットMe 109＞。おそらくこの写真は、合成だと思われる。《シグナル》にとって「バトル・オブ・ブリテン」は、ドイツ空軍の勝利ということになっていたが、事実はその逆だった。

機を撃墜する一方、味方の損害は航空機25機とパイロット11人にとどめることができたと主張した。だが、ドイツ空軍の実際の損害は、61機が撃墜されたほか20機がひどく損傷を受けて使用不能となったというものだった。

この結果は、ゲーリングが期待したような決定的な勝利ではなかった。その2日後、ヒトラーは「アシカ作戦」を再び延期した。10月12日、ヒトラーはイギリス本土上陸を翌年の春まで中止すると命じた。このときヒトラーの頭にあったのは別の計画だった。かつてナポレオンがそうしたように、今はイギリス本土上陸を断念し、代わってソ連に対する全面攻撃の準備を急ごうというのが彼の考えだった。

"さあ、出撃だ、マックス！"

ロンドン夜間空襲直前

ここに写っているのは、海岸のどこかにある夜間の飛行基地である。雨は濁流のように降り、あたりを漆黒の闇が包む。飛行場ははるか彼方にあり、遠くで緑と赤の標識灯が点滅している。航空機の排気管からは危険な青い火花が散っているのが見える。もっと遠くでは炎が噴流となって吹き出している。巨大な飛行場のあちこちでエンジンがうなり声を上げ、振動音が絶え間なく響く。それはまるで飛行基地の"音楽"のようだ。これらの音に混じって聞こえるのは小声で話す人間の声、そして整備を終えた爆弾と機体が発する音だけだ。地上にいる古参兵が若い兵に言った——
「さあ気をつけるんだ。また滑走路にはみ出てるぞ。よく見るんだ。まるで闇に投げ出された巨大で危険な獣みたいに見えないか。目が火のような野獣に見えるだろう？　ほら、帽子をしっかりかぶるんだ。吹き飛ばされるぞ。プロペラの乱流に気をつける

「砲弾に気をつけろ。ゆっくり押して、もう少し照らしてみろ。今度は持ち上げよう。ゆっくりと、こっち、こっちだ」

「この砲弾も装着するんだ。だがその前に信管を取り付けるぞ。こんな感じだ、わかったか。もう少し明かりを近づけてくれ。嵐が近づいているのがわかるか。でも俺たちにとっちゃ、まったく関係ない。ところで今何時だい？　もう夜中だな」

「さて諸君、今ちょうど12時だ。何か質問はあるか。何もない？　結構。では、10分以内にそれぞれの機体に搭乗せよ。幸運を祈る」

編隊のリーダーが伝える。「月明かりがあるなんて、お前たちは運がいい。では持ち場についてエンジンをかけろ。俺はお前たちのあとを追う。ではロンドン上空で落ち合おう。さあ、出発だ」

「さあ、機体に乗り込め。飛行日誌と地図は持ったか？」「もちろん両方とも持ちました。それに万が一のときのために絵はがきも」「よし乗り込め。さあ、出発だ」

「みなOKだな？全員持ち場についたか。これから爆撃だ。爆弾がちゃんと付いているのを確認したな？」「心配いりません。我々が持った爆弾は十分な量です。今何を待っているのですか。まだ出発しないのですか？」「あと1分半待て。さあ、出発だ」

んだぞ。機体が上昇しているのがわかるだろう？ 地上から離れたんだ。静かに。なぜこけるんだ？ まだ夜の闇に目が慣れてない？ すぐに慣れるさ。どんな種類の風かだって？ 嵐、大西洋の嵐だ。月はどこにあるかだって？ また、消えてしまったみたいだ」

左：パイロット──「奴らが俺たちを探しているのが見えるか、マックス。奴らは俺たちを待っていたみたいだ、マックス。さっき俺たちに"挨拶"してきた。奴らの望みは、ライトで我々を焼き尽くすことだ。でもどうだろうか。奴らは俺たちを見つけているだろうか？ それは無理だ。俺たちの方が奴らを見つけているんだ。奴らは今でもみんなを邪魔しているのか。もう俺は奴らに慣れた。仮に俺たちを見つけたとしても、俺たちを傷つけることはできない。なぜなら、俺たちはそう決心しているからだ。奴らは明かりを照らすだけで、俺たちに噛みついてくることはないぞ、マックス」

飛行基地にて：「編隊リーダーから無線を受信しました」

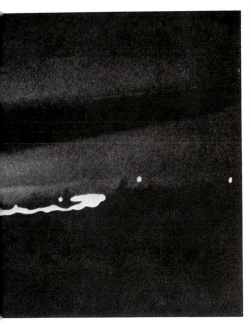

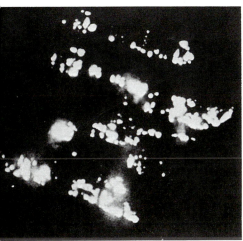

「ロンドンが俺たちの真下で燃えているのが見えるか？ 今イギリス兵たちが、彼らの兵隊歌『地獄の鐘だけが聞こえてくる、オレではなくお前には)』を歌っているとはとても思えない」「それを歌っていると思いますか」

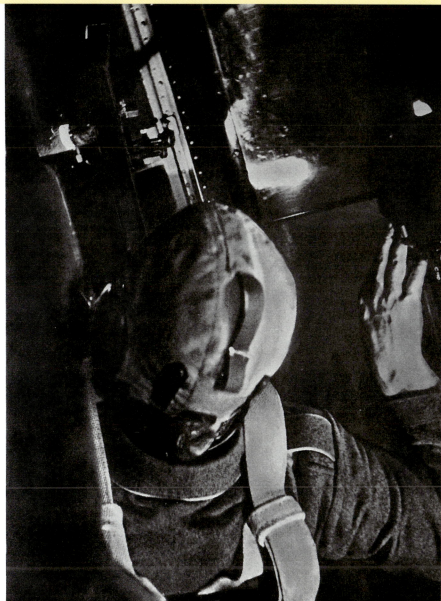

「準備はいいか。ボタンはいつでも押せるか。目標は捕らえたか。いつでも爆弾を落としてもいいぞ」

左:「全機、無傷でロンドンから帰還中」

右:飛行基地に帰還した戦闘機に兵が駐機場の場所を示すと、プロペラが止まるやいなやこう叫んだ。「ロンドンはどういう状態でしたか」戦闘機の主はこう答えた。「今ロンドンっていったか？ それをいうなら『地獄の鐘だけが聞こえてくる、オレではなくお前には』だ」

THE END

パイロットの目で見た戦場

急降下爆撃機に望遠カメラを持って乗ってみた
A・グリム特派員

我々は、3機の急降下爆撃機で編隊を組んで海峡を越えて飛んでいる。機体の下には雲が広がる。写っているのは2機の僚機である。

1番機が左へ急旋回して急降下する。

続いて2番機も。

こんどは、我が機の番だ。

私は宣伝部隊の「特別なリーダー」だが、もちろん空軍に所属しているわけではない。これまで飛行機に何度も乗ってきたことは確かだが、戦時での飛行体験はない。急降下爆撃機に乗って敵を攻撃することに参加したいと長く願ってきて、ついにその許可を得ることができた。カメラについては、望遠レンズを付けたライカを持って行くことにした。

正午ごろ出発する飛行場に着くと、私の状況のすべてが難しいことをすぐに悟った。飛行服を着ることもパラシュートを着けることもできない。それ以上に何より困ったのは、安全ベルトを着けることさえできないことだった。動くことも、立つことも、パイロットの肩越しに写真を撮ることも、うまくできるようにしなければならないのだ。そのためには、シートの間の仕切りを取り払わなければならない。このことはみな、エンジンのウォーミング・アップ中に機体のそばに立っているときに判明した。パイロットを務める中尉は寛大にも微笑を浮かべて私にこういった。「君が望んでいることがうまく行くとはとても思えないね。いいかい？ 飛び始めたら、君は上下の区別さえ付かなくなるし、君の体がどうなってるかさえわからなくなるんだ」

確かにそうかもしれない。いずれにせよ、主翼部分を越えてパイロットの後ろにある自分の席まで登っていくしかない。今持っている自分の一番よいカメラをしっかりと手に握りしめながら、離陸のサインが出ると同時に、私は自分の席で体勢を整えた。さあ、出発だ。

すべてが信じられない速さで起こる。あっという間に飛行機は2,500メートルの高さまで上昇する。英仏海峡はもう我々の真下に横たわっている。厚い雲の層を突破すると、さらに高みを目指した。そのとき初めて、飛んでいるのは我々だけではないことに気づいた。我々は編隊を組んで飛んでいるのだ。2機の爆撃機が先にいる。飛行高度はまったく同じだ。下には雲だけが見える。雲の切れ間からときどき海峡がちらっと覗く。上には太陽、そして下には真っ白な雲だけが広がり、その隙間に青い海峡が断続的に見える。偵察機の報告で、我々の攻撃目標が1隻の蒸気船であることがわかった。中尉は沈黙を保ったまま操縦している。カメラを膝と膝の間に挟み、自分の状況を考え、私はまだ大丈夫だという結論に達した。これからまさに行なおうとしている急降下の際に、どのような姿勢を取れば一番よい写真が撮れるのか、立ち上がって試すことにした。

冒険が始まる瞬間は今だ。海峡の海面にはまだ何も見えないが、中尉は突然、マイクに向かって叫んだ。「攻撃準備完了」。私は立ち上がった。

1番機が左の方向に急降下すると、2番機がそれに続いた。二つの機体がみるみるうちに雲に飲み込まれていく。そのとき何かが私の体に起こった。違う場所にいるのだ。体に何が起きているかようやくわかった。私は逆立ちをしていた。でも、落ちない。自分でも信じられないほどの意志の力でカメラを握り、何とかカメラを保持できれば、ちょうどいい瞬間にパイロットの肩越しに写真を撮ることができるという考えが、一瞬の雷のように頭をよぎった。突然、私は体勢を考えると、2、3本の指で何かにつかまれば、体全体とカメラを固定できることに気づいた。私の意志が重力の法則に勝っているように思える。だが、そのとき一瞬、忘れられない本当に恐ろしいことが起きた。今までずっと太陽の光を浴びていた。太陽の光の中で落下しているのだ。突然、暗闇が我々を取り囲んだ。何も見えない。いったい何が起きたんだ。何か事故が起きたのか。今でも、自分の身に何が起きたのかを説明することはとても難しい。瞬時に大変な憂鬱に襲われ、しかも今までの幸福感と対照的だっただけに、つらい気持ちを味わった。私は思わず大声を上げた。何を叫んだかは覚えていないし、なぜだかもわからない。でも、いずれわかるかもしれない。眼下にある世界はすべて消えていた。完全に消えたのだ。私の感覚を保持する現実のものは何も残らなかった。我々は厚い雲を突破した。

攻撃目標の船。

すぐに至高の幸福感が私を包んだ。機体はまだ猛スピードで落下しているが、太陽、海、海岸、そして目標を認識したとき、私の体は解放され、すべての物質的なものが取り除かれるかのようだった。我々は地獄の灰色の忘我に直行しているのではない。ノー。我々は、船を攻撃するために急降下しているのだ。私は自分自身に対するコントロールを回復した。この戦争という世界にもう一度生き帰ったのだ。そして一種の幸福感とともに、私は最難関の任務を果たしたことを自覚した。我々の眼下には攻撃目標の汽船がいる。私はカメラを手に持つと次から次へとシャッターを切った。不思議なことに、汽船はぐんぐん大きくなり、私に猛スピードで近づいてくる。

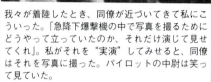

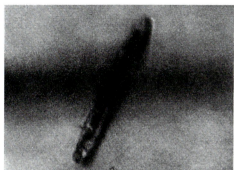
電光のような速さで目標に近づく。船がだんだん大きく見えてくる。

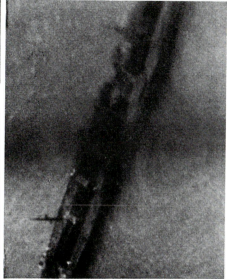

我々が着陸したとき、同僚が近づいてきて私にこういった。「急降下爆撃機の中で写真を撮るためにどうやって立っていたのか、それだけ演じて見せてくれ」。私がそれを"実演"してみせると、同僚はそれを写真に撮った。パイロットの中尉は笑って見ていた。

とそのとき、機体全体が急に捻れ、私の体はごく一瞬、激しく揺れた。爆弾が投下されたのだ。私はもう1枚写真を撮ったが、まるで鉄の手のような超人的な力が私を下に押しつけた。私は膝から崩れ落ち、無線機器をまたぐように落下した。私はまるでイモムシのように叩きつけられ踏みつけられ、まったく動くことができなかった。精神力がかすかに働いて、この瞬間、パイロットが急降下を止めたことにも気づいた。

私はようやく我に返った。私の下にはまだ目標がある。私は、攻撃され煙の柱をまっすぐに上げている船の写真を撮った。

さらに大きくなる船。目標まではあと1,200メートル。

目標まで400メートルのところで撮影した写真。次の瞬間、爆弾が投下された。

目標までの距離800メートル。その姿はさらに大きくなる。

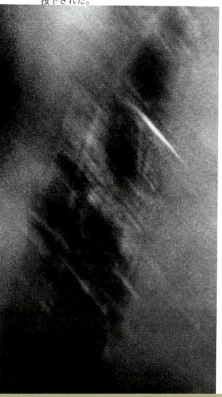

我々の機は再び水平飛行に移った。私は命中の瞬間を写真に撮った。

突然、船がファインダーから消えた。我々の飛行機は急降下を止めた。

"獲物"の目に映ったわが軍機

わが急降下爆撃機が近づいている船に立ってみた。2,500メートル上空の雲間から爆撃機が急降下してくる。

今や爆撃機までの距離はわずか400メートル。それは垂直になって我々に迫ってくる。恐ろしい光景だ。

爆撃機と我々の距離はわずか200メートル。ものすごくけたたましい音だ。頭をどうにかそこから離した。恐怖の感情が湧いてくる。

1,500メートルの高さからこちらに突進してくる爆撃機。

距離800メートル。爆撃機のサイレンが不気味に鳴り響く。

上空100メートルを飛行する飛行機は、機体をまっすぐにすると、私の頭上から飛び去っていった。

振り向くと、まるで別世界の"動物"が急上昇していくのが見えた。

私はまた、攻撃を受ける船からは急降下爆撃機がどう見えるかを知るために、ある船の甲板で写真を撮ってみた。もちろんこれは実際の戦闘中に撮ったものではないが、私が乗っている船の方向に急降下してほしいと爆撃機のパイロットに頼んだところ、彼はそれを実行してくれた。そうした攻撃が船からはどう見えるのか——ここに掲載した写真がそれを教えてくれる。

急降下爆撃機が遠ざかっていく。

そしてまた雲間に消えた。

THE END

「彼らとともに飛んでみた」

当誌専属の写真記者であるハンス・シャラーが、我がドイツの急降下爆撃機の攻撃の様子を初めてカラー写真に収めた。

準備OK：急降下爆撃機で編制される我が軍の新鋭航空機は、何発もの砲弾を運ぶことができるだけの荷重制限を持っているという。（右）

クランクを回す5本の手
エンジンが次から次へと咆吼を始める。その間、司令官が……

最後の指示を与える
隊員たちはその2分後、離陸を開始。すぐさま高度を確保し、Xの方向に進路を取る。

敵を目指して飛行する
私が搭乗した機のすぐ横を最前列の数機が飛んでいく（1）。私は、爆弾を投下するまでカメラを携えて彼らに付いて行くことを許された。我々の飛行高度はすでに雲よりもずっと上で、私が追っている飛行機たちが私の下に見える。彼らはちょうど進路を変えようとしているが、私の飛行機のエンジン音にかき消されて彼らの音は聞こえない。彼らは、獲物の発見と攻撃を熱望する、鋭い目を持つ猛禽類のように、音もなく地上を飛んでいるかのようだ（2）。間もなく攻撃目標に近づくだろう——急降下爆撃機の1機がすでに編隊を離れようとしている！ その機は急転すると降下を開始した……（3）。

電撃戦から
「バルバロッサ作戦」へ

　ドイツ空軍は、バトル・オブ・ブリテンに敗北したが——当然ながら《シグナル》はこの事実を認めなかった——ヒトラーは依然として最終的な勝利に自信を持っていた。ヒトラーは、フランスが降伏すると直ちにドイツ軍の指導者たちにソ連への奇襲計画の立案を命じた。このときのヒトラーにはもはや二正面で戦うことへの恐れはなく、フランス侵攻に比べればソ連赤軍の打倒など朝飯前だと公言してはばからなかった。

バルカン半島での戦い

ドイツ空軍爆撃機がイギリスを降伏に追い込もうと奮闘する一方で、1940年6月にドイツ側に付いて参戦していたイタリアは、"新ローマ帝国の建国"というムッソリーニの野望を実現すべくバルカン半島への進出を企図していた。1940年10月25日、ムッソリーニ統帥は、ヒトラーに事前に計画を伝えることなくギリシャへの侵攻を開始した。だが、数週間もしないうちにイタリア軍は退却を余儀なくされ、またその翌月には、北アフリカで手ひどい反撃を受けるに至った。自ら介入する以外に選択肢はないと判断したヒトラーは、あっという間にバルカン半島への侵攻に成功した。だがこれはヒトラーにとって、貴重な時間の空費となった。これによって「バルバロッサ（赤髭）作戦」——ドイツによるソ連侵攻計画——の開始が6週間も遅れたのである。

1940年6月、9ヵ月にわたって戦闘の無かった"まやかし戦争"の後、ムッソリーニは、イギリスとフランスに宣戦を布告した。ムッソリーニは、これは"革命的"な戦争であり、領土と資源の根本的な再配分をもたらし、最終的に地中海地域の支配というファシスト党の念願を実現するだろうと断言した。だが、現実はかなり違ったものとなった。ムッソリーニがイタリア陸軍参謀総長ピエトロ・バドリオ元帥に対英仏参戦の考えを伝えたとき、バドリオは「イタリア軍の準備不足を考えればそれは自殺行為に等しい」と語ったという。この意見を一蹴したムッソリーニは、「この戦争は数週間のうちに終わるだろう。数千の犠牲は仕方がないが、そのあとに私は、戦争を戦った人間として和平交渉の席に就くことができるだろう」と、心配する将軍たちを納得させた。

《シグナル》は当初、イタリアが枢軸側に加わることを歓迎したが、間もなくイタリアの参加はドイツにとって"資産"というよりはむしろ"負債"であることに気づいた。ムッソリーニの強い固執によって、すでに敗北していたフランスをイタリア軍が攻撃した際も、イタリア軍はフランスのアルプス防衛陣地の突破に完全に失敗した。ペタン元帥がヒトラーに休戦を申し入れたことで、かろうじてイタリア軍は屈辱を免れたといってよい。北アフリカにおいても、ロドルフォ・グラッツィアーニ元帥は、ムッソリーニの主張に反してなかなかイギリス軍を攻撃しようとしなかった。強く督戦した結果、グラッツィアーニの軍隊がリビア国境を越えてようやくエジプトに進出したのは9月13日のことである。イタリア軍は、エジプトの内陸87キロの荒涼とした前哨基地であるシディ・バッラニまで進出し、そこで停止して態勢を整えた。

イタリア軍のギリシャ侵攻

エジプト侵攻は、もともとムッソリーニが望んだことではなかった。彼は、迅速かつ壮観な、それでいて楽な勝利を求めて賭けに打って出た。ムッソリーニは、この年の4月、イタリア外務大臣を務めるプレイボーイで娘婿のガレアッツォ・チャーノ伯爵に、「偉大な国民になるためには、時には国民の尻を蹴ってでも戦場に送ることも必要である」と語った。それをグラッツィアーニができないなら、ムッソリーニはどこか他の地域で念願の軍事的成功を成し遂げようと思っていた。

そこでムッソリーニは、北アフリカからバルカン半島に注目した。1939年3月、イタリア軍は、隣接するアルバニアに進入していたが、今や彼の貪欲な目はより大きな"褒美"に向けられていた。それが、ギリシャだった。皮肉なことに、ギリシャへの実際の攻撃決定を促したのは枢軸側パートナーの行動だった。ヒトラーは事前の了解なく、ルーマニアの新首相イオン・アントネスク元帥に、同国の主要油田に対するドイツの支配を認めるよう説得していた。これに激高したムッソリーニは、"仕返し"を決断した。「ヒトラーは、いつも私に既成事実を認めさせる。今度という今度は、同じやり方で仕返しをする。私がギリシャを占領したことを彼は新聞で知るだろう。これで釣り合いがとれる」と、チャーノに不満をぶちまけた。ヒトラーもまた、ムッソリーニが何かを企んでいることに気づいていたが、その真意を計りかねていた。ヒトラーは、バルカン半島においていかなる軍事的冒険も開始しないよう警告するために急拠、ムッソリーニとフィレンツェで会うことを決めた。だが少し遅かった。10月28日にヒトラーがフィレンツェに着いたとき、ムッソリーニは「総統閣下、我々は進軍中です」と述べて、上機嫌でヒトラーを出迎えたのである。その日の早朝、イタリア軍はアルバニアとの国境をすでに越えてギリシャに侵入していた。

だが、ギリシャ侵攻を決断したムッソリーニが参謀本部に与えた猶予期間は、バドリオが最初から3ヵ月は必要と進言していたにもかかわらず、わずか2週間だった。最初の攻撃を指揮したのは、アルバニア総督であるセバスティアーノ・ヴィスコンティ・プラスカ将軍だった。ギリシャ軍に奇襲をかけるというのが彼の計画だったが、自軍にとって不運だったのは、イタリア軍が前線を越えるため

地獄と化したあるセルビアの村

以下は、当誌特派員が伝える、あるセルビアの村の戦況である。「ある村からわずかに離れたところで我々は、モラバ師団の主力部隊と遭遇することになるとの伝言を受け取った。その直後、敵の砲火が雨のように我々の戦車を襲った。敵の対戦車砲は、教会の近くに配置されていた。我々は、それを突破しなくてはならなかった。私の乗った戦車は、敵の砲座を過ぎたあとのわずかにカーブした道をがらがらと音を立てながら走った。炸裂弾がわが戦車の左右で爆発したが、彼らの射撃はとても不正確だった。我々は、村の学校近くで停止した。とそのとき突然、我々の背後にいる戦車からの無線通信を受け取った。それにはこうあった。

『〈戦車シンメルマン〉から〈戦車エリカ〉へ：左にいる敵の砲兵隊は、貴戦車を狙うために射程距離を測っている。ただちに移動して退避せよ』。

わが戦車は、すぐさまキャタピラーをこすりながら荒々しく向きを変えた。一瞬の後、敵の砲兵隊から発射された一発の炸裂弾が、我々が今までいた場所を深い穴に変えた。全速力で我々は逃げた。わが砲兵隊と戦車隊は、次なる急襲がくる前に次の村を目指した。村に爆弾が命中するのが見えた。その後、わが戦車群が攻撃し、すべての砲が砲弾を放った。だが、我々が村の入り口の道路に築かれたバリケードに近づく前に、抵抗は止んでいた。敵の戦車と砲兵隊は破壊され、最新鋭の迫撃砲は放棄され、武器弾薬も燃え盛っていた。道路全体が霞と煙の中で見えなくなっていた。そのとき突然、セルビア兵が恐怖に顔を歪めながらわが戦車の方に走ってきた。持ち場を離れた彼の頭は、何とかしてこの地獄から脱出したいという思いでいっぱいだった」

の準備を整える前に、ギリシャ軍が侵攻した地域においてすでに強力な防衛体勢を確立していたことだった。また、イタリア軍がギリシャ国境を破ろうとしたとき、豪雨によって進軍が遅れ、空からの援護も難しくなった。間もなくイタリア軍の攻撃は、山岳と泥濘の中で膠着した。

ギリシャ軍は守りに徹するだろうというのがヴィスコンティ・プラスカの予想だったが、実際はそうではなかった。何より彼を驚かせたのは、ギリシャ軍が果敢に反撃し、イタリア軍をす早く押し戻したことだった。そこでムッソリーニは、ヴィスコンティ・プラスカを更迭し、ウバルド・ソッドゥ将軍に代えたが、この新任司令官もまた、どれが最適なルートなのかを見極めることができなかった。ムッソリーニは、一向に成果を挙げないバドリオの解任を決断して退任を迫り、後任の参謀総長にウーゴ・カヴァッレーロ将軍を任命した。ソッドゥもまた役に立たなかった。「アルバニアにおいてもソッドゥは、夜な夜な映画音楽の作曲に明け暮れている」という噂がムッソリーニの耳に届いていた。

ドイツ軍の介入

士気の上がらないイタリア軍がじりじりと退却するようになると、ムッソリーニの落胆は深まった。ムッソリーニは、「誰しも一度は過ちを犯すものだ。私の過ちは、ヴィスコンティ・プラスカ将軍を信じたことである。彼は本当に自信を持っていた。私と一緒に働いてくれる人材はみな役に立たない。本当に役立たずだ」と、チャーノに語った。すっかり意気消沈したムッソリーニに残された唯一の選択肢は、ヒトラーに頭を下げて軍事的支援を要請することだった。

ヒトラーは、イタリア軍は助けがなければやって行けないことを知っていた。1941年1月19日、ヒトラーはムッソリーニをバイエルンにある別荘ベルクホーフに招くと、同年の春のできるだけ早い時期にドイツ軍をギリシャに派遣することを伝えた。そのときすでにヒトラーは、「マリタ作戦」というコードネームで呼ばれたギリシャ侵攻計画の立案を承認していた。ヒトラーはまた、ハンガリーに三国同盟への参加を要請し、ルーマニアとブルガリアもこれに加わった。ヒトラーの狙いは、主に二つだった。第一は、ドイツ軍の装甲車群が燃料を全面的に依存しているルーマニアの油田を、ギリシャの飛行場から発進するイギリス空軍の攻撃から守ること。第二は、ドイツ軍が、このときすでに準備していたソ連邦攻撃作戦「バルバロッサ（赤髭）作戦」を開始したとき、イギリス軍がギリシャを前進基地としてドイツ軍の南の脇腹を脅かすのを阻止することであった。

ギリシャに隣接するユーゴスラビアもまたヒトラーにとって"悩みの種"だった。同国の政治的な分離――セルビア系、クロアチア系など――は常に対立の火種であり、同国をかろうじてまとめてきたのがカラジョルジェヴィッチ王家だったが、それも力を失いつつあった。1934年、同家の最後の独裁者であったアレクサンダル1世がフランス訪問中にクロアチア分離主義者によって暗殺されると、その従弟で好漢だが能力の劣るパヴレ王子が、まだ幼いペータル2世の摂政に就いた。ヒトラーは、態度の定まらないパヴレに、他のバルカン諸国と同様の歩調を取るよう、そして三国同盟を支持するよう繰り返し圧力をかけた。3月25日までパヴレは抵抗したが、その後、ヒトラーに屈服し、三国同盟への参加に同意した。

その結果、ヒトラーがまったく予想しなかった出来事が起こった。スロベニア系とセルビア系の住民が抗議のために道路を封鎖したのである。反ドイツを標榜するセルビア系将校たちが起こしたクーデターによってパヴレが退陣させられ、代わって17歳になっていたペータルが王位に即いた。予想どおりヒトラーの反応は苛烈なものだった。彼はすぐさま将軍たちを集めると、ユーゴスラビアの"裏切り"を知ったからには、ユーゴスラビアへの侵攻は、ギリシャと同時に行なわれなければならないと宣言するとともに、「侵攻は電撃的に行なわれ、またいかなる抵抗も情け容赦ない厳しさとともに鎮圧されるだろう」と述べた。イタリア、ハンガリー、それにブルガリアがみなユーゴスラビアの領土を獲得する一方、クロアチアは多年の念願であった独立を認められた。ポーランドと同様、ユーゴスラビアは地図から姿を消した。

ベオグラード急襲

ユーゴスラビアへの攻撃は、4月6日に始まった。いみじくも「パニッシュメント（懲罰）作戦」と名付けられた作戦の前哨戦として、ベオグラードにドイツ空軍爆撃機の波状攻撃が加えられた。この日の攻撃で約5,000人のユーゴスラビア市民が亡くなった。ヴィルヘルム・リスト将軍率いるブルガリア駐屯のドイツ第12軍は、ユーゴスラビア南部とギリシャ北部を同時に侵攻し、ユーゴスラビアでは首都に迫った。その2日後、他のドイツ軍、ハンガリー軍、それにイタリア軍がユーゴスラビアの北部国境へ雪崩のように進入した。

それらを迎え撃つユーゴスラビア軍は、机上では100万人以上の兵力であったが、装備は劣悪で、訓練不足のうえ、国そのものと同様の民族問題を抱えていた。セルビア人兵士たちが闘志を燃やしていたのに対し、不承不承徴兵されたクロアチア系兵士やマケドニア系兵士たちはすぐに降参するありさまだった。4月10日、ドイツはクロアチアの独立を承認し、4月13日にベオグラードは、第2SS装甲師団のオートバイ偵察隊によって占拠された。その5日後、ユーゴスラビア政府は降伏した。

ギリシャの崩壊

ヒトラーのドイツ軍が攻撃の手を緩めない中、ギリシャは依然としてドイツとの戦争の回避に努めていた。ギリシャは、イギリスが救援のために軍隊を派遣してもよいと申し出たにもかかわらず、最後まで明確に回答しなかった。ピレウスに停泊していたイギリス派遣軍の第一陣が到着したとき、ドイツ領事と駐在武官が波止場に陣取り、わが物顔にイギリス軍の到着を記録しているのを見て仰天した。アテネは依然として第三帝国との外交関係を断っていなかったのである。

それ以上に重要だったのは、ギリシャ

電撃戦から「バルバロッサ作戦」へ

《シグナル》が掲載したこの地図によれば、迅速なドイツ軍の反応によって、バルカン半島に戦線を拡大しようとしていたイギリス軍の行動を阻止した。実際、当初はあまり"乗り気"でなかったヒトラーは、ムッソリーニが無謀なギリシャ侵攻をしたことで、イタリア軍を窮地から救うために介入せざるを得なかった。

軍が信頼できる抑止力を得るためには最低9個師団が必要だと考えたのに対し、イギリス軍が当初、招集できたのは2個師団と1個装甲旅団だけだった。そのとき、ドイツ軍は8個の歩兵師団、3個の自動車化師団、それに200両の戦車を加えて強化された2個装甲部隊を投入する準備ができていた。イギリス空軍がギリシャ軍のために提供できる航空機もわずか80機で、これはドイツ空軍の実に10分の1にしかすぎなかった。

ドイツ軍が最初に襲ったのは、マケドニアだった。メタクサス線に沿った防御施設を保持するギリシャ軍は粘り強い抵抗を見せたが、圧倒的な数的不利のため退却するしかなかった。ユーゴスラビアから進入するドイツ軍第2装甲師団がドイラン湖近くのギリシャ軍の防御線を突破し、4月8日に陥落したサロニカまで突進すると、ギリシャ軍の退却速度はさらに高まった。マケドニアでは窮地におちいった6万のギリシャ兵が投降した。それとほぼ同時に、ドイツ軍はモナスティルの間隙を突破してフロリナを奪取し、その後、イタリア軍をアルバニアに釘付けにしたまま、ギリシャ軍の戦略拠点を背後から分断した。ギリシャ軍は、アリアクモン渓谷まで退却しようとしたが、結局彼らも投降するしかなかった。

ギリシャ軍は崩壊寸前であり、イギリス軍自身も包囲される危険があるため、イギリス軍総司令官ヘンリー・メイトランド・ウィルソン卿は、退却と撤退の準備を命じた。これを見てギリシャ軍は、むしろほっとした。4月16日、ギリシャ軍最高司令官アレクサンドロス・パパゴス将軍は、ギリシャをこれ以上荒廃させないため、ウィルソンにイギリス軍をギリシャから早く撤退させるよう要請した。その2日後、ギリシャ首相のアレクサンドロス・コリジスが自殺した。国民は、リーダーを失ってしまった。その翌日、エピラスの軍司令官であるゲオルギオス・ツォラコグロウは、ドイツ軍に停戦を申し入れた。

クレタの陥落

ウィルソンの命令によるイギリス軍の撤退は、ゲオルギオス2世とその内閣がクレタ島に避難した翌日の4月24日に始まった。撤退は1週間続いた。ドイツ軍は、アテネ進軍3日前の4月30日までに、ギリシャ本土の南端に到達したが、そのとき、ギリシャ軍、ユーゴスラビア軍を含む5万以上の兵士が逃亡していた。

それはギリシャ本土を舞台にした戦闘の終わりを意味したが、これでギリシャ作戦がすべて終わったわけではなかった。5月20日、クレタが侵攻されたことで戦闘の最終段階が始まった。ドイツ軍は、この島を奪取するために、グライダー、輸送機、そしてパラシュートにより1万7,530人の兵士を投入した。イギリスのチャーチル首相は、三軍の参謀総長たちの助言を無視してニュージーランド人のベルナルド・フレイバーグ少将とその3万5,000人の守備隊に、あらゆる犠牲を払ってでもクレタを死守するよう命令した。

イギリス軍は、通信を解読してドイツ軍の降下地点を知ることができたが、フレイバーグは、マレメとその飛行場の統制と維持が戦い全体を左右することを認識できなかった。5月21日遅く、同飛行場がドイツ軍の手に落ちると、イギリス軍の立場は一挙に危ういものとなった。5月27日、ハニアが陥落すると、その翌日にはスダ湾がドイツ軍によって占領された。

フレイバーグは、できるだけ多くのイギリス軍兵士がスファキア山脈を越えて南に向かうよう命じた。そこに行けば撤退できるのではないかというのが彼の考えだった。イギリス海軍は1万3,000人の兵士を救出したうえ、多くの船舶が喪失したことによって撤退が不可能になる6月1日までに、さらに4,000人をイラクリオンから救出した。だが、数千のギリシャ兵とともに約1万2,000人のイギリス軍およびイギリス連邦軍の兵士が浜辺に取り残された。

一方、ドイツ軍にとってもクレタは"犠牲が多くて割りに合わない勝利"だということがわかった。この作戦を指揮したクルト・シュトゥデント将軍は「クレタは、ドイツ軍パラシュート部隊の墓場である」と語った。空挺部隊が有していた防衛力に対するヒトラーの信頼は壊れた。それほどドイツ軍の損害はひどく、これ以降、ドイツが大規模な空挺作戦を試みることは二度となかった。

航空母艦「イタリア」

イタリアは、航空母艦を必要としていない。イタリア半島全体が、イタリアが開発してきたような強力な空軍のための天然の離陸基地といってよいからだ。地中海の東部と西部に浮かぶ島々にある無数の基地のおかげで、相当離れた場所にある敵陣地であっても攻撃することが可能である。シチリアとチュニス、クレタとキレナイカの間にある二つの海峡（図の中ほど）、ローマから約1500キロ離れたジブラルタル半島周辺の水道（図手前）、そしてスエズ運河周辺（図右の背景の中）はみな、その戦略的な位置のゆえに、イタリア空軍にとって決定的な役割を果たすための昼夜を問わない紛争の舞台になっていた。

宣伝部隊の図：前線特派員ハンス・リスカ

フィレンツェのヴェッキオ宮殿のバルコニーで
トランペットのファンファーレとともにバルコニーに登場したわがヒトラーとムッソリーニ。つめかけた群衆は、新しく、そしてより幸福な欧州の建設に尽力する二人に熱狂的な喝采を送った。

イタリア陸軍

戦う覚悟――戦争への備え

イタリアは、若い国家である。むろん、ローマ帝国はヨーロッパ最古の帝国といわれているが、現在のイタリアは新しい国である。このことはイタリア陸軍の戦闘意欲と関係しているといってよいだろう。この偉大な国には若々しい精神が横溢しており、行動への意欲の中にも潜在的な力が感じられる。軍隊のモータリゼーションの水準も高い。移動戦を支持し、言葉を換えれば防衛戦としての"神経戦"を嫌うイタリア軍の科学主義は、国を支える若者の心に強く響く。

だが、一方で、2,000年前、ローマは世界帝国だった。だからこそ、この活気と潜在力にあふれる若い軍隊には栄光に満ちた国の歴史という有利性がある。この国の軍隊はまた、組織の価値を知っており、2,000年前のローマ兵がそうだったように、若い兵士の1人ひとりが

「我々の武力は間違いなく偉大である。だが、それ以上に偉大なのは我々の決心の確かさである」 これは、国民の祝日を利用して行なわれた、イタリア軍の力と効率性を示す大軍事パレードにおいてムッソリーニが述べた言葉である。ムッソリーニの左は皇太子ヴィットーリオ・エマヌエーレ3世。こうしてファシズムとイタリア王家は、相携えてイタリア国民の生きる権利のために戦っている。

バドリオ元帥の会話

132の黒シャツ民兵大隊 イタリア軍の中に132の民兵大隊が組織され、各歩兵師団に配属された。こうしてこれからは、灰色がかった緑色の軍服を着た一般兵と黒いシャツを着た民兵たちが一致してイタリア防衛に当たる。

熱心に耳を傾ける イタリア陸軍参謀総長でありアジスアベバ公爵でもあるバドリオ元帥は、優れた演説家であるのみならず、注意深い聞き手でもある。

元帥が口を挟む 会話が自分の専門である国家の問題に及べば、積極的に議論に参加する。

防衛に関する持論を展開する 自分が好まない、また性分として自分に合わない戦闘方法については長い協議もいとわない。

攻撃について語る 戦闘において敵を打破したように、正確な軍事知識を駆使して異論を唱える。

ローマ文明の唱道者であることを認識している。"20世紀のスキピオ・アフリカヌス"とでもいうべきロドルフォ・グラッツィアーニ元帥はリビアを征服しただけでなく、同国の植民地化をも実現した。彼の部下は砂漠の中に軍用道路を築き、都市を建設し、砂に埋もれたオアシスを再生した。市民兵たちは、近代的な訓練によって、2,000年前にも存在していたのと同様の戦力に育っている。

だが、イタリア軍は二つの難題に直面している。一つは、地中海――特にヨーロッパ地中海地域である。二つ目のより複雑な問題は、"第四の海岸"、つまり地中海のアフリカ沿岸である。ムッソリーニは、現在の地位に就いた最初の日からこれらの困難を解決するために自らの陸軍を配置し、組織し、そして訓練

"勝利の歌"を口ずさむ リビア、アビシニア、スペイン、そしてアルバニアにおいてイタリアが獲得した偉大な勝利を思い出しながら……。

してきた。
　イタリア軍はすでに、自分たちが4つの戦場を負担しなければならないという責任を立派に果たしている。グラッツィアーニがフェザーンとクフラのオアシスを制圧したのは、アフリカの大地への拡大の"手始め"といってよかった。また、アビシニアでは、ピエトロ・バドリオ元帥が記録的な速さで植民地戦争に勝利した。これこそまさに、成熟した組織能力と若い野心のもう一つの勝利といってよいだろう。スペインとアルバニアにおいても、未知の経験をもたらした新しい勝利があった。スペイン内戦によって我々が今日知っているようなイタリア軍が形成されたといっても過言ではない。また、イタリア陸軍参謀次長を務めるマリオ・ロアッタ将軍の混成師団は、初めて真価が問われた。イタリア軍は、スペインで新型機、すなわちイタリア空軍において現在最も重要な役割を果たしている航空機を実際に使うための絶好の機会を得た。

　「**パイロット・ムッソリーニは世界最強の空軍の一つを創造した**。わがパイロットたちの効率と経験、わが発明者と技術者の才能はイタリアがけっして失うことのない財産である」──これは、ファシスト議会の直前、イタリア空軍次官のプリコロ将軍が述べた言葉である。

　これがイタリア軍である。豊かな経験を持ち、しかも充実した装備、戦う意欲、そして欧州と海外における偉大な目標に対して常に注意を怠らない。中立軍ではなく、非戦闘勢力に属するイタリア軍は、今こそ戦う覚悟である。

スペイン内戦での試用　スペイン内戦における多くの戦闘で威力を発揮した2人乗り小型戦車。

ウバルド・ソッドゥ　ムッソリーニが直接指示を与える国防次官。

ロドルフォ・グラッツィアーニ　フェザーンとハラルの制圧者、"20世紀のスキピオ・アフリカヌス"、そしてイタリア陸軍参謀総長。

マリオ・ロアッタ　アビシニア戦争では情報部長を、スペイン内戦では司令官をそれぞれ務め、現在はイタリア陸軍参謀次長である。

アビシニアとアルバニアでの戦闘に耐えた　イタリアの歩兵師団はみな、通常の歩兵隊のほかに機関銃、自動車隊、および砲兵隊を装備している。

テルモピュライにて

ギリシャの山々でくり広げられた戦闘では、ドイツ軍による突破を助けるためにわが軍の重砲が継続的に用いられた。砲弾の閃光と煙の向こうには、オリンポス山の白い山並みが永遠の平和の中にそびえている。

敵の目立った抵抗も、ここテルモピュライで終わった。戦車群の急速な進撃のあとに装甲部隊が続く。敵軍の攻撃が進軍の線を目指して今も散発的に行なわれている。兵士たちはトラックから飛び降りて自分の身を守る。だが、わが軍の進撃が止まることはなかった。

戦闘と進軍が何日も続いたあと、テルモピュライでは温泉が待っていた。すぐに軍服を脱ぐと、進軍する部隊はまたたく間に楽しい入浴者に早変わりした。

(撮影：宣伝部隊ミューラー)

ギリシャのあらゆる場所で歓迎を受けるドイツ軍
ギリシャ人を代表してギリシャ正教の大主教と小さい町の町長が、進軍してきたばかりのドイツ軍司令官に挨拶する。

To the Führer of the German people

The entry of the German troops has once more brought law and order to Greece. A letter addressed to the Führer by the People's Commission of Alexandropolis (formerly Dedeagach), the capital of the Greek district of Ebros, provides especial confirmation of this fact:

"The population of Alexandropolis, who for three days have now lived in the territory occupied by the glorious German troops, have today voluntarily gathered together in order to express their heartfelt thanks to Your Excellency as Supreme Commander of the glorious German army. They promise always to give testimony to their unalterable gratitude for the great civility and true chivalry shown by the courageous troops of occupation to the population. Life, honour, property as well as customs and national tradition have remained untouched. This is already demonstrated by the fact that life is continuing just as before along the same paths."

Alexandropolis, 10th April 1941
The People's Commission of Alexandropolis wishes to convey to your Excellency its gratitude and admiration.

  Bishop   President
Pataron Heletios   Anas. Pentzos
     Members
 Nic. Stiropoulos Konst. Saridis
 General Secretary Manganaris

記憶に残る光景
勝利したドイツ軍の新しい旗が、何世紀も前に建てられたアクロポリスの円柱の上ではためく。

降伏
降伏文書への調印の模様。左端は総統本部のヨードル将軍、その後ろで立っているのは南東軍参謀長のグライフェンベルク将軍、向こう側中央で座っているのはギリシャ軍代表のツォラコグロウ将軍（後に新しいギリシャ政府を組織した）。
（撮影：シュリッカム）

アクロポリス上空を行く

エンジン音を上げてドイツ空軍機がギリシャの深い青空を横切る。彼らの眼下には赤茶けた大地、糸杉の並木、白い壁、そして大理石が広がる。この歴史ある町の、大きな柱を有する建物や神殿はドイツ軍機を歓迎しているようだ。ペリクレスが建設した不滅の町アテネに今、新しい時代の音が響く。彼が建てた建物は、

ペロポネソス戦争にも耐えた。それはまた、ギリシャの美の理想の原動力になっている卓越した精神の証言者であり、我々の時代に起きた輝かしい出来事の目撃者でもある。エンジンは音を立て、はるか真下には忘れられないパノラマが広がっては消え去る。というのも、鉄の意志がそれらを追い立てているからである。だが、彼らの翼に付いている、目もくらむような名声と彼らの勝利は永遠である。
（撮影：ローデル）

北アフリカの枢軸軍

ヒトラーは、ギリシャにおけるイタリア軍の支援準備と並行して、北アフリカで行き詰まっているイタリア軍を支えるために援軍を派遣することに同意した。彼は、新たに編制されたアフリカ軍団の指揮官にエルヴィン・ロンメル将軍を任命した。ロンメルがトリポリに到着して数週間もしないうちにロンメルのアフリカ軍団は、限度を超えて拡大していたイギリス軍を押し返した。その後1年以上もの間、戦闘は一進一退の"シーソーゲーム"をくり返したあげく、1942年6月、ロンメルはカイロ、そしてスエズ運河近くまで迫った。ロンメルの進軍を止める最後の切り札としてイギリスが第8軍の新たな司令官に起用したのがサー・バーナード・モントゴメリー将軍であり、モントゴメリーは"ロンメルを打倒"し、そして北アフリカから駆逐した。

1941年2月12日にロンメルがトリポリに到着したときの北アフリカにおける軍事情勢を見れば、ロンメルほどの自信家でなければ、誰もが気力を失ったことだろう。1940年12月、イギリス中東駐留軍総司令官サー・アーチボルド・ウェーヴェル将軍は、全力で攻勢をかけ、それによってシディ・バッラニ周辺にイタリア軍が建設していた要塞線からイタリア軍を追い出すとともに、エジプトから押し戻すことに成功した。

ウェーヴェルは勝利したが、手を緩めることはなかった。ウェーヴェルの対戦相手であるロドルフォ・グラッツィアーニ元帥は、バルディアでイタリア軍の一時停止を命じた。イギリス軍から「電気ヒゲ」とあだ名されていたアンニバーレ・ベルゴンゾーリ将軍は、400丁の機関銃を装備した4万5,000人の強力な守備隊、そして新たに建設された防御陣地、さらに広大な地雷原によってかならずや持ちこたえるという自信を持っていた。だが、事態は、彼の予想に反したものになっていった。

1942年1月3日の早朝、ウェーヴェルのイギリス軍は攻撃を開始した。午前8時までにイタリア軍捕虜の一団がイギリス軍の前線をとぼとぼと足を引きずるように通過していった。午後3時には戦闘は終了した。約4万のイタリア兵が投降した。攻撃の矛先に耐えていたオーストラリア軍は、合計456人の将兵を失った。

今や何者もウェーヴェルを止めることはできなかった。1月22日、トブルクがオーストラリア軍の手に落ちると、その数日後にはベンガジが陥落した(イタリア軍はすでに港から撤退していた)。2月1日、グラッツィアーニは、「キレナイカを完全に放棄するつもりだ」とムッソリーニに報告し、さらにトリポリタニアの西方まで退却した。残存したイタリア兵はトリポリを目指したが、その退却はベダ・フォムで分断された。2月7日、すべてのイタリア兵が投降した。こうして、近代軍事史に残る最も一方的な戦闘のひとつが終結した。

ロンメル、攻勢開始

ヒトラーは当初から、北アフリカにおけるドイツ軍の勢力を最小限にとどめると決めていた。ヒトラーは、リビアの軍事的重要性は低いが、もしここを失えばムッソリーニ政権を脅かしかねないと、将軍たちに語った。それはまた、他の地域におけるイギリス軍の"好き勝手"を許すことを意味した。ロンメルの役割はイタリア軍を支えることであり、イギリス軍によるいかなる新たな攻撃からもトリポリタニアを死守することだと厳命されていた。

第3装甲師団の一部を抽出して再編した第5軽装甲師団がトリポリタニアに到着した最初のドイツ軍であり、そのあとに第15装甲師団が続いた。これによってロンメルは自分の裁量になる3万1,000の将兵を得たが、間もなくこの戦力では不十分と不満を漏らし始めた。イタリア軍最高司令官に報告しなければならないこともロンメルには不服だった。彼はドイツに戻り、キレナイカへの独自攻撃を認めてほしいとヒトラーに直訴した。ヒトラーは、彼の要請をにべなく却下した。

だが、ロンメルは構わず計画を進めた。ロンメルは、ドイツ空軍機の偵察によって、イギリス軍が前進基地から後退しそうだということがわかると、部隊の前進を命じた。イタリア軍2個師団——「アリエテ」と「ブレシア」——の支援を得て、第5軽装甲師団はエル・アゲイラまで前進し、次いで、目立った抵抗を受けることなくメルサ・ブレガに到達した。これが、1週間もしないうちにキレナイカ全域からイギリス軍を撤退させた攻撃の始まりとなった。

実のところ、ロンメルには運も味方した。チャーチルはウェーヴェルが指揮する精鋭部隊の大部分を撤退させ、ギリシャ支援のために派遣することに固執していた。そもそも攻撃をだれも予想しなかった。ウェーヴェルは、枢軸軍はどんなに早くても5月以前にキレナイカのイギリス軍を攻撃することはないと考えていた。ウェーヴェルは、仮にロンメルが攻撃を開始したとしても、ベンガジまでは到達するだろうが、そこまで行けば、ドイツ軍の補給は続かず、否応なく立ち往生すると確信していた。

それはウェーヴェルの誤算だった。ロンメルは、立ち往生するどころか、部隊を4隊に分割し、積極的に進撃するよう命じた。4つの部隊のうちの3つは、キ

古代ローマの遺跡で束の間の休息を取るアフリカ軍団の兵士たち。この写真とともに《シグナル》に掲載された記事は、どんな場所の気候にも適応できるドイツ人の能力を賞賛している。

レナイカの丘陵を通って陸路を直進してメキリで合流し、残りの1隊はイギリス軍を海岸道路まで追い詰めていた。この海岸道路はもともと「バルビア通り」と呼ばれていたが、間もなくアフリカ軍団によって「ロンメル通り」と改称された。4月4日にベンガジが、4月7日にはデルナが陥落した。また、4月10日にトブルクが、その2日後にはバルディアがドイツ軍によって奪取された。4月25日にロンメルは、エジプト国境にまで到達した。

砂漠での"手詰まり"

だが、すべてがロンメルの思い通りに行ったわけではない。繰り返し攻撃したにもかかわらず、包囲されたイギリス軍のトブルク守備隊は頑強に抵抗した。ドイツ軍は、進軍の勢いを維持するに必要な十分な補給を確保するため、この港を何としてでも占領する必要があった。何度試みてもロンメルがトブルクを降伏に追い込むことができなかったために、彼の軍隊は、エジプト国境を越えてすぐ近くのハルファヤ峠とサルームで停止するしかなかった。今や物資の不足によって、彼は進むことも引くこともできなくなってしまった。

5月15日、ウェーヴェルは、トブルクを救援するための最初の試みを開始した。だが、いみじくも「ブレビティ（簡潔）作戦」と名付けられたこの作戦は、完全な失敗に終わった。その1ヵ月後、今度は「バトルアクス（戦斧）作戦」によって再度、攻撃を試みた結果、サルームの再奪取には成功したものの、そこから先への進軍はできなかった。3日間にわたる膠着的な戦闘のあと、ウェーヴェルは攻撃中止を命令した。

チャーチルにとってこれは"余計な失敗"だった。チャーチルは、ウェーヴェルをインドに派遣し、そこでこの不運な将軍をサー・クルード・オーキンレック将軍からイギリス・インド駐留軍総司令官を継承させ、替わりにオーキンレックがウェーヴェルからイギリス中東駐留軍総司令官を引き継いだ。前任者と同様、オーキンレックもまた絶えずロンドンから攻勢するよう圧力を受けたが、成功の見込みが立つと判断できるまで、その圧力に頑強に抵抗した。

「クルセーダー作戦」

1941年11月18日、オーキンレックは「クルセーダー（十字軍）作戦」を開始した。机上では、彼はすべてにおいて有利だった。西部砂漠軍を改称したイギリス第8軍は、700両以上の戦車を擁していたのに対して、ドイツのアフリカ軍団の戦車はわずか320両で、しかもその半数近くがイタリア軍のものだった。ロンメルの軍隊はまた、ガソリンと弾薬の不足に悩まされていた。

ロンメルは、この作戦を大規模な攻撃とは考えなかったが、すぐにアフリカ軍団は絶体絶命の状態におちいった。イギリス軍のトブルク守備隊はドイツ軍の包囲線を突き破ると、東に向けて前進を始め、海岸道路に沿って進軍するニュージーランド軍との合流に成功した。ロンメルは、自軍の二つの装甲師団を使って南東を打通させて反撃するとともに、エジプト前線への到達と、バルディア、サルームの守備軍とハルファヤ峠を死守するドイツ軍の救出を目指した。両軍が主導権を握るために3日間にわたって戦闘がくり広げられ、混乱は極致に達した。最後に撤退命令を出さざるを得なかったのはロンメルだった。ロンメルの無計画な攻撃によってドイツ軍はばらばらになり、残り少ない燃料を消費してしまった。ロンメルは今や、勝ち目のない消耗戦にはまってしまった。

12月4日、イギリス第8軍はトブルクを解放し、その3日後にロンメルは、トブルクの西方約80キロの町、アイン・エル・ガザラまで退却を命じた。この退却によってハルファヤ峠とバルディアに立ち往生したロンメル軍は、結局、投降するしかなかった。12月15日、イギリス軍がガザラのロンメル軍の守備陣地を攻撃すると、ロンメルはさらにトリポリタニアまで退却するよう命じた。

表面的に見ると、「クルセーダー作戦」はイギリス側の大勝利だった。ロンメルがこうむった損害は戦車340両、航空機332機のほか2,300人が戦死、6,000人が負傷、3万人が行方不明または捕虜となった。だが、ドイツ・アフリカ軍団が完全に駆逐されることはなく、また勝利のためにイギリスが支払った代償も甚大だった。戦車と燃料の補給が完了すると、1942年1月21日、ロンメルの反撃が始まった。これにはウェーヴェルだけ

波濤と砂丘を越えて

戦艦の舳先に砕ける大波のしぶきにもめげず、また装甲偵察車のまわりに立ち上るアフリカの砂漠の砂ぼこりをかき分けるように……。これらは、ロンメル将軍の勇敢なる進軍の様子を示した写真である。(撮影：マーロ、シュルツ)

でなくオーキンレックも驚いた。1月29日、息を吹き返したアフリカ軍団がイギリス軍を混乱の中で撃退すると、ベンガジが陥落した。それからわずか15日間で、ロンメルはキレナイカのイギリス軍を一掃した。

ガザラからエル・アラメインへ

オーキンレックはイギリス第8軍に、ガザラから海岸を通ってビル・ハケイムに至る南北線に沿って備えを固めるよう命じた。ビル・ハケイムはガザラから約80キロ内陸に入った砂漠の中の小さな前哨基地である。第8軍を指揮するニール・リッチー将軍は、第8軍を7分割して方形陣地を構築し、その背後にさらに小さい防御陣地を置くことで、トブルクに当然進むであろうドイツ軍の進撃線を封鎖した。それらの防御陣地の間隙は849両の戦車によって哨戒しようというのが彼の考えだった。一方ロンメルは、自分の裁量で使える340両のドイツ製戦車と225両のイタリア製戦車を持っていた。

イギリス軍の拠点は、一見頑強だったが実は弱点があり、5月26日に戦端が開かれると、ロンメルはすかさずそこを突いてきた。ロンメルは、イタリア軍の師団のほとんどをイギリス軍の正面攻撃に投入して撹乱させる一方、ドイツ装甲師団にはビル・ハケイムにあるイギリス軍の最南端の方形陣地に迂回させ、またイタリア軍のトリエステ師団には、ビル・ハケイムと北方20キロにある隣接する方形陣地との間の間隙を突破することを、それぞれ命じた。イタリア軍はガザラ線の南方にイギリス軍が敷設した地雷原で完全に立ち往生したが、その他の攻撃は計画どおり進行した。2日間の戦闘のあと、ロンメル軍は主要な方形陣地を迂回して、イギリス軍が築いた三角防御網の心臓部を貫通することに成功した。

それでもイギリス近衛旅団が守る重要な方形陣地は、ロンメルの猛攻に耐え、ビル・ハケイムに陣取る自由フランス軍はイタリア軍に反撃を加えた。それはまるでロンメルの攻撃が勢いを失っているように見えたが、リッチーは、反撃を開始するのではなく、それぞれの方形陣地から離れないよう命じた。実はこれが致命的な過ちだったことが後にわかる。

ロンメルは、窮地を脱して勝利をつかむチャンスがあることを感じていた。ロンメルは、イギリス軍が「コールドロン（大釜）」と呼んでいた地域、つまりイギリス軍陣地群の中央のくぼみにドイツ軍を集中すれば、東方にある方形陣地を攻撃することは十分可能であり、同時に、ビル・ハケイムへの攻撃も再開できると考えた。果たしてその方形陣地は6月1日に陥落し、それから10日後には自由フランス軍も、ビル・ハケイムから退却せざるを得なかった。

理論的にはイギリス軍は十分に持ちこたえられるはずだった。だが、実際は惨敗寸前だった。6月12日にロンメルが北方への攻撃を開始すると、その翌夕、リッチーは、イギリス軍戦車の損失はあまりにも甚大で、彼の装甲部隊はもはや南側面を守ることができないことを悟った。翌朝、リッチーは、ガザラ線からの撤退を命じた。ロンメルは、「我々は戦闘に勝ち、今や敵は崩壊しつつある」と日記に簡潔に書いている。6月21日のトブルク陥落は、ロンメルにとってまさに期待以上の成果となった。

トブルク陥落の報がチャーチルに届いたのは、アメリカのワシントンでルーズベルト大統領と会談しているときだった。それを聞いてチャーチルは、ほとんど絶望してしまった。ムッソリーニは、凱旋入城を準備するためカイロに飛び、ヒトラーはロンメルを元帥に昇進させた。ドイツ史上最も若い元帥の誕生だった。ヒトラーはまた、「カイロを目指せ」との号令とともに、エジプトへの進軍許可をロンメルに与えた。その間、オーキンレックは、勝利に浮かれる枢軸軍に対する最後の抵抗を仕掛ける決意を固めた。彼は、アレクサンドリアから160キロほどの町エル・アラメインを、その戦場として選んだ。

潮目の変化

6月23日、ロンメルはエジプト国境を越え、6月30日にはエル・アラメインに到達した。イギリス軍の陣地を包囲できないことがわかると、ロンメルはすぐさま正面突破を決断した。だがそれは失敗に終わった。オーキンレックは果敢に戦い、ロンメル軍を阻止した。7月3日、ロンメルは攻撃を断念し、防御に専念した。

これを見て失望したムッソリーニは、チャーチルが状況を再検討するためにカイロに到着すると同時にローマに戻っていった。決定的な勝利を獲得する能力がオーキンレックにはないと考えていたチャーチルは、オーキンレックに代えて、サー・ハロルド・アレキサンダー将軍を総司令官に起用するとともに、第8軍の指揮をサー・バーナード・モントゴメリー将軍に委ねた。実はチャーチルはモントゴメリーを最初から選んだのではなく、当初、第8軍司令官に選ばれたのはウィリアム・ゴット将軍だったが、赴任の途中で撃墜されて死亡したのである。

だが、モントゴメリーを選んだことが賢明だったとすぐにわかった。彼は自信に満ちており、ただちに新しい命令を発した。8月30日に始まったアラム・ハルファでの2日間の戦闘において、ロンメルが企図した最終突破を挫いたモントゴメリーは、第8軍が独自に攻撃できるよう辛抱強く準備を整えた。10月23日の攻撃開始までに、彼の元には23万の兵と1,200両の戦車が集結した。イギリス軍はまた、完全な制空権を握った。

その後に始まった戦闘は、第8軍がロンメルの防御を突破しようとするにつれ、長く辛いものとなった。戦闘は11月4日に終了した。その日、さらなる行動に使える戦車がわずか30両になってしまったロンメルは、踏みとどまって最後まで戦えとのヒトラーの命令に反して、退却を決断した。間もなくそれは全面的な撤退となった。

その4日後、英米海外派遣軍がモロッコとアルジェリアに上陸し、フランスのヴィシー政府と協議した上で、東方への進撃を開始した。ドイツ軍とイタリア軍は、二つの圧倒的に優位な兵力の間で捕捉された。彼らは翌年の5月までチュニジアに踏みとどまったが、北アフリカにおける枢軸軍の敗退は目にも明らかになった。

砂漠の砂を巻き上げながら……
アフリカの前線のイタリア軍飛行場で休止するドイツ軍戦闘機。

砂漠とヤシの木と……

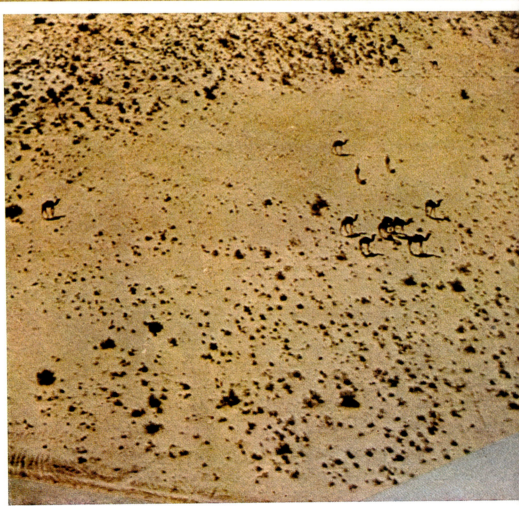

偵察機が持ち帰った写真……
そこには、ドイツ軍機が追っていたイギリス軍補給部隊に所属するラクダが写っていた。

シチリアを発ちマルタ方面の空襲に向かうドイツ空軍機。

南部戦線のドイツ空軍

ドイツ軍高射砲の"餌食"
シチリアの飛行場を攻撃してドイツ軍によって落とされたイギリス空軍機の残骸。右の写真は、シチリアの飛行場で駐機するわが空軍機。

サルームの砂嵐 戦車隊の衛兵がキャンプ正面の丘で持ち場を確保した。午前11時ごろ一陣の風が吹き、空中に砂をまき散らした。隊員たちはみなゴーグルを着け、口と鼻を布でおおい、首にはスカーフをぎゅっと巻き付けた。その日の午後4時ごろまで彼らのまわりの世界を砂の暴風が襲い、黄色い光に包まれて肉眼で見通すことができなくなるだろう。（撮影2枚とも：宣伝部隊ケネウェグ）

砂漠の見張り

すべての前線でテストに耐えたこの高射砲は、最初ポーランドで使われ、その後、ベルギーとフランスでの進撃で使用され、そして今、アフリカのハルファヤ峠の前進基地に置かれている。実に9,660キロの旅と、雪、雨、灼熱を経験したことになる。砲身からは何発の炸裂弾が発射されただろうか。だが、この最後の"試験"においても目立った損傷はどこにも見つからなかった。砲身と砲架ともに今も最善の状態に保たれている。この"古参兵"の的確な目的は最初と少しも変わっていない。

リビアとエジプトの間 東西1,000キロに広がり道や轍がまったくないリビア砂漠は、リビア中央部とエジプト中央部とを隔てている。その中で、規模関係なく土壌的に軍事作戦が可能なのは、シベジャラバブのオアシスと、そこから200キロ北、地中海沿岸にあるサルームの二つだけだ。サルーム砂漠の中の荒涼とした砂地と花崗岩の丘にまで伸びる入り江はイギリス軍よって強力な要塞に変えられた。イギリス軍はここに"ミニ・ジブラルタル"の重要性を与えた。

"熱帯経験のない"勝利者 サルームの戦いの現場を訪れたドイツ・アフリカ軍団司令官のロンメル将軍と部下の将校たち。当初、イギリスの軍事専門家たちは、イギリス軍総司令官であるウェーヴェル将軍の迅速な勝利を予想していた(ウェーヴェル将軍はその後、チャーチルの不興を買ってインドに転属させられた)。その理由は、ロンメル将軍には熱帯の経験がないからというものだった。

熱戦のあとの涼しい海水浴 ドイツ軍戦車隊の反撃によってイギリス軍が重大な損害をこうむったサルームの戦いは、作戦は摂氏49度の炎天下で行なわれた。敵軍が撤退したあと、ドイツ軍戦車隊の隊員たちは地中海で水浴に興じた。(撮影:宣伝部モーストミュラー)

トリポリのドイツ軍

トリポリ港に立つドイツ軍衛兵 ドイツ軍が最初に上陸したアフリカの土地は、このトリポリである。

ヤシの並木をドイツ軍が行く トリポリ市街を進むドイツ軍戦車は、このあとイギリス軍との砂漠での最初の交戦に勝利した。

探検帽をかぶってトリポリ市街を行進するドイツ兵たち 数多くのイタリア人や現地人が見守る中、ドイツ兵が初めてトリポリ市街を行進する。

アフリカの現地部隊を閲兵するドイツ軍司令官　　　撮影：宣伝部隊 H・シュナイダー

初めてアフリカを飛んだ

あるアメリカ軍パイロットの物語

（撮影：戦地特派員フリードリッヒ、ワグナー）

アフリカに派遣された戦地特派員が、少し離れた地平線に墜落するアメリカ軍爆撃機を偶然、撮影した。最初に衝撃によって発生した黒煙が見えた。

厚い黒煙が大空にまっすぐ立ち上がったあと、爆発が……。そのとき、別の特派員はアメリカ人パイロットがパラシュートで降下してくるのを見た。

撃墜されたアメリカ兵は、パラシュートを引きずりながら、両手を上げて降伏の意思を示しながら近づいてきた。彼は話したがった。それは空中戦と撃墜という精神的苦痛を受けた者の自然な反応といってよかった。このアメリカ軍中尉は「自分は24歳、フィラデルフィア生まれで、アフリカ戦線への出征を志願した」と語った。アフリカへの旅は不快なものだった。彼の乗った船は大きく迂回しなくてはならず、常にUボートに脅かされながら最終的にアフリカの海岸近くにたどり着いた。こうしてようやく前線に着いた彼は、最初の飛行で撃墜されてしまったのだ。

それからしばらくして彼は、彼を撃墜した勝利者と会った。騎士鉄十字章を授与されたドイツ空軍上級曹長である。彼らが遭遇したのは高度約5,500メートルの上空だった。アメリカ軍中尉が所属する大編成の爆撃機部隊によって安全は確保されていたにもかかわらず、ドイツ軍機によって突然、攻撃されたことにひどく驚いたと告白した。敵は彼を高度約900メートルまで追い詰め、さらに彼の飛行機に何発も銃弾を浴びせた。その結果、彼は脱出するほかなかった。かろうじて生還することができたことを彼は明らかに喜んでいた。彼が搭乗していた爆撃機は、今や完全な残骸と化した（下写真）。

偵察隊が戻ってきた その日の未明、偵察隊はハリファヤ峠にある前進基地を出発し、13キロ先にあるイギリス軍の前線に向い、また13キロ歩いて戻った。彼らはイギリス軍の前哨基地の背後を突破し、イギリス軍陣地の貴重なスケッチを作成した。危険な任務から帰還して、地中海の海岸を行くドイツ軍偵察隊。

本部に戻る7人の兵たち これまで人間が一度も入ったことのない砂漠を歩く。

26キロの行進の"ご褒美" 冷たい飲み物とパンを受け取る。

砂漠が4人を"飲み込む" 上の写真から数秒後に撮られた写真。

最前線の機関銃の"巣" 地面の上に出ているのは銃口だけだ。防御用の砂袋の上には、いつでも投げられるばかりの手投げ弾が置かれている。カプーゾの戦いで敗れて以来、彼らはこの隠れた陣地を避けており、新たな攻撃を仕掛けてこない。

偽装と欺瞞

左：最後の1人がここで消えた 今やこの国には、長さ数キロ、深さ数百メートルの塹壕が至るところに掘られている。それらはとても巧みに配置され偽装されているので、ほんの数メートル離れればもう見つけることができない。

右：偵察隊が発見したもの 前回の哨戒で報告された、ドイツ軍陣地とイギリス軍陣地との間にある塩湖が今日も見え、写真にも収められた。だが、実際にそれは存在していない。偵察隊はここを横切って進んだ。その湖はどこにでもあるような砂でできており、単なる蜃気楼にすぎなかった。

砂漠における四つの災難

現在、北アフリカで戦うドイツ軍とイタリア軍に従軍している《シグナル》の記者、ケネウェグからの報告が届いた。「どれがいちばんひどい災難かわからない。不運と同様、それらはけっして単独では起こらない。滝のような汗、渇きとハエに悩まされ、ほこりでほとんど窒息しそうになる。我々はこの地球上をおおう一つ一つの砂漠を呪っている」

砂 顔には砂埃がびっしりとこびり付いている。我々は今、トブルクのまわりの砂漠を縦断して走る64キロの道路を自動車で進んでいる。まるで嵐を行く船のようにガタガタと揺れ、でこぼこの表面で激しく上下し、大岩にぶつかりながら車は進む。そのたびに砂が立ち上り、車と人の両方を厚くおおう。そして砂は、我々の目に、口に、鼻孔に、袖口に帽子に入り込み、背中を滑り落ちる。車での移動は8時間にも及んだ。目的地に着いたとき、我々の顔は誰が誰だかまったくわからないほどだった。アフリカにはこんな道が無数にあるのだ。

蚊 我々には効率的な蚊帳があることを神に感謝すべきである。組み立てるのも簡単で、休止するときや本部にいるときは蚊帳が最適な防御を提供してくれる。だが、それ以外のときは蚊の天下だ。だから我々はしばしば蚊と戦うことを諦めてしまう。手も腕も顔も蚊にさらし、思い出したときに追い払うだけだ。中には突然跳ね起き"呪いの踊り"を踊り出す者もいるが、ハエの群れが立ち上がるだけで、数秒しか効果はない。

渇き ここでは水に慣れなければやって行けない。ここの水には0.5から1.3%の塩分が含まれている。最も塩分の少ない水はお茶を入れるときに使う。水の缶にはみな印が付けられ、砂漠で移動中に体を洗うために塩分の一番少ない水を使う者はみんなから憎まれる。お茶が熱いときは塩分にあまり気が付かないが、冷たいお茶はとても塩辛く感じる。どうしても渇きを我慢できない夕方には、ミネラルウォーターのボトルをほんの2、3口ずつ分け合う。この地の水は井戸ごとに塩分濃度が違う。かくして、手が届くところにおいしい水場がある幸運な部隊は、羨望の的となる。

暑さ　「この暑さは一体どうなっているんだ」。多くの人がそう書いた手紙を私に送ってくる。大体において兵隊は大げさである。彼らは10度程度の気温の上下はあまり問題にしない。だが、海岸近くの昼間、温度計は摂氏40度から50度を指す。内陸はさらに9度は高い。そしてこの地には日陰がない。テント・カバーを屋根のように広げてその下に座ることもできるが、兵隊にはゆっくりとくつろげる時間がない。結局、最善の解決法は水着1枚と探検帽だけの姿になり、時おり吹いてくる海岸からの風をうまく利用することぐらいだ。反対に夜になるとぐんと涼しくなり、気温は2度に下がる。だから夜はぐっすりと眠ることができる。自分の陣地の中で古い水路の穴を見つけるという幸運に恵まれることもある（下写真）。それは深さ約5メートルで、小さい穴が開いた蓋は90センチほどの厚みがある。それはとても涼しく、蚊もいないし、砂が侵入することもない。そこでは冷たい水を飲むこともできる。四つの災難にも無縁の砂漠の別天地だ。（撮影：宣伝部隊ケネウェグ）

ヒトラーの宣伝兵器

「バルバロッサ作戦」

1941年6月22日未明、ドイツ軍は350万の将兵、3,500両の戦車、それに2,700機近い航空機をソ連に対する全面攻撃に投入した。こうして「バルバロッサ(赤髭)作戦」が始まった。ヒトラーは、この作戦は2ヵ月以内にドイツの勝利で終わるとの自信を持っており、「土台が腐った建物は、入り口を一蹴りするだけで倒壊する」と側近たちに豪語していた。確かにソ連の驚きは大きかった。スターリンは、ナチス・ドイツはいつでも攻撃してくるという警告に耳を傾けようとしなかった。スターリンは、ドイツによるソ連侵攻の報を受けたときでさえ、それはヒトラーが知らないまま将軍たちが独断で始めた"挑発"だろうと信じて疑わなかった。

このときヒトラーが招集した兵力は、人類史上最大といってよかった。陸軍総司令官ヴァルター・フォン・ブラウヒッチュ元帥は、大兵力から成る三つの軍集団を編成し、それぞれ空軍の支援を受けながらソ連侵攻を競わせた。ヴィルヘルム・フォン・レーブ元帥率いる北方軍集団は7個師団と3個装甲師団から、フェードル・フォン・ボック元帥率いる中央軍集団は42個師団と9個装甲師団から、またゲルト・フォン・ルントシュテット元帥率いる南方軍集団は52個師団でそのうち15個師団はルーマニア軍、2個師団はハンガリー軍、2個師団はイタリア軍、そして5個装甲師団から、それぞれ構成されていた。それはまさにソ連軍がとうてい対抗することができない、圧倒的な兵力だった。ヒトラーも思わず「世界が驚愕するだろう」と述べた。

奇襲とスピード、それがソ連軍を混乱におとしいれるうえで最も重要なドイツ軍の要素だった。攻撃初日だけ見ても、ドイツ空軍はソ連の多数の飛行場を攻撃して1,200機以上の航空機を破壊し、それらの多くは飛び立つことなく陸上で撃破された。その週の終わりになると、その数字は4,000機にまで増えた。一方、陸上ではドイツ軍の装甲部隊と自動車化された歩兵部隊が急進した。その狙いはソ連前線部隊をいくつかの包囲作戦によって追い詰め、最終的にはソ連軍をドニエプル川とドン川に釘付けにすることだった。

最初の突破

ドイツ軍による大規模攻撃が始まったころ、装甲部隊の移動は速く、多数のソ連兵を殺傷し、その装備を奪取した。中央軍集団がソ連の防御を突破するのに1週間もかからなかった。7月第2週の終わりまでに同集団は、容赦なくスモレンスクに進軍しながら60万のソ連兵を捕虜とした。7月16日までに中央軍集団はスモレンスクを掌握し、その先にはモスクワへの道が広がっていた。それに負けてならじと、北方軍集団もまたラトビア、リトアニア、エストニアの大部分を突進、レニングラードに迫っていた。これら二つの軍集団にスタートはやや遅れたものの、南方軍集団もウクライナに侵入し、キエフに進撃しようとしていた。

広大な前線においてこれほど目覚ましい成功を収めた現地ドイツ軍にすれば、歓喜するのも無理はなかったが、ソ連軍の強い結束と抵抗はドイツ軍の前進に歯止めをかけた。7月30日、ドイツ軍総司令官は全軍に対し東方でいったん停止し、作戦を再開する前に編制の再検討を命じた。バルバロッサ作戦が始まって1ヵ月もしないうちに、同作戦は当初の勢いを失い始めた。

ここにきてヒトラーは、後になって非常に不運な介入と判明する決定を下した。モスクワに向かっていたフォン・ボックの進撃を中断し、代わって北と南における他の目的の追求を決めたのである。彼は、ヘルマン・ホト将軍率いる第3装甲集団には北進してフォン・レーブが指揮する北方軍集団のレニングラード攻略を支援するよう、またハインツ・グーデリアン将軍率いる第2装甲集団には南進してフォン・ルントシュテットが指揮する南方軍集団のキエフ奪取を支援するよう命じた。南方軍集団がウクライナを確保したあとクリミア半島に進軍しようとしたのは、ソ連空軍がルーマニアの油田爆撃のための基地として同地を使うことを防ぐためだった。

フォン・ボックは、この決定は自軍を弱め、また時期が悪く見当違いだと抗議した。「戦争指令はいつも、この戦争の目的はモスクワ奪取ではないといっているではないか。私はモスクワの奪取を望んでいない。私の望みは敵軍を倒すことであり、その中核がまさに私の目前にいるのだ。どんなに大規模であろうと、南

ソ連の穀倉地帯にて
トウモロコシ畑を慎重に進む歩兵たち。森林地帯と同様、少しも油断ができない。

撮影：前線特派員
A・グリム

進することは余興でしかない。それだから、冬がくる前にソ連軍を破壊するといった主たる作戦の遂行に疑問符が付くのだ。今回の決定は何の助けにもならない」と、ドイツ国防軍参謀総長であるフランツ・ハルダー将軍に語った。ハルダーはこれに同情したが、ヒトラーの考えを変えることはできなかった。

「タイフーン（台風）作戦」

多くのドイツ軍の将軍たちは、第2次世界大戦終結後という後知恵を使える優位な時に、ヒトラーが戦略を無理矢理変更したことを議論した結果、そのことで攻撃計画全体が変調をきたしたとしてヒトラーを非難した。ヒトラーは、敵の重心に攻撃を集中するというプロイセン軍伝統の軍事原則に従ったのではなく、ボールから目をそらして全ての可能性を閉ざしたために、東方におけるドイツの勝利を犠牲にしたというのである。

当時は、ドイツ軍兵力の中核を弱体化させることになるヒトラーの決断は、すぐに問題となるようには見えなかった。グーデリアンの元に移された装甲部隊は、南部のソ連軍陣地を突破し、ソ連軍の死力を尽くした反攻を撃破してキエフを奪取するとともに、さらに66万5,000人のソ連兵を捕虜にし、884両の戦車と3,000門以上の火砲を捕獲した。続いてドイツ軍は、ハリコフ、ウクライナの中部と東部の大部分を占領した。11月21日になると、南方軍集団はロストフ・ナ・ドヌーにまで到達し、ソ連軍に対するカフカスからの原油の補給路の遮断とドネツ盆地における工業資源を支配する可能性さえ見えてきた。フォン・ボックでさえこの作戦を「輝かしい成功」と賞賛したほどだった。

グーデリアンと部下の指揮官たちにとって、戦争全体におけるドイツ軍によるこうした大成功のいくつかはすでに"織り込み済み"だった。この年の9月末には、ソ連軍は210万人以上の将兵を失っていた。そのうち43万人が戦死し、残りは捕虜または行方不明者だった。そのうえ68万8,000人が入院を必要とするほどの重傷を負っていた。一方、ドイツ軍の人的損害も戦死者、負傷者、そして戦闘中の行方不明者の合計は55万1,000人に達していた。

ヒトラーは、いかなる陸軍もこれほどの人的損害に耐えらないだろうと確信していた。9月23日、ヒトラーは宣伝大臣であるヨーゼフ・ゲッベルスに、ドイツ国防軍はすでに決定的な突破を達成したと伝えた。ヒトラーはまた、モスクワの完全包囲も間近い、そうすればスターリンは否応なく講和を申し出るだろうと自信満々に予測した。そしてフォン・ボックに、進軍を継続しモスクワへの入城を再開するよう促した。

「タイフーン作戦」は9月30日に始まった。200万人の将兵と配備された2,000両の戦車から成り、ドイツ空軍による大規模な支援を得た三つのドイツ軍の大部隊は、全長480キロにわたる前線に向けて東進した。彼らの狙いは、モスクワの南方200キロの町、ヴャジマ周辺に滞留するソ連軍部隊を囲い込むことだった。10月7日、ヴャジマが陥落し、ドイツ軍は67万3,000のソ連兵を捕虜とし、1,242両の戦車と5,412門の火砲を捕獲した。その翌日ヒトラーは、ミュンヘンで開催された、未遂に終わった「1923年のナチス・ビアホール一揆」を記念する年次大会で「かつて、これほどの短時間で巨大な帝国が粉砕され、倒されたことがあっただろうか」と演説した。

ドイツ軍の進撃はその後も続いた。10月14日、ヘルマン・ホト将軍率いる装甲部隊は、カリーニンからモスクワ北西部を奪取するとともに、ソ連軍北翼の破壊に成功した。グーデリアンが指揮する5個の装甲師団が南方から挟撃を開始すると、今回もまたソ連軍にとって意表を突いた包囲となった。そのとき突然、天候が悪化した。何日も続く大雨がロシアの道路をぬかるみに変えた。とたんにドイツ装甲部隊の進軍速度が落ち、やがて停止してしまった。彼らは、3週間という貴重な時間を泥の中で失った。

ドイツ軍の遅れは、ソ連軍の中で最も有能といわれ、モスクワ防衛を任されていたゲオルギー・ジューコフ元帥に準備のための貴重な時間を与えた。90万の増援部隊がヴォルガ川の背後に配置された。それ以上に重要だったのは、日本軍がソ連を攻撃しないことを決めたとの報が諜報部によって伝えられたことだった。それを聞いたスターリンは、10月12日、40万の精鋭部隊、1,000両の戦車、そして1,000機の航空機をシベリアから西方に移動させてモスクワの背後に配備させ、ドイツ軍がさらに進撃するかどうかを監視するだけでなく、もしその動きがあればいつでも徹底的に反撃できるよう準備を整えた。

ジューコフの攻勢

11月14日には、冬が近づいてきたため地面は十分に固まり、進軍を再開できるようになったため、フォン・ボックの装甲部隊は再び前進を始めた。12月2日には、前進していた哨戒部隊がモスクワ近郊にまで到達した。だが、ドイツ軍はそこより先に進むことはなかった。

12月4日夜、気温が氷点下にまで急激に低下し、雪が降りはじめた。ロシアに本格的な冬が到来したのだ。とたんに、厳寒への備えが不十分だったドイツ軍は寒気に震えはじめた。「寒風は針のように顔面を刺し、ヘルメットや手袋の間に容赦なく入り込んだ。両目からは絶えず涙が流れ、何も見ることができなくなった」と、第2装甲集団を指揮したゴットハルト・ハインリツィ将軍は語った。戦車やその他の車両も寒気で動かすことができず、またドイツ空軍も吹雪によって離陸が不可能になった。

周到に準備した反攻を、ジューコフが開始する瞬間が到来した。12月5日、彼

ドイツ軍機関銃手とともに写真に収まるアンドレイ・ウラソフ。元はソ連軍の少将だったウラソフは、独ソ戦の最中に投降し、その後、ドイツ軍とともにソ連と戦うためにいわゆる「ウラソフ軍団（ロシア解放軍）」を組織する。「ソ連は明らかに分裂している」というのが《シグナル》の論点だった。

の複数のシベリア師団は320キロにわたる前線に沿って攻撃を開始、まず最初にモスクワの南北からドイツ軍の最前線を徹底的に挟撃した。フォン・ボックは進軍を継続するか中止するか決めあぐねた。そのとき、停止を命じたのはヒトラーだった。だが同時に、どんな犠牲を払ってでも持ち場を死守するようフォン・ボックに命じた。

命令することとそれを実行することはまったく別の問題である。ソ連軍の圧力が高まるにつれ、痛手をこうむったフォン・ボックの疲弊した部隊に混乱が起きはじめた。12月16日、ドイツ軍の最前線を突破したジューコフは、全面的な西進を命じた。ソ連軍の勢いは、誰にも止めることができないように思えた。ハインリツィは、「ソ連軍は各所で、我が軍前線に開いた広い間隙を抜けようとしている。雪と氷の中で退却するのはまるでナポレオンのときのようで、損失も同様である」と記録している。

ヒトラーの反応

状況を打開するためにヒトラーは、容赦のない行動に出た。ヒトラーは、12月1日に包囲を避けるためにロストフ郊外からのドイツ軍の撤退を認めたフォン・ルントシュテットをすでに解任していた。さらに12月16日にはフォン・ボックをギュンター・フォン・クルーゲ元帥に交代させた——表向きはフォン・ボックが健康を理由に辞任を申し出たことになっていた。この日、ヒトラーはフォン・ブラウヒッチュを解任すると、自ら陸軍総司令官に就任した。こうした激変はその後も続き、12月26日には第2装甲集団司令官の職にあったグーデリアンさえも解任し、続いてエーリヒ・ヘプナー将軍、フォン・レーブ元帥を解任した。

陸軍の主要な指揮官に対する完全な支配を確立したヒトラーは、あらゆる犠牲を払ってでも手中に収めた土地を死守するというこれまでの方針を転換した。中央軍集団司令官のフォン・クルーゲは、戦術的退却の実施と、一連の要塞前方補給基地の建設をヒトラーに認められた。ドイツ兵たちはこうした全面的な防御陣地に「ハリネズミ」というあだ名を付けた。ソ連軍の攻撃は、春が到来して地面が柔らかくなるとともに勢いを失った。そうなった理由はスターリンにあり、ソ連軍を中央軍集団への攻撃に集中するのではなく、前線全体に沿って攻撃することに頑なに固執したことが一因だった。

スターリンのこの決断は事態のさらなる悪化を防いだが、事態の悪化は誰の目にも明らかだった。ジューコフは、「タイフーン作戦」が始まった地点までドイツ軍を押し戻した。彼はまた、ドイツ国防軍が無敵でないことを証明して見せた。ドイツ軍は健闘したが、東方における目的を達成することはできなかった。「バルバロッサ作戦」はこうして最初のうちは目覚ましい戦術的成功を収めたが、結局、戦略的には失敗したのである。

ツィタデレ作戦で
ブレスト・リトフスク
要塞を猛攻する
歩兵隊と砲兵隊

宣伝部隊グリムⅡ、
ミュラー＝ヴァルデックの特別リポート

19 41年6月24日の朝、ドイツ軍砲兵隊と爆撃機はブレスト・リトフスク要塞をいつでも攻撃できる態勢を整えた。ここ3日間、わが歩兵隊はすでに要塞前の城壁に待機していた。午前10時今まさにドラマの最終章が始まろうとしていた。《シグナル》の報告もここから始めようと思う。砲郭と兵舎では数千人のソ連兵がドイツ軍に向かって死にものぐるいで発砲している。周辺の人家には火が放たれ、鼻を突くような煙が戦闘地域をおおっている。ソ連軍の狙撃兵が屋根から撃ってくる。ソ連軍は白旗を揚げているが、ドイツ軍代表官と救護隊員にま

午前10時：

ブレスト・リトフスク要塞を前にして有刺鉄線の中の陣地で待機するドイツ軍歩兵たち。彼らを手榴弾投擲隊が援護する。

機関銃が加わった。

ドイツ軍の軽迫撃砲が火を噴く。

午前11時、戦闘する歩兵たちに休息が許された。その後の30分間、砲兵隊が攻撃目標の要塞に集中投入された。歩兵隊長は、与えられた小休止を利用して兵たちに水分補給を促した。

だ発砲しており、ドイツ軍の軍服を着たソ連兵を差し向ける。

午前11時30分、ドイツ軍砲兵隊が再度、攻撃する。迫撃砲と榴弾砲の両方から同時に砲弾が発射される。これまで以上の連続砲撃が始まったのだ。巨大な迫撃砲が発する低い咆吼がまるで地獄の音のように響く。とてつもなく大きな煙の柱があちこちから立ち上り、火薬庫が爆発し、そのたびに大地が揺れ動く。

《シグナル》特派員たちは要塞の壁から270メートルほど離れた塹壕に身を潜め、砲兵隊の威力を至近距離から見つめた。その時の状況をある特派員は次のように書いた。

「重砲の射程は広いので、我々は、爆弾の破片から身を守るために射程に入らないようにいつも注意しなければならない。爆発が城壁の上にある土をばらばらと砕く。とそのとき、迫撃砲が突然、砲撃を停止した。30分ほどの連続砲撃の後、砲撃を完全に停止せよとの命令が下った。今や我々は、たとえ武装した敵に対しても、相手が先に発砲してこないかぎり発砲することはできない。地獄のような音のあと、息苦しい緊張感の中で突然の静けさが何分も過ぎていく。遠くの空には、一筋の黒煙が上がっている。

そのときだった！　まったく武器を持たないソ連兵たちが最初にこっちに向かって走ってくる。ソ連兵の大集団が現れはじめていた。最初の兵は今、我々が待機している城壁に近づいた。彼らは武器を持っていないか調べられた。その後、城壁の上に我々と一緒に立つと、仲間中に響き渡るように『こっちに来い、こっちに来い』と叫んだ。その他のグループは、両手を上に挙げてこっちに走ってくる。中には軍靴を履いていない者もいる。彼らの表情には最後の30分の恐怖がまざまざと浮かんでいる。彼らが連れてきた負傷者は、ただちにわが軍の衛生兵による手当てを受けた。それから10分後、ドイツ軍旗が要塞の上に掲げられた。こうしてわが軍は、ブレスト・リトフスク要塞を占領した」

午前11時35分

砲兵隊の観察者は前線の彼方にいる。ドイツ軍砲兵隊が急襲してわずか5分後のことだった。最初の火薬庫に火が放たれ、数秒後に爆発した。要塞の最後の1時間がやってきた。過去25年間、ドイツ軍はブレスト・リトフスク要塞を3度にわたり攻撃した。水、地下壕、それに強化コンクリートに取り囲まれたこの頑強な要塞は"東のヴェルダン要塞"と呼ばれてきた。第1次世界大戦、ポーランド作戦、そして今回の対ソ戦争においてドイツ軍はこの"因縁の町"の城壁に集結したが、ようやく3回目にしてブレスト・リトフスク要塞を手中に収めたのである。

慈悲を求めて ドイツ軍砲兵隊が発砲を中止するとすぐに、ブレスト・リトフスク要塞の防衛に当たっていたソ連兵は、要塞の前庭にいたドイツ兵の方に走ってきた。

午後12時05分:
ソ連兵たちの最初の投降

両手を上に、白い布を掲げて 最後のソ連兵たちが要塞を離れる。彼らは、要塞の前庭で武器を取り上げられるまで手を下げることが許されない。これまでにも、白い布（いうまでもなく投降の印）を振ってドイツ軍に近づくことを許されたソ連兵たちが発砲してくることがしばしばあったことから、このやり方が取り入れられた。

気の弱いソ連兵 ドイツ軍が無防備な捕虜に対してけっして攻撃しないことを彼らは信じようとしない。向こう側にいるこの兵の同僚は、身を潜める他のソ連兵に出てくるよう身振りで伝えている。

要塞を急襲 最初のドイツ軍歩兵が突入したとき、戦闘地域には砲撃による煙がまだ漂っていた。ソ連兵は、本当にこの強力な要塞を放棄したのだろうか。

午後
12時10分：
要塞の陥落

謎めいた要塞の壁の全ての突出部は、砲撃で穴だらけになっており、厳重に警備されている。陥落した要塞の中を進むことは死を意味することもある。ドイツ軍に必死になって抵抗したソ連軍は、兵舎の地下壕に隠れていた。

午後3時：ブレスト・リトフスクをめぐる攻防戦は終わった。勝利したドイツ軍によって確保された道を、武器を剥奪されたソ連軍兵士の隊列が捕虜収容所に向かって進む。

勝利の旗 ドイツ軍歩兵が、ブレスト・リトフスク要塞に鉤十字旗を揚げる。こうしてドイツは、25年に及ぶ戦いの中でようやく三度目にして"東のヴェルダン要塞"を手中にした。

この闘争の意味
ヨーロッパの自由と統合のために

ドイツがソ連と共産主義への闘争を開始すると決意したとき、それは世界史における重要な瞬間となった。過去四半世紀にわたって全人類は、共産主義の脅威に苦しめられてきた。実際、この広範な世界革命という目論見に対抗する救済策は、まったくないように思われた。ソ連においては、共産主義が世界征服の戦いを開始する日に備えるためと称して、何百万もの人びとの生命と幸福が危険にさらされてきた。大衆は、大砲や飛行機を製造する工場を建設するために、靴や衣服その他の生活必需品をみな取り上げられてしまった。

1939年秋にイギリスとの新たな戦争が勃発したときも、こうした状況は変わっていなかった。ただソ連にしてみれば、その戦争は少し早すぎた。彼らの準備は完全ではなかった。そこでスターリンは、ドイツと不可侵条約を結ぶことにした。ドイツ西部の国境地帯ではフランスとドイツがともに鋼鉄とコンクリートでできた要塞を築いていた。その当時、それはどんな攻撃に対しても難攻不落だろうとだれもが信じていた。だから、もしこの国境地帯で戦争が起きれば、非常に長期化し、ひいてはドイツと西側列強の双方に疲弊をもたらすだろうと多くの人が考えていた。その間、ソ連は最後の強盛大国として、戦争によって疲弊した他の国々を最後に攻撃できるよう軍備の増強を続けた。

スターリンの誤算 だが、状況は違った方向に進んでいった。西部戦線における戦争はごく短期間で終わった。1年もかからないほどだった。フランスは降伏した。スターリンの目算がくるっていたことは明らかだった。それでもスターリンは、かねての狙いを達成するために、ドイツが戦争を終わらせることを何としてでも阻止しようとした。ソ連による継続的な脅威、西部国境地帯への部隊集中、そしてドイツに近い陣地の占領はドイツの背後からの攻撃につながることから、ドイツは全勢力をイギリスに投入することができなかった。

ドイツを牽制するための動きは、ソ連のフィンランド侵攻によって始まった。これに、リトアニア、ラトビア、エストニアの完全な併合が続いた。この事例から世界は、バルト海沿岸諸国のときと同様、もし共産主義者がドイツの転覆と他のヨーロッパ諸国の占領に成功すれば、それはヨーロッパにとってどのような意味を持つのかを判断することができてきた。これらの国々の占領によって、ソ連はバルト海への進出が可能となった。だが、バルト海は、ドイツの存立にとって最も大きな重要性を持っており、それはすべての北欧諸国にとっても同様であった。

ルーマニアが先行するはずだった 共産主義者たちがルーマニアに進出したとき、彼らの"魂胆"はより鮮明となった。おそらく、ソ連の狙いはルーマニア侵攻によって国全体を混乱に陥らせ、国民の自由を奪うことであった。それによって近隣諸国に赤色革命をもたらすことも容易になる。そうなれば、ドイツが致命的な打撃を受けることは必死である。というのも、中央ヨーロッパに食料と天然資源を供給するためには、東南ヨーロッパ全域、ドナウ流域、そしてバルカン半島に平和が行き渡ることが不可欠である。だが、彼らはその平和を乱すことに成功しなかった。それどころか、常にソ連政策の"お気に入り"だったブルガリアがドイツとより密接な関係を持つようになった。このことで、ブルガリアはソ連の怒りを買った。後に反故にされるのだが、スターリンはすでに、ドイツとの不可侵条約でヨーロッパに対して保証していた境界線を、ルーマニアへ侵攻したことにより違反したのである。最終的にユーゴスラビアのクーデター政権がソ連に接近してきたため、ソ連は同政権と条約を結んだ。おそらくこの瞬間、ソ連は自分たちの政策が遠のいていったと感じたに違いない。そこで彼らは、あたかもドイツとの友好的な関係に大きな価値を有しているように見せかけた。だが、ドイツ政府をこれ以上欺くことはできなかった。昨年末にミハイロヴィチ・モロトフがベルリンを訪問した際、共産主義者たちはすでにフィンランドとブルガリアの獲得のほかにトルコの犠牲をも要求していた。これとは別にドイツ政府は、ドイツおよび他のヨーロッパ諸国において共産主義組織、サボタージュ、そしてスパイ活動がますます活発化しているとの報告を得ていた。

それと同時に、ソ連は主力をドイツの東部国境地帯に集結させていた。

ソ連軍の増強 ドイツによるイギリス攻略の可能性が高まるにつれ、ソ連はますます大胆な方策を講じるようになった。その結果、ドイツの軍事力は東部地域に固定され、またソ連を前にして決定的な課題から遠ざけられることになった。ソ連は、多年にわたって友好関係を望んでいた

1939年から1940年にかけての共産主義のヨーロッパ進出経路

1939年9月、ソ連軍はポーランド東部に侵攻すると、1940年3月にはフィンランドにその領土の一部放棄を、1940年6月にはルーマニアにベッサラビアと北ブコヴィナの割譲を要求した。さらに、1940年7月にはバルト三国を占領した。こうしてソ連は、ドイツ、ひいてはヨーロッパ全土に対する軍事作戦を進めた。

イギリスの真の同盟国になった。

5月1日、ソ連の118の歩兵師団、20の騎馬師団、40の機械化・戦車旅団がドイツの東部国境付近に集結した。これらの部隊の規模を要約すれば、それぞれ次のとおりである。

全歩兵師団の70％。
全騎馬師団の60％。
機械化・戦車旅団の85％。

国境周辺の飛行場はどこも限度いっぱいの爆撃機と戦闘機で溢れていた。パラシュート編隊と無数の輸送機も、いつでもすぐに行動を起こすことができるよう体勢を整えていた。ソ連軍の攻撃体勢は万全だった。

こうして、4個軍団が編成された。メメルとスヴァルキの中間の最北に位置する軍団は、直接プロイセン東部を脅かした。この軍団は70％が歩兵、30％が戦車と装甲部隊だった。

そこから南のビャウィストク周辺地域には複数の部隊が集結し、ドイツへの際だった突出部を形成していた。その東には、予備軍が待機していた。この部隊のうち約35％が戦車ないし高速自動車部隊だった。

またドイツに向けて突出しているレンベルク周辺の地域には、さらに強力な赤軍が展開していた。この部隊での、戦車、機甲師団、騎馬師団の比率は約40％であった。

さらにもうひとつの部隊が、ベッサラビアからルーマニアやその他のバルカン諸国を直接、脅かしていた。

このような部隊の配備は、国境地帯を守るためというものではなく、重要な目的を持った大規模な攻撃作戦のための準備といってよかった。こうした事実は、それ自体がソ連の目論見がどのようなものであるかを明白に物語っている。共産主義者による秘密の指示が確認され、戦争の目的とドイツ領土深くまでを戦闘地域とするある重要文書や地図が見つかったことは、そのことを裏付けている。たとえば、モスクワ駐在のユーゴスラビア駐在武官からの1940年12月17日付け報告書は、次のように述べている。

「ソ連国内で発表された声明によれば、ソ連空軍、戦車部隊、そして砲兵部隊の武装は、現下の戦争における経験をふまえて全速力で進んでおり、1941年8月には完了するだろう。これはおそらく最終期限であって、それ以前にソ連の対外政策が大きく変化することは今のところ考えられない」

全ヨーロッパが突然、目覚めた　ソ連におけるこうした動きが世界中ではっきりと認識されたため、かりにドイツに対する攻撃が成功すればどのような事態が生起するかは、明白だった。まさにこの時期に、ヒトラーは、これまで準備が進んでいた東部戦線においてソ連侵攻を決断した。最終的にイギリスを巻き込む前に、ヨーロッパでの"古来の敵ソ連"と決着を付けるために、ドイツが力と大胆さを結集したというニュースは、広くイギリスやアメリカも含めて世界各国で喜びとともに受け取られた。かくして、イタリア、ルーマニア、スロバキア、ハンガリーを含むドイツ連合はソ連に宣戦を布告した。フィンランドもドイツの手に落ちた。スウェーデンは、ドイツ軍の通行を認めた。あらゆる場所で志願軍が組織された。まず最初に、共産主義者との闘争でいまだに流血の後遺症に悩むスペインで、次いでデンマーク、ノルウェー、オランダ、そしてフランスにおいても。端的にいえば、全ヨーロッパが突然、共産ロシアに対して武器を持って立ち上がったのである。ヨーロッパの人びとがこれほどまでに結束したことは、太古の昔からなかった。それだけ、すべての国の、全世界の運命がソ連に対する勝利にかかっているといっても過言ではない。

だがそれは、単に共産主義を永遠に打破すればよいということにとどまらない。それはまた、これまで西側で姿を現してきたもうひとつの脅威からの解放の問題でもあるのだ。つまり、イギリスとアメリカが全ヨーロッパ大陸に対する海外からの物資の供給を遮断しようと試みていることである。1914年から1918年にかけて行なわれた第1次世界大戦においては、ヨーロッパに続く海路を断つというイギリスの試みは、もしロシアがヨーロッパへのドアを東側から閉じてしまえばヨーロッパは"飢え死"するという、イギリスが望んだ結果にはつながらなかった。そのときロシアの打倒は可能だということがはっきりわかったが、それは遅すぎたし、占領地域を中央ヨーロッパへの供給のために活用する方法が見つからなかった。イギリスが周囲の海によって守られているように、長い間、ロシアもまた長大な国境線によって守られており、それゆえにその全領土を軍隊によって占領することは不可能だった。

"挟み撃ち"は失敗する　だが、今日、状況は変わった。今次大戦においてこれまでドイツが勝利したことで、装甲部隊の助けを借りれば広大な距離を迅速にカバーすることが可能ということがわかった。1917年当時のドイツの疲弊に比べれば、今日のヨーロッパははるかによい状況にある。そうした有利性を最大限に生かすことは、ヨーロッパのみならず、イギリスとアメリカによって海外から必要な物資の輸入を妨げられているすべての国にとって利益となる。ドイツがロシアに勝利すれば、海外からの物資補給の遮断は、ヨーロッパにとって長期的に効果がないだろう。ヨーロッパが受けようとしている"挟み撃ち"は失敗するだろう。ヨーロッパは、人口が過密であるため、十分な食料と十分な工業原料を常に海外に依存してきた。そうした状況にあるヨーロッパが、自分の思いどおりに主要物資を制限できる立場にある国々の暴虐から永遠に解放される時がきっとくるに違いない。

ヨーロッパは、その境界線の内側にあるすべての国の統合と協力を維持するために、自由を獲得し、そして努力を続けるだろう。それだけが、外部からの脅威への対抗手段をもたらしてくれる。このことこそ、ドイツがヨーロッパに生きるすべての人民の利益を代表していま行なおうとしている闘争の意味といってよい。

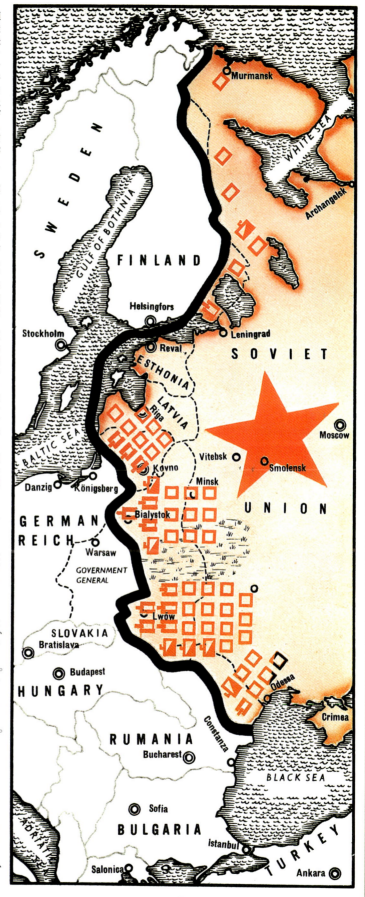

1941年のソ連軍の対ドイツ大集結

⬜ ＝ 約3個歩兵師団
⬛ ＝ 約3個騎馬師団
▬ ＝ 約3個戦車旅団

（図：ゼーラント）

想像を絶した光景 レンベルクのソ連統合国家政治局収容所を取り囲む塀越しに同市の市民が見つめるのは、そこで殺された数千の無防備のウクライナ人の死体である。この市だけでも2,300人の男女と子どもがテロの犠牲になった。

恐怖

レンベルクは、前進するドイツ軍がソ連統合国家政治局による恐怖の爪痕に遭遇した最初の町である。

まだ事態を把握できない女性 彼女は、ずたずたになった死体の身元を衣服の断片によって何とか特定することができた。それは彼女の親族だった。

ひとり取り残された ボルシェヴィストの殺人テロによって両親を失い、絶望する少女を親切な隣人の両腕が優しく抱き抱えた。

大殲滅戦場の一角 キエフ大包囲戦の中で破壊または捕獲された大量の敵の兵器は、間違いなく敵の戦闘能力を弱めるだろう。こうした大損失は、英米が補給したとしても、とうてい埋め合わせられるものではない。

見渡す限りの残骸

キエフ東方で行なわれた大殲滅線の状況

さまざまな大きさの戦車 対独戦では、重量15トンの軽戦車から総重量52トンもの怪獣のような戦車に至るまで、さまざまな大きさの戦車が使われたが、どれも破壊される運命にあった。884両もの戦車が破壊または捕獲された。

1万5,000両ものソ連軍車両がキエフを取り囲む環状線における大混乱の中で放棄された。この数字はソ連の年間工業生産の相当部分を占めるはずだ。

驚くほどの量の軍事物資がキエフ周辺の戦場に置き去りにされた。ソ連の4連装機関銃も優秀なドイツ軍の武器の前に屈服した。

スターリン・ラインを突破するわが戦車部隊

それに歩兵がぴったりと後続する。

ほんの数分間、戦車隊司令官は車を降りて指示を与える。彼はまっすぐ前進し、自分の師団の先頭に合流すると、戦闘を待ついくつかの分隊の隊長たちに具体的な指示を与えた。

勝利への道 埃に包まれながら戦車が何両も何両も広大な東方面に向かって進む。破壊されたソ連の巨大な戦車が道路脇に置き去りにされる道を、ドイツ軍戦車隊が前進する。

ジトミルの市街戦 頑強に抵抗するソ連軍が今も町のあちこちに立てこもっている。重砲の助けを借りて道路を一本ごとに、街を一角ごとに確保していく。

次ページ：**ドイツ軍対戦車砲**がソ連軍戦車の動きを止め、石油を満載したトラックを炎上させた（撮影：宣伝部隊エミール・グリム）

ソ連の道……

これは何だ？ ドイツ軍オートバイが底なし沼に沈みかけている。これでもソ連では道路なのだ。根気強い運転手は何とか原形を回復しようと必死だ。

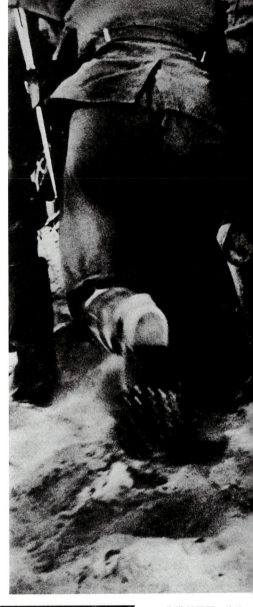

この先進行不可 砂地にはまってしまったトラックを兵士6人がかりで押し出す。

撮影：
宣伝部隊ベイセル
SS宣伝部隊ザーケル
宣伝部隊ネーゲル
宣伝部隊ヴェッテラウ

オートバイがもがく 砂地では、いくらアクセルを吹かしてもどうにもならない。人力だけが頼りだ。

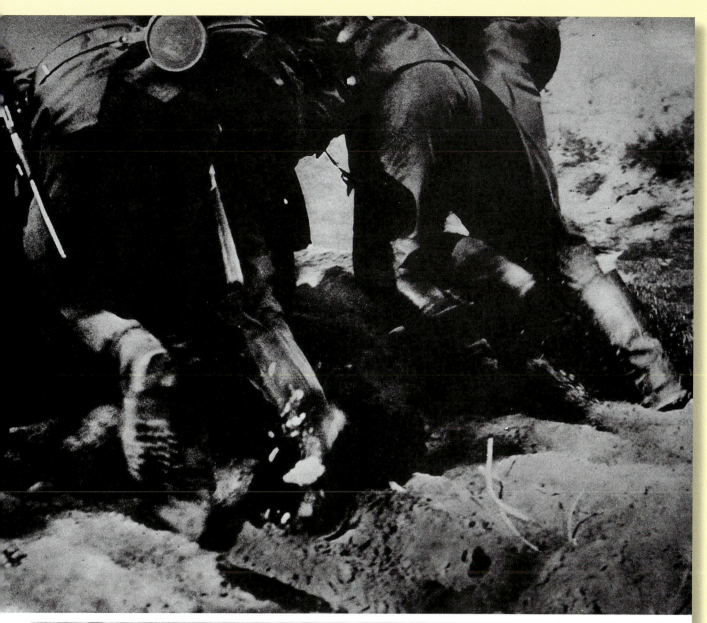

ぬかるみに50センチも沈んでしまった軍用車　運転手はそこから何とか脱出しようと必死になってエンジンをかける。

進軍と休息

「オレは不可能なことをやり遂げた」。東部戦線にいる多くのドイツ軍兵士が、軍事郵便に誇らしくこう書いてきた。絶望的な戦闘において、また道なき道を必死に行く中で彼らは、敵が不可能と考えることをやってのけた。彼らは、どんな命令にも最後の力を振り絞り、またわずかな休息ごとに、極度の消耗によって死んだように眠ることで心身を回復し、そしてまた次なる攻撃に向けて出発していく。
(撮影：宣伝部隊ヴァンダラー、宣伝部隊イェーガー)

＜フィーゼラー・シュトルヒ連絡機＞から見た東部戦線：果てしない捕虜の列が果てしない道を行く。

東部戦線の1日

砲台陣地に：
21センチ炸裂弾が到着した。

炸裂弾の発射：15センチ野戦榴弾砲から発射された炸裂弾が弧を描いて空に飛んでいく。　撮影：宣伝部隊前線特派員ハンス・ハブマン

21センチ榴弾砲発射の瞬間：砲手は左手で炸裂弾を発射すると、右手で耳を押さえた。

レニングラードを取り囲む"輪"

宣伝部隊前線特派員のハンス・ハブマンはこのほど、わが軍のレニングラード攻撃に従軍した。以下は、同特派員が送ってきたソ連最大の港湾都市レニングラード包囲作戦の様子である。

炎に包まれるクロンシュタット地区 レニングラードから29キロ離れたコトリン島に位置し、強力な海の要塞であるクロンシュタット地区は、バルト海におけるソ連軍にとって最後の、そして最も防備の厚い軍港であるとともに、レニングラードの目の前という戦略拠点でもある。クロンシュタットに対するドイツ軍の攻撃の模様を、ペテルゴフから撮影。

炎上するソ連船 ソ連船は、レニングラードに食料品を供給するために、狭い海上ルートを使ってレニングラード包囲網の突破を試みた。だが、ドイツ軍偵察機はすぐさまこの動きを察知、急降下爆撃機がソ連船を撃沈した。レニングラード近郊の村ウリルツクから撮影。

モスクワからレニングラードへの最後の道 この道もまた、わが軍の迅速な進撃によってドイツの手に落ちた。ドイツ軍歩兵部隊の進軍を阻止しようと、ソ連軍は闇雲な砲撃をくり返している。

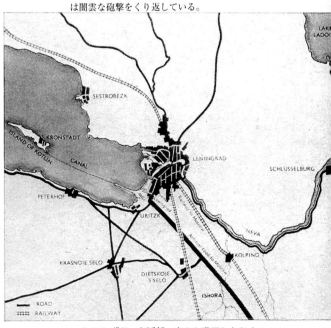

4キロの地点から撮影したレニングラード ウリルツク村に近いドイツ軍最前線からは、包囲されたレニングラード市がシルエットのように浮かぶ。左手には聖イサアク大聖堂がはっきりと見える。この人口200万の都市の工場の煙突からは今も煙が上る。だが、手前に見える車や市街電車はすでに戦闘地域にある。

レニングラード近郊 南から進軍したドイツ軍が市の周囲を遮断する一方、フィンランド軍が北からレニングラードを封鎖した。

ラドガ湖への入り口の古い要塞都市シュリュッセルブルク　この町が陥落したことでソ連は、水路を使ってレニングラードに補給するという最後の手段さえも断たれてしまった。こうしてレニングラードの"輪"が閉じた。教会の屋根にはすでにドイツ軍旗がはためいているが、ソ連軍はまだネヴァ川の対岸からレニングラードへの砲撃を続けている。

前進陣地での待機　強力に防備された工場都市コルピノに対面する陣地で、2人のドイツ軍兵士が最前線からの報告を無線で送っている。

ジョラ川の両岸で　ネヴァ川の支流であるこの川の土手には地雷が仕掛けられていた。ドイツ軍の兵士たちが、に鉄の付いた長い棒を使って地雷除去を行なっている。(撮影:宣伝隊前線特員ハブマン、図:ゼーラント)

偽装陣地で遠望するドイツ軍兵士　コルピノ周辺で何か敵の動きがないか、双眼鏡を用いて監視するドイツ軍兵士は片時も注意を怠らない。レニングラードを囲む輪は、こうして守られている。

「私たちは幸せです」 北アルザスにある親衛隊訓練キャンプで、部隊指揮官と話すコペンハーゲンからきた三人兄弟。彼らは、人種や健康に関連するすべての条件をクリアし、森に囲まれたキャンプの、男らしい野外生活を存分に楽しんでいる。

「新しいヨーロッパのために戦います」

《シグナル》はこのほど親衛隊に協力するゲルマン志願部隊を訪ねた。そこには、フランドル人、オランダ人、デンマーク人、ノルウェー人のほかに、あらゆるゲルマン国家からの志願兵が集まっていた。

親衛隊長の短剣に手をさし延べて、志願兵が誓いの言葉を述べる。 そのひとりは新生ヨーロッパへの戦いの先導者であるアドルフ・ヒトラーへの忠誠を誓う。写真左がノルウェー労働大臣秘書官のビヨルン・J、右がコペンハーゲン出身の電気技師、エルリング・H。

スポーツによって体を鍛える ここではほとんどすべてのオリンピック競技が実践されているといっても誇張ではない。障害物競走の勝者はこう語る。「この場所での時間は僕たちにとってまるで休日のようだよ。本当によい肉体訓練だ。確かにプロイセン伝統の厳しさもあるけど、ドイツ的統率には納得しているよ」

ドイツ語で行なわれる実践的な教科 訓練初日、ドイツ軍曹長が命令用語をドイツ語で示す。

初めてするドイツ式敬礼 右手を挙げて敬礼するのはカール・F。ベルギーのアントワープ出身の彼は、同国のライトヘビー級チャンピオンにもなったほどの、最も優れたアマチュアボクサーのひとりである。

天与の射撃の才能を持つオランダ人 これまでハーグでビジネスマンをしていたヨーゼフ・Kは、照準器を用いた狙撃の訓練を受けている。

徹底した軍事訓練により、最新の戦術も含めてあらゆることが志願兵に教えられる。兵士として成功するには、地面とカムフラージュ技術に精通することが不可欠だ。

1日で最も楽しいひととき 「ベロニカ」をはじめとするドイツ兵たちのお気に入りの歌をみんなで練習する。

Horses and tractors before shooting practice at the artillery training centre. The campaign on the Eastern Front has given the well-bred,

ヨーロッパ要塞

1941年12月は、二つの意味で第2次世界大戦の転換点となった。モスクワ郊外で起きたドイツ国防軍の敗北と退却は、彼らの無敵神話の終焉を意味した。この年も終わり頃になると、戦争は消耗戦の様相を呈してきた。それはドイツにとって負けることが運命づけられた戦争だった。とりわけ、日本が真珠湾を攻撃したのに続き、同じ月にヒトラーがアメリカに対し無謀な宣戦を布告したことで、その運命はさらに強まった。アメリカは、第三帝国がとうてい敵わないほど大量の兵器を生産することができた。ソ連とイギリスの武器生産もドイツを凌駕していた。もしヒトラーが部下の技術官僚が作成した数表にもう少し注意を払っていたら、不吉な兆候に気づいたに違いない。ヒトラーが勝つチャンスは1942年以外になかった。そのために彼は、ドイツ占領下のヨーロッパを鉄壁の要塞に変えようとした。だが、イギリス空軍とアメリカ陸軍航空軍が証明したように、不幸なことにその要塞には屋根がなかった。

アメリカとの戦い

1941年12月7日、日本の艦載機は、ハワイの真珠湾に停泊していたアメリカ太平洋艦隊を奇襲し、多大な損害を与えた。その4日後、日本の外相に与えていた口頭による約束の履行を決断したヒトラーは、アメリカへの宣戦を布告した。そのときヒトラーは、アメリカの軍事力を軽視していた。いずれにしても、アメリカはドイツではなく日本との戦闘に集中するだろうというのがヒトラーの考えだった。それは、第三帝国に破滅的な結末をもたらす誤算だった。ルーズベルトとチャーチルは、日本ではなくまずドイツを打破しなければならないということで意見が一致していた。

1920年代の後半ごろには、ヒトラーは、いずれドイツはアメリカと戦うことになるだろうと考えていた。その時がきたとき、ヒトラーはそれを好機と捉えた。「我々は今、3,000年の歴史において負けたことのない同盟国を持っている。我々がこの戦争に負けるわけがない」とヒトラーは、ドイツ外務省総統官邸駐在官を務めるヴァルター・ヘーヴェルに断言した。宣伝相ヨーゼフ・ゲッベルスも、「この機会を総統もことのほか喜んでいる。これは、最も真の意味における世界戦争である」と興奮気味に語っている。

短期的に見れば、日本の真珠湾攻撃はアメリカの軍事努力を分断することでアメリカを弱体化し、それがドイツ海軍のUボートに大西洋海戦に勝利する時間を与え、ひいてはイギリスとソ連へのアメリカの軍需物資の積み出しを遮断するようになるというのがヒトラーの考えだった。この考えに立てば、アメリカとの戦いは遅いよりも早い方が、つまり、アメリカが圧倒的な軍事力を持つ前の方がよいことになる。その上でヒトラーが出した結論は、アメリカとの戦争が始まる前にイギリスとロシアを"叩く"ことだった。

軍備競争

ヒトラーは、アメリカの軍事装備の生産が急増していることに気づいていた。1941年12月になると、アメリカの武器生産は、ドイツが凌駕するどころか比肩することさえ難しいほどの量に達していた。デッサウにあるユンカース航空機工場の工場長であるハインリッヒ・コッペンベルクは、そのことを憂慮したドイツで最初の技術官僚のひとりだった。ヒトラーの専属建築家であり、1942年2月に軍需相に任命されたアルベルト・シュペーアは、ユンカース航空機工場を訪れたときのことを次のように回想している。「コッペンベルクは鍵のかかった部屋に私を案内し、向こう数年間におけるドイツとアメリカの爆撃機生産の比較グラフを私に見せた。そこで私は彼に、『この気が滅入るような数字を見て、我々のリーダーたちは何というだろうか』と問うた。すると彼は、『だから問題なのだ。彼らはだれもこの数字を信じないだろう』と答えると、止めどなく涙を流した」

表向きヒトラーは、アメリカの政治指導者たち、そしてアメリカの経済的・産業的・軍事的な潜在余力を馬鹿にしていた。1940年ごろにヒトラーは、「アメリカから美人コンテスト、百万長者、ばかばかしいレコード、そしてハリウッドを取ったら何が残るというのだ」と大げさに尋ねた。もしヒトラーが真剣にそう考えていたとしたら、彼は自分が作り上げた虚構の中に生きていたといってよいだろう。1942年も終わりに近づくと、ドイツの軍需生産はドイツ、イタリア、日本の合計をすでに上回り、1944年になると航空機は5分に1機、商船は1日に50隻、そして航空母艦は1ヵ月に8隻を生産するまでになっていた。

これを別の数字で見てみよう。1942年、アメリカは4万8,000近い航空機を生産したが、その翌年になるとその数字は8万6,000近くとなり、1944年には11万4,000機以上に達した。それに対して、ドイツの航空機生産は、1941年が1万1,000機、1942年が1万5,000機にすぎなかった。その後、ドイツの航空機生産は1943年に2万6,000機、1944年に4万機と成長するが、この数字でさえ、同年にアメリカ、イギリス、ソ連が生産した航空機の合計機数の5分の1以下だった。

こうした違いは他の分野でも同様だった。ドイツ国防軍の統計を見ると、1942年から1944年までのドイツにおける戦車生産は年間5,000両から6,000両だったが、同時期、イギリスでは6,000両から8,000両、ソ連は約1万9,000両、アメリカにおいては1942年の1万7,000両から1944年には2万9,000両に増大している。他の武器生産も同様で、1943年における連合軍全体の機関銃生産は111万丁だったのに対し、ドイツのそれはわずか16万5,527丁だった。

ハンブルク：ハリファックス爆撃機（7人中6人死亡）

ドイツ西部：イギリス軍爆撃機（3人焼死）

ハンブルク：ランカスター爆撃機（8人全員死亡）

オランダ：ランカスター爆撃機（オーストラリア兵8人死亡）

ランダ：ランカスター爆撃機（オーストラリア8人死亡）

英仏海峡海岸：ランカスター爆撃機（8人中5人死亡）

英仏海峡：リベレーター爆撃機（全員死亡）

ハンブルク：イギリス軍爆撃機（全員死亡）

オランダ海岸：リベレーター爆撃機（10人死亡）

ハンブルク：ウェリントン爆撃機（6人中1人死亡）

北フランス：アメリカ軍爆撃機（全員死亡）

ハンブルク：〈フライング・フォートレス〉の残骸

ハンブルク：アメリカ軍爆撃機（10人中9人死亡）

ハンブルク：イギリス軍爆撃機（空中で撃墜）

英仏海峡海岸：アメリカ軍戦闘機（全員死亡）

オランダ：ランカスター爆撃機（8人中6人死亡）

ハノーファー：イギリス軍爆撃機（7人中6人死亡）

北フランス：イギリス軍爆撃機（7人全員死亡）

英仏海峡海岸：イギリス軍爆撃機の残骸

英仏海峡：ウェリントン爆撃機（粉々に破壊）

ハノーファー：ハリファックス爆撃機（7人中6人死亡）

英仏海峡海岸：スターリング爆撃機（撃墜）

北フランス：イギリス軍爆撃機（全員死亡）

オランダ：ランカスター爆撃機（8人中4人死亡）

ハンブルク：ウェリントン爆撃機（6人中4人死亡）

ハンブルク：ランカスター爆撃機（8人中3人死亡）

オランダ：リベレーター爆撃機（10人中9人死亡）

ハンブルク：イギリス軍爆撃機の残骸
大西洋岸：イギリス軍爆撃機（5人中1人死亡）

ハノーファー：ウェリントン爆撃機の残骸
英仏海峡：ゴムボートに乗った3人が救助された

イツ西部：イギリス軍爆撃機（8人中4人死亡）

"奴隷労働"

当初、多くのナチス党員たちはこうした受け入れがたい事実を認めようとしなかったが、軍需相に就いたシュペーアの奮闘にもかかわらず、第三帝国が軍需生産という最前線において決定的な敗北を喫しつつあることはしだいに確実なものとなってきた。戦争の初期は、きわめて速いスピード、奇襲作戦、そして画期的な電撃戦戦術などによって準備不足の対戦相手に"楽勝"し、何もかもうまく行ったが、こうした強みが効果を失うにつれてドイツが勝利する確率は徐々に低下し、最後は完全に消滅するのである。

ヒトラーが頻繁に政策の優先事項を変えたことも、状況を悪化させた。たとえば1941年7月、ヒトラーは新しい大洋艦隊の建造を命じるが、同時に、ドイツ空軍の規模を4倍に増強すること、また自動化師団の数を36に増やすことを要求した。ドイツ工業にそのような非現実的な要請に応えるだけの力はなかったが、ヒトラーの命令を否定することはできなかった。原料と人材の不足もまた、三つの主要な分野で敵の生産を上回るという目論見を挫いたのだった。

原料についていえば、第三帝国は恥も外聞もなく占領地域から収奪した。フランスが降伏すると、大量の原料が差し押さえられてドイツに運ばれた——たとえば、8万1,000トンの銅、1年分のスズとニッケル、そして備蓄していた相当量のガソリンとオイルといった具合だった。加えて、ドイツ軍は30万丁の小銃、4,000門の機関砲、400万発以上の炸裂弾、それに2,170両の戦車をフランス軍から獲得した。ドイツ軍は、この戦車の多くを戦争末期になっても使用した。

原料以上に重要だったのは、ドイツ経済を維持するために何としてでも必要だった労働力を、ナチス・ドイツ占領下のヨーロッパからドイツに提供させたことである。"見た目"に反して、第三帝国には全面戦争のための備えがまったくなかった。アメリカやイギリスでは何万という女性が男性に代わって工場労働に就いていたが、それに対してドイツは大きく後れをとっていた。ヒトラー自身、女性を戦時産業に徴用することに反対だった。女性の居場所は家庭、というのがヒトラーの信念だった。

戦時下のドイツでの外国人の徴用は1940年に始まった。その年の5月、110万人の戦争捕虜——ほぼすべてがポーランド兵だった——と外国市民がドイツで労働していた。10月になると、その数はさらに120万人増えた。ソ連への侵攻が始まるとさらに増大した。もっとも、1942年3月末までにドイツにおいて実際に労働させられたのは、ドイツが捕虜とした335万のソ連兵のわずか5パーセントだったが……。11月末になると総数は何と466万5,000人に上ったが、それでもなお十分とはいえなかった。

労働力不足がますます深刻化してくると、"筋金入り"のナチス党員であり、ヒトラー自ら第三帝国の労働問題の解決を任せられたフリッツ・ザウケルは、強制労働という方針に変更した。フランスで「強制労働局」が設立されると、1943年12月までに66万6,000人のフランス人労働者が強制的にドイツに移住させられ、これに22万3,000のベルギー人、27

生産ラインに並ぶ、<ハインケル He 111>。このときすでに、ドイツの航空機生産はイギリスとアメリカのそれを大きく下回り、ドイツ空軍は制空権をめぐる戦いに敗れつつあった。

万4,000のオランダ人が加わった。これらの労働力に加え、さらに、その年の9月、イタリアが連合軍に降伏すると、強制労働者として送還された65万のイタリア人捕虜が加わった。そのうちの最大5万人が栄養不良と病気で死亡した。それでもその数は増え続け、1944年の秋までには、800万人近い外国人が第三帝国で労働に就いていた。

武器貸与法と徴兵法

ヒトラーはもともと、ルーズベルト大統領が標榜していた"民主主義の兵器廠"になるというアメリカの野心を軽く見ていたが、アメリカの軍事力に対してはさらに過小評価していた。実際に参戦する前から、ルーズベルトは否応なく戦争に巻き込まれるときのために準備を進めていた。1940年、ルーズベルトはアメリカ海軍兵力の倍増を承認し、またアメリカ史上初の平時徴兵制を認めるよう議会に要請するとともに、カリブ海にあるイギリス軍基地を租借する代わりにアメリカの古い駆逐艦50隻をイギリスに提供し、さらに議会に武器貸与法を認めさせた。この法律は、アメリカの安全保障のために必要とされるいかなる国に対しても、アメリカの武器を販売、交換、あるいは無償で提供できる権限を大統領に与えるというものだった。

こうした動きの中で、アメリカの一般市民の日常生活に最も大きな影響を与えたのは徴兵法といってよいだろう。これによって徴兵年齢に達した約120万人が1年間の兵役に徴兵され、また1941年10月には80万の予備役が召集された。同じ月、アメリカ議会は兵役期間の延長を審議したが、賛否が拮抗し、わずか1票差で延長が可決された。

ヒトラーは、こうしたアメリカの動きをすべて知っていた。彼はまた、多くのアメリカ人が新たなヨーロッパの戦争に巻き込まれることを望んでいないことも知っていた。確かに大多数のアメリカ人は、ドイツとの戦争は避けられないというルーズベルト大統領の考えを受け入れようとしなかった。「アメリカ第一委員会」や「アメリカ非参戦委員会」は、こうしたアメリカの孤立主義を反映した団体であった。両団体には多数の会員とそれ以上に多くの同調者がいた。そうそうたる著名人の支持も得ており、たとえば史上初の大西洋単独横断飛行という栄誉に輝いたチャールズ・A・リンドバーグもアメリカ第一委員会最強のスポークスマンだったし、「ニューヨーク・デイリーニュース」や「シカゴ・トリビューン」の発行人であるシンクレア・ルイスや映画制作者のウォルト・ディズニーなども名を連ねていた。

「トーチ（たいまつ）作戦」

アメリカ人にとっての問題は、こうして調達した膨大な兵力をアメリカがどこで最初に使うかということだった――これはヒトラーにとっても大問題だった――ヒトラーが自ら「ヨーロッパ要塞」と呼んだドイツ防御網は、難攻不落と見ていた。1942年8月、イギリス軍によって行なわれた「ディエップの戦い」の惨状が彼のこの確信をさらに深めた。だが、一方のアメリカ軍指揮官たちは全面戦争の開始を強く求めていた。彼らは、ドイツの弱点は北ヨーロッパだけであり、北フランスからうまく侵攻できれば勝つチャンスはあると考えていた。

ルーズベルトは、このときだけ軍事顧問たちの考えに従わなかった。北フランスではなく、イギリス軍が作成した計画に従ってフランス領北アフリカから反攻軍を上陸させるというのがルーズベルトの決断だった。その作戦によって、連合国におけるアメリカの優位を強化するというのがルーズベルトの考えだった。もう少し打算的にいえば、枢軸軍の力が比較的弱い地域でアメリカ軍に最初の戦闘経験の機会を与えたいという思惑もあった。1942年7月25日、ルーズベルトは、アメリカ陸軍参謀総長であるジョージ・マーシャル将軍に、「トーチ作戦」の計画に従って「全速前進」を命じた。あわせて対独作戦指揮官に任命されていたドワイト・D・アイゼンハワー中将が作戦の全責任を負うことになった。

上陸は1942年11月7日に行なわれた。アメリカ軍とイギリス軍から成る2万人強の東方上陸部隊の任務はまずアルジェを奪還し、次いで東進してチュニジアに達することだった。また、1万9,000人のアメリカ軍で構成される中央上陸部隊はオランを急襲し、一方、西方任務部隊の2万5,000人のアメリカ軍はモロッコの大西洋岸に上陸した。上陸部隊は、ヴィシー・フランス軍の散発的な抵抗に遭ったが、フランスによる発砲停止命令によってそれもなくなった。

連合軍の"情報"に騙されたヒトラーの驚きは計り知れなかった。新しい戦車と兵員が急遽、輸送機と輸送船によってチュニジアに運ばれ、12月1日には、ゆっくりと進軍する英米第1軍に反撃する準備が整った。12月8日、ユルゲン・フォン・アルニム上級大将が、ヒトラーが大仰に第5装甲軍と名付けた部隊を指揮するために東部戦線から急ぎ到着した。

だが戦闘はなかなか終わらなかった。ヒトラーは、チュニジアを「北アフリカのヴェルダン」に変えるようドイツ軍に命令した。その後、カセリーヌ峠の戦いにおいて20両のアメリカ軍戦車を破壊するなどいくつかの戦術的な成功はあったものの、補給の不足による枢軸軍の崩壊は不可避の様相を呈した。5月7日と8日、ヒトラーはドイツ軍に最後の弾丸まで戦うよう督戦した。だがその2日後、同年1月末にチュニジア南部にまで退却していた第5装甲軍とロンメル率いるアフリカ軍団の残存部隊が投降した。こうしてチュニジア死守というヒトラーの目論見は、新たな軍事的失敗につながったのである。

日本の遠距離作戦能力

太平洋における革命的な空軍戦略

日本は今、東アジアの新秩序のために米英を相手に太平洋で果敢な戦いを展開している。太平洋こそ、世界史上かつてないほどの大規模な戦争の舞台といって間違いない。南北に長大な列島の日本が大胆に領土を拡張すれば、戦争の遂行、とりわけ航空戦に否応なく独自の法則を持ち込まざるを得ない。日本は早くから、この偉大な拡張に必要な固有の特質を自覚しており、それゆえに、そうした特質に適合するように様々な方法で軍備を増強してきた。日本が海軍航空隊の開発にとりわけ熱心だったのも、この文脈から考えればしごく当然のことだった。日本が、空母や航空機補給船に特別な関心を払ってきたのもそのせいである。こうした兵器は長距離作戦を可能にし、それゆえに広大な空間で行なわれる戦争の明白な手段となるのである。

失敗に帰した日本包囲

当初、東アジアにおいて今次大戦が勃発したときの日本の戦略的な立場は、決して有利なものではなかった。アメリカによって仕組まれた対日包囲網は、アメリカの統治下にある多数の島々が近代的な海軍・空軍基地として発展したことによって、ある程度可能になったといってよい。それらの島々の一部は、今もなお日本人の生活の場になっていることを忘れてはならない。加えて、イギリスもまた日本に対抗して東・南シナ海に明確な優位を行使してきた。

純粋に軍事的な視点で見れば、今次大戦勃発以前の状況は、当時のそれぞれの国の相対的な力を考慮すれば、おおむね次のように要約できるだろう。

ハワイ、フィリピン、その他の前進前哨基地を拠点とするアメリカ太平洋艦隊とそれに付随する空軍力は、パナマ運河を含むアメリカ西海岸の防衛をある程度保証した。空からの攻撃は、太平洋にあるアメリカ軍基地を脅かすことがせいぜいで、アメリカ大陸が危険にさらされることは滅多になかった。アメリカ艦隊が無傷でいるかぎり、日本の航空母艦がアメリカの勢力範囲に深く侵入することは不可能だと思われた。

こうした状況は南西太平洋においてもまったく同様だった。この地域には、インドからマレー諸国を経てオーストラリア、ニュージーランドに至るイギリスの権益圏があったからである。この地域においても、日本が直接的な脅威を及ぼす可能性はきわめて小さかった。

一方、香港、フィリピン、あるいはグアムから日本が受ける脅威は、決して「幻の話」ではなかった。こうした地域から日本への飛行距離は確かに遠く、日本への大規模な空襲の可能性は低いとはいえ、強力な英米の海軍力が日本を封鎖し、阻止する可能性は無視することができなかった。

こうした状況は、米英に対して日本軍の行動が起こした闘争の最初の数週間で、決定的に変わったといってよい。グアム、ウェーク、フィリピンのアメリカ軍基地を奪取し、また香港のイギリス軍事施設を迅速に占領したことで、日本の生活圏における最も重要な敵の拠点が除去され、とりわけ、航空戦が様変わりした。この新たな状況がもたらした反応は大きく、ヨーロッパの戦争にも影響を与えたほどである。

空母の「猟場」

太平洋における距離の長さは、ヨーロッパの基準で考えればとても戦争を行なえるようなものではなかった。それはまた、日本の成功によって縮まったわけでもなかった。とはいえ、日本海軍は、真珠湾攻撃によってアメリカ太平洋艦隊を相当弱体化させ、そして戦艦〈プリンス・オブ・ウェールズ〉と巡洋戦艦〈レパルス〉を同時に撃沈して、東アジアにおけるイギリス海軍の中核戦力を撃破したことによって、行動の自由を得るとともに、攻撃作戦を遂行するためのあらゆる面で優勢になった。日本の空母艦隊は今や、太平洋の最遠沿岸部で航空戦を遂行できるようになった。太平洋において現在のように相対的に優位になった日本の空母の効果をあなどってはいけない。日本海軍は自分達が裁量できるかなりの数の高速空母、それに数隻の航空機補給船を保有しており、これらを使って艦載機による攻撃が可能となる。これらの空母艦隊を、太平洋において米英連合軍の海軍力に完全に対抗できるようにするためかなりの数の軍艦が支援する。この艦隊のおかげで、日本の空母は太平洋の最も遠距離の海岸への航行が可能になった。

日本はこれまでにも、さまざまな機会を通じて空母の重要性を示してきた。日本海軍は、空母はある意味で艦隊の"かざり"、つまり偵察活動を行ない、また単に海軍の中で艦隊防空を遂行するだけという古い見方を打破してきた。それどころか、空母自体を強力な攻撃手段と見なし、実際、そのように使ってきたのである。日本の成功は、こうした革命的な戦術を使えば、艦隊をさらに違った形で活用できることをいみじくも証明した。日本の空母群が決定的な役割を果たしたのは、日本の空母から発進した爆撃機や雷撃機がアメリカ艦隊を粉砕したハワイ作戦ばかりではなく、さまざまな上陸作戦においても同様だった。

日本の空母艦隊は、日本海軍に機動力と遠距離侵攻能力を与えた。それは長距離にまたがる軍事作戦においてとりわけ有効である。日本海軍の機動力は、敵にとってことのほか危険であろう。なぜなら、日本にとって太平洋は、まさに古典的な意味での内線における戦闘の有利性を提供しているからである。そのおかげで日本は、太平洋のどの辺境においても攻撃作戦を戦闘機で支援することができる。それに対して敵は長大な距離のせいで、その空

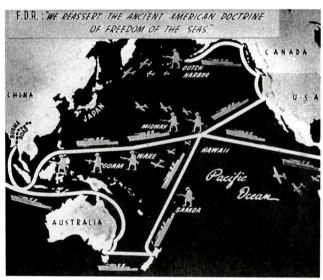

フランクリン・D・ルーズベルトはこういった。「我々は、"海の自由"という古来のアメリカの教義をもう一度主張する」(「*United States News*」1941年6月6日号より)。ここでいう「自由」とは、銃剣、空軍力、海軍力によって日本を完膚なきまでに圧倒することにほかならない。

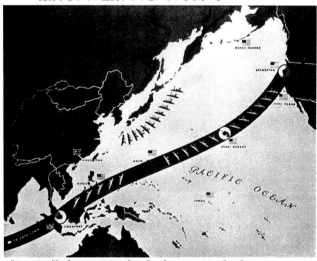

「アメリカ海軍はいかにして枢軸軍と戦うか」
アメリカ軍基地とイギリス軍基地との間の黒い線は、日本がここで封鎖され、また優越する米英連合艦隊に圧倒されたことを示している。(「*United States News*」1941年8月8日号より)

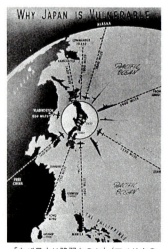

「なぜ日本は脆弱なのか」(アメリカの雑誌「ルック」1941年1月7日号より)。ここには対日本全包囲網が描かれている。日本に対する軍事的・経済的締め付けは簡単だと思われていた。

軍の防衛力を広範囲かつ迅速に動かすことができない。だから、仮に米英の相互支援体制によって日本の空母による奇襲を回避しようとしても、

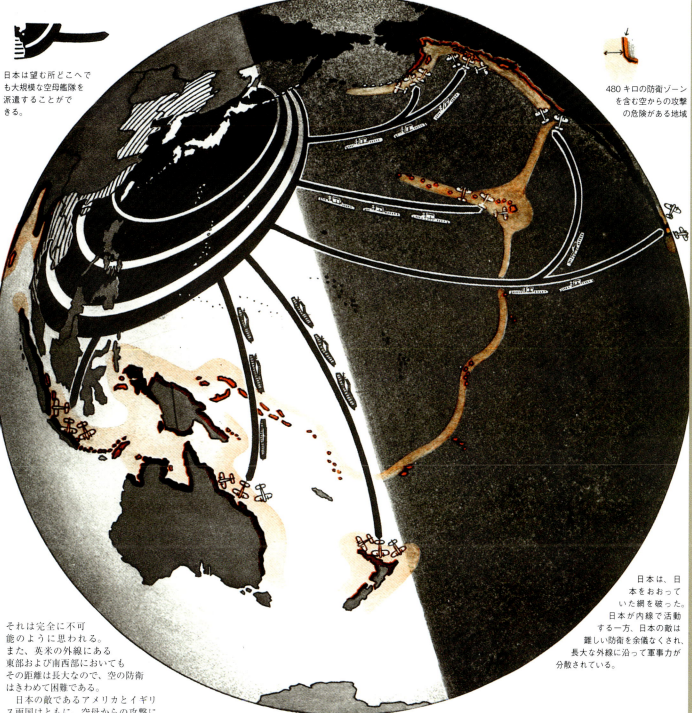

日本は望む所どこへでも大規模な空母艦隊を派遣することができる。

480キロの防衛ゾーンを含む空からの攻撃の危険がある地域

日本は、日本をおおっていた網を破った。日本が内線で活動する一方、日本の敵は難しい防衛を余儀なくされ、長大な外線に沿って軍事力が分散されている。

それは完全に不可能のように思われる。また、英米の外線にある東部および南西部においてもその距離は長大なので、空の防衛はきわめて困難である。

日本の敵であるアメリカとイギリス両国はともに、空母からの攻撃に対応できる長大な海岸線を有していた。彼らは、自分たちの力を過信しているため、このことをほとんど考慮してこなかったから、今次大戦の前に計画された彼らの空域防衛体制は、今日の航空戦における戦略環境の変化においては、まったく不十分といわざるを得ない。

防勢を強要される

アメリカにとって、西海岸に沿って日本海軍の空からの攻撃に対して効果的な防御を図ることがどのような意味を持つかは、アメリカの空軍力がカナダをも防衛しなければならないことを悟ったとき、より明確になるであろう。アラスカとカリフォルニアとは緯度にして約30度も離れており、その海岸線は約4,000キロにも及ぶ。加えてパナマ運河に隣接する地域も防衛しなくてはならない。

アメリカ西海岸を最低限防衛するためには、アメリカでだれも想像すらしなかったような何千機もの戦闘機と爆撃機が必要になるだろう。そうした航空機と何千もの高射砲、サーチライトなどは、もともとイギリスのために用意されたものである。また、ほかの場所に配置することができた、あるいはアメリカの軍需産業で雇用することもできた何千人もの男が監視に当たらなくてはならなくなるだろう。このことは、南西太平洋のイギリス軍にも当てはまる。もしイギリス軍がマレー諸国から撤退するようなことになれば（それはすでに始まっているが）、空軍力によって何としてでも防衛しなければならない広大な地域が後に残る。マレー半島やその他の地域での戦闘によって、この地域における準備がいかに遅れ、かつ航空機や機材を東に送ることがイギリスにとっていかに難しいかが明らかになった。日本の空軍力に対抗するためには、イギリスが使用可能な空母部隊はあまりにも貧弱であり、増援も難しかった。

まさにアメリカとイギリスにとって最も不愉快なことが起きたのである。太平洋は空の戦争の舞台になり、まったく同じではないものの、ヨーロッパも同様だった。日本の空母から飛び立った数百機の航空機によって、多数の航空機の使用を伴う膨大な空の防衛システムの開発が不可欠であることがはっきりした。しかも、こうした航空機は、通常は休ませておくしかない。というのも、この地域における長大な距離のせいで、これらを日本への攻撃に使うことはできないからだ。

こうした状況がヨーロッパの戦争の舞台に与える影響は明白である。向こう2、3年において英米が達成を望むこと——たとえば優勢な空軍力を用いていずれドイツと対決すること——は、はるか彼方に遠のいたといってよいだろう。

世界的な重要性を持つ政治決断の記録

《シグナル》はここに、三国同盟のパートナーの一つである日本の戦況を伝える写真を掲載する。これは、無線によって伝送されたもの以外では初めてのものである。これらの写真は、曲折を経てヨーロッパにもたらされたものであり、きわめて稀な不滅の記録といってよい。また、昨年12月第2週以来、世界中が固唾を飲んで見守っている日本の快進撃の公式記録を補完するものである。

日本の戦勝を発表する大平秀雄大佐 大日本帝国大本営報道部長大平大佐みずから、ハワイ、香港、シンガポール、ジャワにおける勝利が、ビルマ、さらにはソロモン諸島から世界中に広がっていることを発表した。簡潔明瞭さと信頼性が彼の発表の特徴である。

アメリカ太平洋艦隊の"墓場"と化した真珠湾 1941年12月8日未明、日本の艦上爆撃機と艦上攻撃機は厚い雲がおおう空から、真珠湾内のフォード島に停泊するアメリカ海軍の戦艦を目指して降下した。同時に、日本の潜水艦が機雷攻撃を突破してアメリカ戦艦群を攻撃した。空中に上がった大きな水柱は、海軍史上空前の破壊活動の最初の印となった。

「ワレ奇襲ニ成功セリ」 これは、攻撃開始から30分後に攻撃隊長から艦隊司令部に発信された通信文である。この写真がまさしく示すように、先頭にいるアメリカ戦艦〈オクラホマ〉は魚雷の攻撃を受けてすでに沈みつつあり、後続の2隻も爆撃を受けて激しく爆発している。またそばにある2隻は傾きはじめて、石油が流れ出している。一方、岸壁にある石油タンクも爆発している。しかも、日本軍は攻撃の手を緩めない。

ルーズベルトは世界の帝王か？

《シグナル》では今号からルーズベルトの政策に関する連載を開始する。連載1回目は、アメリカによる"ドルの帝国主義"の魔手が今どのように世界を侵食しているかを明らかにし、第2回では、アメリカ人の戦争への熱意を扇動しようとするルーズベルトの目論見が果たしてうまく行っているのかを検証する。そして第3回では、「アメリカは世界の支配者になれるか」という疑問に答えようと思う。

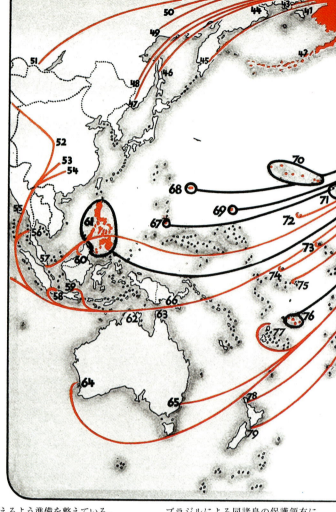

アメリカで発行される政治雑誌ではおそらく最良といわれる『カレント・ヒストリー』誌は最近号で、バシル・C・ウォーカーによる「アメリカの運命」と題する記事を掲載した。同誌は、「ニューヨーク・タイムズ」紙の発行人によって発行され、同紙の購読者に配布されている。

「我々の時代がきた」

この記事でウォーカーは、大胆な決断によって現況を掌握し、アメリカ人が望むような世界につながる道に向けて"事を仕掛けていく"ことがアメリカの任務であると書いている。かつて「パクス・ロマーナ」、「パクス・ブリタニカ」が謳われたように、アメリカ人が関心を持つべき唯一の平和は「パクス・アメリカーナ」である。イギリスを助けることが主敵の消耗につながっていると彼はいう。アメリカの歴史は常に、アメリカが担うべき役割のための準備の歴史である。今日の世界の発展は、リーダーとしての立場にふさわしい唯一の国家としてのアメリカ像を指し示している。だがそれは、ヨーロッパないしヨーロッパ的秩序を救済するためではなく、いま始まろうとしているアメリカの新時代における全世界に住むすべての自由な人民のリーダーになるためである。アメリカ人がためらう時間が長くなればなるほど、任務はさらに困難さを増し、そして流血を伴う機会が増える。迅速な決断こそ最も賢明である。「アメリカ人の時代が来た。一刻の猶予もなく、今こそ前に進むべきだ」と、ウォーカーはいう。

アメリカを代表する政治月刊誌が掲載したこれらの文章は、我々が想像していたルーズベルトの真の狙いを端なくも明らかにしている。それは、民主主義の防衛でも、また西半球の防衛でもなく、"侵略者"に対する防衛でもなく、いま純粋かつ単純に世界支配、そう世界の経済的・政治的征服にほかならない。言い換えれば「パクス・アメリカーナ」とは、ワシントンによる世界征服以外の何ものでもない。それはちょうど、「パクス・ブリタニカ」が、自分自身の発展を許されなかったロンドンの地球上の拡大への関心を前提とした体制と同義語であったことと同じである。

バシル・C・ウォーカーが自身の論文で明らかにしたことは、単にドイツに対するだけではなく、全ヨーロッパと偉大なアフリカの領土に対する侵攻作戦の計画であり、また、ひとり日本だけでなく、全アジアおよび東南アジア諸国に対する計画である。南米諸国が北米の"兄貴分"の単なる政治的隷属者に成り下がっていることも、ドイツにとっては大きな関心事である。なぜなら、これらの国々は古くからドイツと友好的な関係を維持してきたからである。イギリスは別として、残るヨーロッパは、常にモンロー主義を尊重してきた。我々は常に南北アメリカの国々に、彼らの問題は彼らで解決するべきだとの考えを守ってきた。我々は決して干渉を望まない。

だからこそ今、結果としてヨーロッパと東アジアは"自分自身のモンロー主義"の尊重を要求する。アメリカが西半球防衛のためにできる限りのことをしようとしているのはアメリカの問題である。だが、西半球の中央アフリカやバタヴィア、それにウラル山脈まで含めるとなれば、子どもさえ納得しないだろう。ルーズベルトの望みは"世界の帝王"になることである。彼はまるで、全世界を自分の帝国主義的野心実現の場と考えたルイ14世と同じ役割を演じたいと願っている。

二つの世界勢力はやがて消える

ルーズベルトは立派なことに、2年前、いや1年前でさえだれも想像しなかった二つの成功をすでに手にしたという。現代における二大勢力のイギリスとソ連は、その指導的な立場をアメリカの裁量に委ねており、日に日にアメリカへの依存度を強めている。今日、これら二大強国はアメリカに支援を乞うており、そのためには彼らにとって最も大切な所有物、つまり独立さえ放棄しても構わないと考えている。にわかには信じられないかもしれないが、多くのイギリス人がそういっている。イギリスとソ連は、アメリカの助けがなければ、卓越したエネルギーによって自らを守っているヨーロッパの中で際立つことができないことを自覚している。というのも、この小さなヨーロッパは共産主義の恐ろしい危険に断固として、執拗に、そしてひるむことなく立ち向かっているからだ。そしてユーラシア大陸の東の果てでは日本が注視し、沈黙し、耐え、そしてそれぞれの動きに対抗手段によって応えるよう準備を整えている。

だが、両方とも今は手一杯である。一方はソ連との戦争で忙しいし、もう一方は重慶政府との戦争に追われている。だからこれら両国とも、あたかも自由になったときのように自分たちの身を効率的に守ることができない。こうした状況をうまく利用してルーズベルトは、ヨーロッパと日本を包囲し、両国を窒息させるための縄を首にかけようとしている。ルーズベルトは、日本への攻撃を開始するための足がかりになるのであれば、ソ連との連携も辞さない覚悟なのだ。

アメリカは、世界各地に自らの拠点を設け、それによって、ヨーロッパと東アジアへの攻撃の始点にしたいと考えている。アメリカは、自分の狙いを実現するためには、経済的圧力、軍事力、政治的陰謀、文化的宣伝など、いかなる手段の行使をもいとわない。いま世界を見れば、その証拠はあらゆるところに見られる。

大西洋をまたぐ"飛び石"

『ニューヨーク・タイムズ』紙の報道によればアメリカは、アゾレス諸島の保護領有をブラジルに仕向けているという。その背後に、北アフリカ西海岸に浮かぶ同諸島に対するアメリカの明確な権益があることを見て取ったポルトガルが決然たる態度を取ったことで、アメリカは用心するようになった。

たぶん、同じポルトガル語を話すブラジルによる同諸島の保護領有に対しては、ポルトガルも敵対的な心理はあまり持たない、というのがアメリカ人の考えである。アメリカによるこの提案は、ヨーロッパにおける小さな宗主国と、南米における大きな旧植民地との間に不協和音と相互不信をもたらすだろう。ヨーロッパと南米の関係をくつがえすあらゆる試みも、アメリカにとっては大歓迎なのである。だが、ポルトガルは一貫してアゾレス諸島、カーボベルデ諸島、マデイラ諸島の守備隊の増強に努めてきた。アメリカはまだあえて武力を行使しようとはしていない。というのも、もしこのヨーロッパの小国に力を行使すれば、その明確な意図がさらに明確になってしまい、したがってブラジルが否応なく前面に立たざるを得ないからである。

一部がスペイン領になっているこれらの諸島の領有は、全体主義国家の侵略から南米を守るという以上の意味を持っている。より重要なのは、アメリカがこれらの諸島を支配すれば、とりもなおさずそれは、ヨーロッパとサハラ以南のアフリカの間の海上ルートをアメリカが支配できることを意味する。アメリカは、南米がドイツにもイタリアにも脅かされていないことをよく知っている——アメリカの狙いは、大西洋にまたがる"飛び石"を獲得し、それによって南西ヨーロッパに対する攻撃を可能にするだけでなく、アフリカに対する影響力を拡大することであ

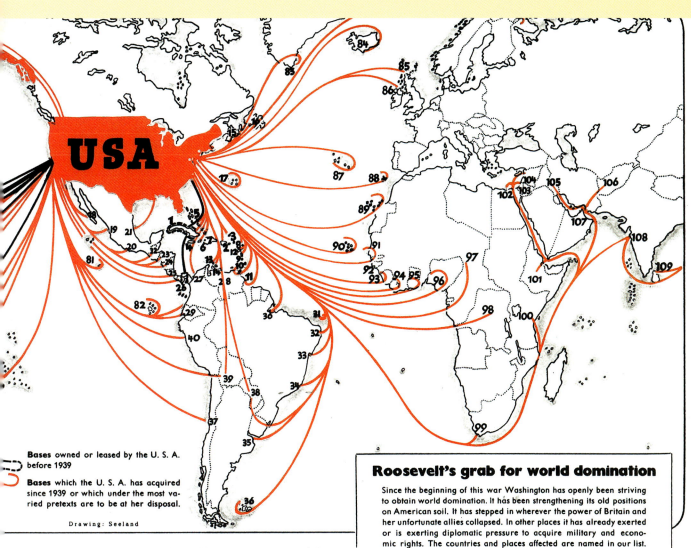

Bases owned or leased by the U. S. A. before 1939

Bases which the U. S. A. has acquired since 1939 or which under the most varied pretexts are to be at her disposal.

Drawing: Seeland

Roosevelt's grab for world domination

Since the beginning of this war Washington has openly been striving to obtain world domination. It has been strengthening its old positions on American soil. It has stepped in wherever the power of Britain and her unfortunate allies collapsed. In other places it has already exerted or is exerting diplomatic pressure to acquire military and economic rights. The countries and places affected are named in our list.

West Indies
1 Guantanamo (Cuba)
2 Puerto Rico
3 Virgin Islands
4 Jamaica
5 The Bahamas
6 Haiti
7 San Domingo
8 Antigua
9 Santa Lucia
10 Trinidad
11 British Guiana
12 Martinique
13 Aruba
14 Curaçao

Canada and the Bermudas
15 Halifax
16 Placentia Harbour
17 The Bermudas

Central and Southern America
  MEXICO
18 Santa Margarita
19 Acapulco
20 Salina Cruz
21 Vera Cruz
22 GUATEMALA
23 FONSECA BAY
24 NICARAGUA
25 COSTA RICA
26 PANAMA
27 COLUMBIA
28 VENEZUELA
29 ECUADOR
  BRAZIL
30 Marajo (mouth of the Amazon)
31 Fernando de Noronha
32 Pernambuco
33 Bahia
34 Rio Grande do Sul
  ARGENTINE
35 La Plata

36 FALKLAND ISLANDS
  CHILE
37 Valparaiso
38 PARAGUAY
39 BOLIVIA
40 PERU

Alaska
41 Nome
42 Dutch Harbour

Siberia
43 Providentia
44 Anadyr
45 Petropavlovsk
46 Alexandrovsk
47 Vladivostok
48 Chabarovsk
49 Ochotsk
50 Verchme-Kolymsk
51 Irkutsk

South Eastern Asia
52 Lanchu
53 Chungtu
54 Chungking
55 Rangoon
56 Thailand
57 Singapore
58 Batavia
59 Surabaya
60 Brunei (British Borneo)
61 Manila

Australia
62 Port Darwin
63 Thursday Islands
64 Fremantle
65 Sydney
66 PORT MORESBY
  (British New Guinea)

South Seas
67 Guam
68 Marcus Island
69 Wake Island
70 Midway
71 Hawaii
72 Johnston

73 Palmyra
74 Howland
75 Enderbury (Phoenix Islands)
76 Tutuila (Samoa)
77 Fiji Islands
78 Auckland (New Zealand)
79 Wellington
80 Tahiti
81 Clipperton
82 Galapagos

The Atlantic
83 Greenland
84 Iceland
85 Northern Scotland
86 Northern Ireland
87 The Azores
88 Madeira
89 Canary Islands
90 Cape Verde Islands

Africa
91 Dakar
92 Bathurst
93 Freetown
94 Liberia
95 The Gold Coast
96 Nigeria
97 French Equatorial Africa
98 Belgian Congo
99 Cape Town
100 Kenya
101 Abessynia
102 Egypt

The Near East
103 Palestine, Transjordan
104 Syria
105 Iraq
106 Afghanistan
107 The Bahrein Islands

India
108 Bombay
109 Trincomali

Arctic Ocean
110 Murmansk

る。西アフリカにおける橋頭堡の確保、これこそがアメリカの望みなのである。

ヨーロッパ包囲網

ヨーロッパ包囲網を遂行するために、アフリカ沿岸の比較的重要でない港湾にはアメリカの領事が駐在し、定期航空路が開設され、また船会社は船の就航を増やした。1940年のアメリカの対アフリカ貿易は、前年比約40パーセント増えた。1939年以来、アメリカはアフリカに対し、軍隊装備用の武器と物品を輸出し続けている。この事実は、アフリカにおけるフランス帝国の一部、つまりフランス領赤道アフリカがヴィシー政府と決別し、ドゴールとともに戦っている人たちの支配下にあることを考えれば説明がつく。フランス領赤道アフリカから、同様にヨーロッパに対して敵対的なベルギー領コンゴを越えて、イギリス支配下のエジプト領スーダンにかけて、またケニアからアフリカ東岸の突出部にかけて、アメリカの警戒線が、エジプトを越えてパレスチナ、トランスヨルダン、そして抑圧されてきたシリア・イラク領土に向かって北に伸びている。

一方、アメリカから東に向かって全ヨーロッパをおおうように伸びる触手は、東アジアを抑えるために太平洋、インド洋、紅海を経て西に伸びる触手と合流する。バーレーン諸島の油田地帯においては、アメリカ資本がイギリス軍とインド洋、紅海を航行する船舶に対して石油を供給している。ペルシャ湾からはヨーロッパ包囲網が伸びて、インドをも包含している。ここにおいては、中間的なリンクであるトルコとイランは抜け落ちている。仮にこれらの国々が中立の維持を熱望したとしても、英米両国がイランの主権を尊重しないだろう。なぜならアメリカは、かつてイラクとシリアに対しても同様のことをしてきたからである。例によって「イラン在住ドイツ人のイギリスに対する陰謀」は単なる口実である。イラン政府が、650人のイラン在住ドイツ人の行動はすべての観点において正しく、脅威など論外だと公式に発表しているにもかかわらず。いろいろな口実を駆使して、アメリカとイギリスはアフガニスタンに、対ヨーロッパ戦線に加わるよう誘導しているのだ。

ヨーロッパはアメリカの経済植民地か？

金の生産という決定的要素を有する南アフリカ連邦は、金に対するアメリカの購買意欲に完全に依存している――というのも、今日、同国の農産物には実質的に市場性がないからだ――また、サハラ砂漠以南に位置する同国周辺にとって、アメリカは唯一の"頼りになる"顧客であり、したがってアメリカの支援が緊

急に必要である。これらの事実を念頭に置けば、アメリカの意図が全アフリカを自国に依存させることであり、最終的にはこの大陸をアメリカの経済的、ひいては軍事的・政治的支配のもとに置くことにあることも、明瞭に納得できるに違いない。

アメリカの技術者や熟練工事者が飛行場、着陸施設、居住施設などをアフリカに建設した（南ダカール、英領ガンビアが好例）、リベリアで介入が発表された、グリーンランドやアイスランドの占領は既定の事実である、北アイルランドでアメリカの専門家が空軍基地を建設している。このところよく耳にするこうしたニュースを知れば、アメリカがドイツやイタリアのみならず、イギリスを含む全ヨーロッパを力で制圧しようとしていることが、単に疑惑の域を越えて真実であるとよくわかる。ヨーロッパが食糧供給においてアメリカの善意に依存しており、同時にアメリカが軍事的懲罰さえも与えることができると証明することが、アメリカの望みなのだ。イギリスも含めてヨーロッパは今、アメリカに従属する経済植民地に変身しようとしており、個々のヨーロッパ諸国間の差異が消えようとしている。

最後に、アメリカが見せているソ連——この国の企みはヨーロッパの文化的思考をいつの日か破壊すること——に対する無条件の支持に誰かが気づいたとき、ヨーロッパは一体となって共通の運命に立ち向かい、そして共通の生存権を持つ共同体になるだろう。

アジアに伸びるアメリカの触手

大西洋と同様に、アメリカはアジアの権益も虎視眈々と狙っている。ここでも、日本と満州国、中国南京政府、フランス領インドシナ、タイの同盟国・友好国は、アメリカの圧力にさらされている。アジアでもルーズベルトはその支配の強化に努めている。軍事的・政治的・経済的な自己の裁量になるすべての力と手段を使ってアメリカは、東アジアにおける指導国日本を包囲しようとしている。

ヨーロッパにおいて武力によって手ひどく圧迫された共産主義国ソ連が、アメリカとの隷属的な関係に逃げ込んで以来、ルーズベルトは北方から日本に近づくこともできるようになった。これは今まで非常に不完全なものだった。北東シベリアの東端とわずか数マイルにあり、橋の役割を果たすアリューシャン列島によって北東アジアとつながるアラスカは、もう何年も前からアメリカの重要な空軍と海軍の基地になっていた。アリューシャン列島最大の島のひとつであるウナラスカ島のダッチハーバーは、ハワイ諸島で最も重要な島であるオアフにある真珠湾と同等の役割を担っている。

これまで北太平洋では、実質的な進展はまったくなかった。なぜなら、頻発する嵐と厚い霧がアリューシャン列島とアラスカ南岸の戦略的価値を減じていたからである。だが今や、見返りなしには共産主義者を支援しないと決めたアメリカは、彼らに北東シベリアにアメリカのための基地をつくるよう要求している。アメリカが公式的な協定によって共産主義者への支援を約束したことを考えると、アメリカ軍が、オホーツク海に面しアムール川の河口に面する町カムチャツカにすでに上陸した、あるいは上陸するだろうと見て間違いない。もしかすると、すでにウラジオストクに到達しているかもしれない。アメリカは、アジア大陸を横切るこのルートを通じて、日本の影響圏にまったく触れることなく空軍部隊をこの地に運ぶことができた。結果としてアメリカは、日本の心臓部に容易に近づける地歩を得るだろう。ここで忘れてならないのは、南北に長いサハリン島の北部のアムール川河口に近い地域はソ連に、南部は日本に帰属していることである。

一方、太平洋中央部においては、優越性を目指すアメリカの野心はますます明白になっている。ハワイからフィリピンに至る"橋"に対しアメリカは、1946年以降の"まやかしの自由"を約束した。今日、タイにまで伸びているこの橋は、アメリカの一貫した狙いの証明である。ジョンストン島（ハワイ諸島の南西）とパルミラ島（同じく南）では、アメリカ軍基地が8月15日に完成した。さらに南西方面に目を転じれば、フェニックス諸島のハウランド島とエンダーベリー島においても建設工事が進んでいる。サモア諸島のツツイラ島のアメリカ海軍・空軍基地は数年前に完成した古いものである。アメリカはさらに、イギリス領フィジー諸島を経由してニュージーランドとオーストラリアに至る"橋"も完成させており、そこから北にフィリピンの方向にはミッドウェー、ウェーク、マーカス、グアムで基地建設が進んでいる。

フィリピンのマニラ湾に浮かぶコレヒドール島、また同湾に面するカビテでは、アメリカ軍の基地建設が急ピッチで進んでいる。アメリカ政治の単なる道具に成り下がっていたオランダ領東インドのジャワには、今やアメリカの爆撃機が飛来している。ボルネオでも飛行場建設が進んでおり、完成すればシンガポールを南シナ海から守る役割を担うことになるだろう。シンガポール自身、緊急事態が起これば、アメリカの海軍・空軍力による防衛に頼らざるを得ない。

アメリカ、イギリス、イギリス領インド、オランダ領東インド、中国の重慶政府、オーストラリア、それにニュージーランドを含めた軍事同盟の存在は、今や極東における公然の秘密である。アメリカ主導で行なわれているこの協力関係に関連して、アメリカが中国南西部における飛行場のために4,000万ドルを用意していることを忘れてはならない。貴陽と

その他の中国南西部の諸地域に600機の航空機を配備し、200人のパイロットを派遣するのが米英両国の計画である。加えて、ルーズベルトが派遣したモスクワ駐在全権大使ホプキンスは、ソ連と重慶政府との間の軍事同盟の締結を提案した。さらにソ連は、英米の支援を得て、トルキスタン・シベリア鉄道から天山山脈を越え、中央アジアを経て、甘粛省蘭州に至る鉄道支線の建設を始めようとしている。

タイ、インドシナ、そしてビルマの中国国境地帯では、石油集積場、航空機格納庫、生活拠点の建設が、アメリカ資本を使ってアメリカ人エンジニアによって進んでいる。シンガポール、マレー諸州、ビルマにおけるイギリス軍部隊の増強は、タイに対しても英米の準備が進んでいることを明確に物語っている。それはタイのような小国に対しては、イラクに対したものと同様の、またインドやエジプトに対して長年にわたってイギリスが与えてきたのと同様の脅威となることは間違いない。日本とタイムリーな協約を結ぶことで、また日本とフランス両国の利益の保護を求めることで、フランス政府はインドシナを英米の介入から守った。タイもまた、その最後の行動が示すように、日本に付くことに傾いている。

中国で頑強に抵抗する蒋介石に輸送機を提供したことにも、また最近ではイギリスとアメリカが、それぞれ1,000万ポンドと5,000万ドルの追加支援したことにも、"裏"があることは明白である。蒋介石はいわば、東南アジアにおける日本の地位を脅かすための中国大陸における英米の短剣であり、今すぐ取り除かなければばならない。アメリカにとって重要なことは、中国市場の巨大な可能性を自国の経済帝国主義によって搾取するために拡大することである。この計画が成功すれば、蒋介石は自分の義務を果たしたあとは引退することができる。ちょうどイギリスが賢明な勢力均衡政策と強力な敵対者に対しては常に弱者を支援することによってヨーロッパの無力化を図ったように、今日、アメリカはアジアに対して賭けを行なっているといってよい。アメリカはいま弱体化したソ連と、実績と強さによって極東においてリーダーシップを獲得した日本に対抗するために、蒋介石をうまく利用しているのだ。

それでもなぜ自国の問題から逃げるのか

アメリカは、ヨーロッパと同様に、極東諸国が自らの正当な要求を希求していることを全力で阻止したいと望んでいる。もしこのことが起きれば、アメリカの注意は否応なく自国自身の問題に向かうだろう。アメリカにおいては古いやり方では解決ができない問題や課題が山積している。だからこそ、あらゆるところに介入し、あらゆる場所を"ルーズベルト印"の付いたアメリカ帝国主義の戦場にする方が簡単なのである。

たとえ、イギリスに属する国々がアメリカの"臣下"に自発的に甘んじたとしても、ヨーロッパと東アジアという文化のふるさとが、何でもドルを基準に考え、また文化といえばせいぜいハリウッド映画ぐらいしかないアメリカ人に頭を下げる"いわれ"はまったくない。

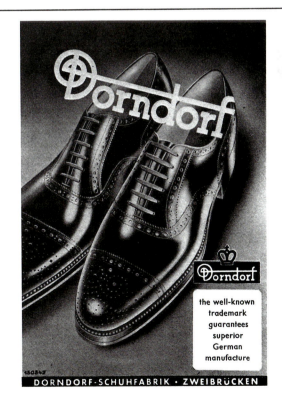

カフカスへの進撃

1942年初頭、ロシアに春が訪れ、雪が解けはじめると、ヒトラーはソ連に対する最終勝利を目指す新たな夏季攻撃計画の検討を開始した。今回は、モスクワを再攻撃するのではなく、カフカスの豊かな油田を獲得し、ヴォルガ川西岸の都市スターリングラードを奪取するためにソ連南部を攻撃しようというのがヒトラーの考えだった。これに対してドイツ軍の将軍たちは、ドイツにはこれら二つの目的を遂行するだけの力がないと進言したが、ヒトラーはこれを無視した。スターリングラードが陥落すればソ連から主要輸送ハブを奪うだけでなく、ソ連国民の士気を打ち砕くことができる、とヒトラーは力説した。

今回の攻撃の前哨戦は5月8日に始まった。この日、エーリッヒ・フォン・マンシュタイン元帥率いる第11軍は、クリミア東部にあるケルチ半島の付け根を守るソ連軍を攻撃した。5月20日までに同地における戦闘は事実上終了し、マンシュタインはセバストポリを包囲するまでになり、その1ヵ月後、セバストポリは陥落した。ドイツ軍の猛攻に立ち向かった30万のソ連兵のうち20万が死亡または捕虜となった。ヒトラーはマンシュタインの戦果に喜んだが、ハリコフ周辺でソ連軍が開始した攻撃に対しフォン・ボックが遅々として反撃しないことに大きな不満を持った。7月15日、ヒトラーはボックを解任すると、その翌日、ウクライナ西部の都市ヴィニスタ近くに設けられた新しい作戦本部を訪問し、自ら戦闘を指揮した。

二分された目的

「グリーン（緑色）作戦」というコードネームを付けられた作戦は6月28日、クルスクの東で始まった。その2日後、ドイツ軍はハリコフの東にまで迫り、7月6日までに彼らは苦しみながらもヴォロネジを突破した。すべてが予想どおりに進んでいるかに見えたが、そのとき突然、ヒトラーは計画を大幅に変更した。7月23日にロストフが陥落すると、ヒトラーは南方軍集団を二つに分けたのである。

その結果、新たに編制されたA軍集団は南部を担当し、マイコプおよび、そこから南東に数百キロ離れたグロズヌイ周辺のカフカス油田群の奪取、さらにカスピ海沿岸の都市バクーへの進軍を命じられた。一方、北部を担当する新制B軍集団は、スターリングラードを奪取したあと、ヴォルガ川に沿ってカスピ海内陸の都市アストラハンに達することになった。ドイツ陸軍参謀総長フランツ・フォン・ハルダー将軍と、A軍集団司令官ヴィルヘルム・フォン・リスト元帥はともに、「ドイツ軍にはヴォルガ下流域かカフカスのどちらかを獲得する力はあるが、両方は無理だ」と進言したが、ヒトラーはこの反対意見を却下した。ソ連軍はもはや効果的な戦闘力を持っていないとヒトラーは見ていた。問題はヒトラーが、一部の将軍たちが慎重になりすぎて進軍をためらっていると考えていることだった。

8月の終わり、ハルダーは「総統との今日の議論もまた、我が軍上層部の指導力に対する厳しい叱責に終始した。総統は彼らの知的傲慢さ、救いようのなさ、本質を見抜く能力の欠如を責め立てた」と記録した。9月9日、ヒトラーはリストを解任すると、自らA軍集団の指揮を執った。9月22日にはハルダーを、以前、西部戦線の沿岸防衛に当たっていたクルト・ツァイツラー少将と交代させた。前任者と違ってツァイツラーは、筋金入りのナチス党員だった。これはまさにヒトラーが望んでいたことだった。ヒトラーは解任したハルダーに「いま我々に必要なのは、専門的な能力ではなく、国家社会主義者としての情熱だよ」と語った。

こうした問題のほかに、ヒトラーはどこを優先して攻撃するかについて頻繁に考えを変えた。そのため第4装甲軍はあちこちの前線に引き回されたあげく、元の場所に戻された。そのうえ悪いことにヒトラーは、依然としてレニングラードの包囲に当たっているドイツ軍を支援するために、唯一、戦略予備軍である第11軍を北に向かわせた。レニングラードは1941年9月8日以来、ソ連から分断されていた。

なぜスターリングラードを攻撃したのか

ヒトラーがなぜスターリングラード奪取にそれほどまでに固執したのかについては、今も謎である。カフカスの油田群の奪取に努めることには明確な戦略的理由があったが、ドイツ軍がマイコプに到達したときにはすでに、退却中のソ連軍は同地の油井の破壊に成功していた。もともとツァーリツィンと呼ばれ、変革機運の高まりの中でソ連のモデル都市に選

ばれたことで1925年に名前を変えたスターリングラードは、"魅力的な"攻撃対象ではあったが、それほど重要な目標ではなかった。この町を正面切って攻撃するための現実的な理由は、ヴォルガ川をはさんでソ連軍が反撃を開始する際に潜在的な橋頭堡にさせないようにすること以外になかった。

結局、ヒトラーは、スターリングラードを包囲するとともに、空と陸からの爆撃によって同市を無力化すればよかったのである。そうすれば、スターリングラード攻撃に当たっていた第6軍司令官であるフリードリヒ・フォン・パウルス将軍のより強力な翼側になるとともに、予備部隊を移動できたのである。だが、ヒトラーは反対意見に耳を貸さなかった。「この都市に住むすべての男を抹殺しなければならない。なぜなら、スターリングラードに住む100万人はみな共産主義者であり、きわめて危険だからだ」と、ヒトラーは力説した。

ヒトラーは、スターリングラードが陥落したら装甲部隊がヴォルガ川を経た後、北上してソ連中心部を襲撃するとともに、東西両方からモスクワを攻撃するという計画を考えた。同時に、ドイツ軍はカフカスからペルシャに進入し、そこで、エル・アラメインでイギリス軍陣地を突破してシナイ半島を横断し、さらにヨルダンとイラクに到達するロンメルのアフリカ軍団と合流するという計画だった。この計画の最終的な狙いは、インドに侵攻して、そこで日本軍と協働することだった。

この野心的な戦略が実現するには、スターリングラードの奪取が不可欠というのがヒトラーの目論見だった。スターリングラードはまた、ソ連軍が最後の一兵になるまで防衛しなければならないとス

ロシアの冬に直面したドイツ軍は、トラックのエンジンがみな凍結してしまったために馬匹による輸送に頼らざるを得なくなった。このことに加え、防寒仕様の衣料が不足していることも、ソ連軍がドイツ軍を撃退していることも、《シグナル》は報じなかった。

ターリンが命じた都市だった。この年の夏、スターリンの了承を得て南にあったソ連軍は、一歩進むごとに包囲と破壊の危険を侵して戦うよりも、戦術的な退却という作戦を選んだ。だが、スターリングラードではその作戦は当てはまらなかった。ヒトラーの命令を遂行しようと努める第6軍が釘付けになると、すかさずソ連軍はドイツ軍を破壊するために圧倒的な反撃を開始すると決めていた。「今度こそ成功しなければならない」とスターリンは語った。

1940年の
ヨーロッパの決断
ドイツはヨーロッパ大陸から戦争を追い払った

1939年：再び二つの前線で戦争が起きる？

コンピエーニュにおける休戦協定締結式典のあとの日曜の朝早く、わがヒトラー総統はパリに到着すると、廃兵院にあるナポレオンの墓を訪れた。フランスの敵対心を明確に打破し、ヨーロッパに「ドイツ新時代」を創生させた総統は、深い物思いに沈みながら赤い大理石の棺の前に立った。ヨーロッパ大陸はもう一度、征服されなければならなかった。なぜなら、どの国も唯一屈するのは経験の力からである。世界の人びとの目にはアドルフ・ヒトラーは、今やナポレオンの地位を継承し、かつてナポレオンがイギリス軍に捕われていたときに予期したことが今も実現途上にあると映ったに違いない。つまり、長期的に見ればどのヨーロッパ諸国も避けることができないヨーロッパ統一の衝動は、自然現象の勢いに乗ってすぐに現れるため、強力な意志と一体化されなければならないのだ。あらゆる反動的な企てにもかかわらず、ヨーロッパのためにいかに早く偉大な統一を成功させるかは、生死にかかわる問題だった。

1940年の夏以降、最も慎重な観察者でさえ否応なく次のような結論に達したのである。すなわち、大西洋の前線で戦うドイツと地中海で戦うイタリアのおかげで、敵対者としてのフランスは除外され、イギリスは拒絶か殲滅かの選択を迫られただけでなく、ヨーロッパに住む人びとはみな、征服者こそが自分たちの生活条件と世の中の条件を完全に再編成してくれることを期待できる、と。

境界線のもう一方、つまりフランスの中の非占領地域においては、上は首相から下は一介の予備兵に至るまで、多かれ少なかれフランス人による立派な認識が見られた。すなわち、ヒトラーやムッソリーニに敵対した旧世界は今や完全に崩壊し、かつ、フランスの休戦からイギリスへの完全な攻撃に至る自然な変遷に完全に呼応していた。フランスが自国とヨーロッパの未来との間に建設していた"万里の長城"マジノ線もまた崩壊した。

ナポレオンの墓に詣でるヒトラー総統
1940年6月、パリ

「私は武力でヨーロッパを征服せざるを得なかった。今のヨーロッパには説得が必要だ」
ナポレオン、1821年、セントヘレナ島にて

ヨーロッパの内戦

その当時、不本意ながらアメリカの南北戦争との比較がなされた。南北戦争の結果としてアメリカの未来はヤンキー（北部諸州）に託されたが、北部の現実的な優位性は、すべてにおいて社会的な破壊に突き進むというアメリカの避けられない運命の道筋に沿ったものだった。ヒトラー総統とムッソリーニ統帥との同盟は、今次大戦の勃発に際し、同様の力の優位をもたらした。というのは、ヨーロッパの反動勢力との闘争を行なわざるを得なかったドイツとイタリアが、開始早々から全ヨーロッパ大陸の精神と総意を代表して行動することができたからである。ヨーロッパの一体化もまた彼らの勝利の結果としてもたらされるに違いない。ヒトラー総統とムッソリーニ統帥はこのヨーロッパ的解決を確信した。なぜなら彼らは、ドイツ人民とイタリア人民の社会的"若返り"による改革の必要性を痛感していたからである。多くの戦争に勝利する中で、ヨーロッパの問題の解決策を求めながら、最後までそれを見つけることができなかったナポレオンと彼らを隔てる根本的な違いはここにある。結局のところナポレオンは、中央ヨーロッパの遠隔地をフランス防衛のための緩衝地帯として征服したにすぎない。

挑戦の時がきたとき、イギリスとフランスは、ドイツとイタリアが全力で実現しようとすることを恐れた。だが、まだ彼らにはそれを認識することができなかった。戦争の勃発以前から、あらゆる宣伝にもかかわらず、ヨーロッパ以外の国々の間では戦争は不可避と見なされていた。1939年9月3日、イギリスが武装闘争を先導する以前から、アメリカ、ソ連、日本はみな、戦争が起きれば枢軸側がヨーロッパを変革するだろうという点で認識が一致していた。これこそスターリンが、今や機能していない西側列強のために"火中の栗"を拾いたくない、またアメリカが、たとえ共感はしていたとしても、ヨーロッパに民主主義が根付く確率はきわめて懐疑的と判断する、主たる理由だった。ヨーロッパにおける戦争が、日本においていま近衛文麿首相によって実現されつつある政治構造の変化を促進したのも同じ理由による。つまり、最終的に日本がイギリスから離反し、三国同盟によって日本が枢軸側と一体化したことである。今回の"最後のヨーロッパ内戦"を世界が注視しており、これが最後の内戦であるがゆえに、その結末はヨーロッパ以外の大国の目には、ヨーロッパ大陸を横断した再編成の前兆に映るに違いない。

ヨーロッパ大陸にはもう戦線は要らない

ヨーロッパ大陸に関して到達した決定は、ヨーロッパの戦場を舞台とした1年の戦争のかつてない結果だった。1939年の晩夏に始まりイギリス包囲につながったこの1年の戦争での出来事を回想すれば、同盟イタリアと協力したドイツ軍が系統的に、そして順を踏んでヨーロッパを戦争から解放したことは明らかといってよい。当初ポーランドから始まり、ノルウェーを経て西部戦線へ移行し、そして後のヨーロッパ大陸の西端に至る戦争の変遷は、イギリスの戦争はイギリス自身に対して遂行されなければならないという論理的な軍事的結論と一致した。最初はフランスに向けられたイタリアの参戦は、この戦争に根本的な特質を与えた。つまり、ヨーロッパ南部の境界に沿って反イギリス包囲網が拡大したことである。戦争中の軍事力のかつてない応用と外交活動における強固な一貫性は、1年間という期間におけるヨーロッパ内の軍事戦線を完全に除去するために、また何世紀にもわたって存在してきた時代遅れの国の理想を捨て去るために、どうしても必要だった。イギリスに対抗する前線は最長時、ノールカップ（ノルウェー）からビスケー湾（フランス）、さらには地中海を経て遠くインド洋に達し、また日本を加えた三国同盟によって最終的に完成する。この前線は同時に最も経済的であり、かつ最も短いものだった。

大陸ヨーロッパの専制国家

古いヨーロッパ勢力がこうむった敗北は、ドイツとイタリアにおける革命的な宣伝のスローガンに一致したものだった。イギリスとの戦争そのものは、ヨーロッパの経済的一体化に大きな刺激を与えた。国民の生活においてこれ

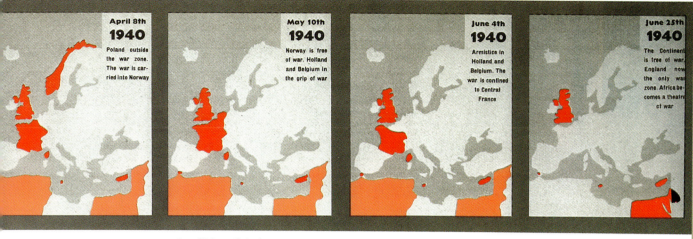

1940年：戦争の成功が、ヨーロッパから戦争を追い払う。

ほど創造的な再編成が行なわれたことはかつてなく、それは例外的な状況の結果ではなかった。経済危機による惨状は、当時、自己の存立さえ危ぶまれたほど貧窮していたドイツに、否応なく、先を見越した自己救済の政策の追求を促した。二つの「四年計画」に見られたドイツの専制政治は、無作為に選ばれたプログラムでもなければ理想的な条件でもなかった。同じことが、アビシニア作戦の最中、イギリスによる制裁戦争を経験したあとのイタリアにも当てはまった。今日我々が経験しているヨーロッパの専制政治は、大規模な地域経済の最も大胆なパイオニアの力を借りても、平時においては絶対に完遂することはできなかった。反対に、勝利者だからこそ、戦時の中に広大な平和の舞台をつくることができたのである。このときもまた必要性と判断力は人民にとって教師だった。この必要性と、ヨーロッパに対するこの強制を与えたのは、ナチスではなくイギリスの戦争だった。海上封鎖は、戦争状態にあるドイツに対してはまったく効果はなかったが、西部戦線におけるドイツの勝利以前でさえも、フランスを除く西側諸国を、イギリスと海外諸国から経済的に遮断した。対抗策として中央ヨーロッパにおける新興勢力は、ドイツの支配下にある中央ヨーロッパとイタリア絶対政権における商品を互いに交易する体制をさらに拡大させた。中央ヨーロッパは、ソ連との経済協定とドナウ流域諸国からの輸出商品に関する自由な取り決めを背景に、すでに交易が存在していた。その当時、最初にスカンジナビア諸国が、次いですぐに西ヨーロッパ全体がイギリスの敵の勢力圏に入ったとき、当該諸国の国内経済を新しい「大陸システム」に融合するための準備があらゆる部分で進んでいた。あと必要な要因は、次の3つだった。
1. イギリスとの戦争のための潜在余力を強化するために、すぐにすべての備蓄品の使用を始めること
2. 戦争期間中の物質的な損害を再建するため

『ヨーロッパの決断』の著者、マックス・クラウスが、イギリスのいない世界の再編成と、汎ヨーロッパへの道程における障害を2回にわたって検証。

の復興作業を始めること。
3. 職の創造と、戦勝国の収容所をやむなく転々とすることになった国々の何百万もの人民の生活を保障すること。
　今回の戦争では、毎月のようにドイツとイタリアによる経済的大陸体制の開発と発展が進んだ。今や、スウェーデンから北アフリカに至る地域において、高度に発達したすべての国内経済の創造的な勢いが、以前は協同していなかったこの相互プロジェクトに従って効果を発揮しはじめた。

ドイツ勢力圏の中で
1940年の秋、戦争の結果、ドイツは約100万平方キロのヨーロッパ領土と約6,600万の住民を獲得した。この数字はノルウェー、デンマーク、オランダ、ベルギーを含んでおり、これらの国々の住民は純粋なゲルマンの血を共有しており（ベルギー内のワロン人を除く）、また一部の人びととはドイツ人と人種的にも近い。中でも開戦当初からデンマークの立場は特別だった。というのも同国は、自力で同国の防衛を保証しているため、ドイツの利益を守るために同国を占領したドイツ軍の影響をまったく受けなかったからである。ドイツ政府は、ノルウェー、オランダ、そしてベルギーを占領して敵対的な関係が終了すると、直ちにこれらの3ヵ国の戦争捕虜を釈放した。ドイツ政府の態度は一目瞭然である。政治的な観点でいえば、一方には非常に近い関係にある国に対する無条件の敬意があり、もう一方には大陸の西端にいてドイツを敵視していかなる関係も受け入れない国に対する無条件の決意があった。このように、ドイツの占領下では、戦争間の領土の再編成には両極端の政策がとられた。これには、戦争遂行に必要なかぎり、そしてそれぞれの政府の自由裁量を認めるために、各国の安定した行政機関にはいかなる変更も行なわないという原則があった。
　理解のための幅広い基盤は、結果的に生まれた経済的・社会的な共通の運命によって持続的に供給された。デンマークとオランダの小規模農業者たちは、ドイツ経済圏に近接しているという利点を共に享受している。また、ベルギーの工場労働者は、重工業がベルギーとドイツの双方に浸透していることから多大な利益を得ている。この傾向は、……

ヨーロッパは平和を回復する：戦勝国によって与えられた保護と行政が戦争に取って代わる。

ヨーロッパにおける決断

近代ヨーロッパにおける最も強力な生産軸であるルクセンブルクとロレーヌは、いま初めて完全にブロック化され、そして一体化されようとしている。かつてシュレジエンとボヘミアで起きたことが今また、ドイツとムーズ川に挟まれた工業地帯で起きている。ドイツ軍がマジノ線とその北部の延伸部を突破したとき、この地域はまったく被害を受けなかった。ここでは戦時経済の下で合理化が進み、そして、最終的に関税障壁がなくなる前も、生産者が長く馴染んでいた技術的な条件を伴った生産の集中が起きた。もし、オランダ、ベルギー、そしてスカンジナビア諸国で、戦争間に育まれたドイツとの新しい関係と物事の仕組みを同じようにもたらそうとする試みがあるとすれば、それはドイツ政府による秩序だった計画を適用させたものといってよい。というのは、スウェーデンもまた新しくなった大陸と歩調を合わせて政治的・経済的な再編成を行なったからである。一方、フランスがあらゆる意味で特殊な国家であったことはすぐにわかる。大国フランスは、自己犠牲とイギリスへの隷属を意図的に甘受したからである。同じくドイツ領であったルクセンブルクと同様に、アルザス・ロレーヌ地方はドイツの関税圏に再び組み込まれた。バーデン、ザールプファルツ、コブレンツ、トリーアの大管区指導者がシュトラスブルク、メッス、ルクセンブルクの文民行政を継承したという事実は、近隣領土そして古代ゲルマン伝統の均質性に沿った明確な再編成であることを物語っている。フランスの残りの国土は、単に占領地域と非占領地域に分割されただけでなく、広大な占領地域はイギリスとの間の戦闘地域として維持された。加えて、フランス植民地の特別な地位も忘れてはならない。戦勝国側は、休戦の間、植民地問題を完全にオープンにしたが、イギリスの残忍な攻撃(その最後の攻撃は西アフリカのダカールに対して行なわれた)は、フランスの陸・海・空軍にとって好機となった。つまり、戦争に負けたとはいえ、フランスは、こうしたイギリスの裏切り行為に対して、自力で対応する"意欲"を持っていることを示したのである。

枢軸体制

戦時におけるヨーロッパの再編成の基軸は、戦勝国のドイツとイタリアの枢軸にほかならない。今後、新生ヨーロッパの真の起源は、1936年の秋のあの時であるといわれ続けるであろう。それは、国家社会主義のドイツとファシズムのイタリアで行なわれた偉大な国家革命により、それまで別々の道を歩み、政治的・経済的に関与してこなかった両国が、イギリスの対イタリア制裁戦争に対抗して一体化した時なのである。この一体化こそ、極限まで発展した二つの国家意志が、国家の障害を越えて一つの共同体に変容した古典的な実例であった。ヒトラー総統とムッソリーニ統帥の間にきわめてオープンな"ヨーロッパの共同"がなぜ実現したのか。考えてみれば、その謎はとても単純である。すなわち、両国間の摩擦となるようなあらゆる原因を除去すること、言い換えれば、アルプスを挟んで対峙する二つの帝国の間のあらゆる有害な争点を系統的に取り除くために必要だったのである。加えて、あらゆる局面においてドイツとイタリア両国には、国力を倍増させようとする狙いがあった。経済的な視点で見れば、ドイツとイタリアの合意は、これら両国の専制政治(起源はそれぞれ別であるがお互いに補完していた)が、フランス、イギリス、そしてアメリカから成る金本位制ブロックからの非難を一丸となって拒否した時期でもあった。これらの諸国にとって、専制政治は孤立と同義であった。実際、政治的独立を確保しようとして経済的独立を達成しようとした両国の決意は、恒久的な大ヨーロッパ圏の樹立を目指したものであった。通貨の限定的な使用から最大限の利益を求めようとする健全な政策は、ヨーロッパ大戦の数年も前から、枢軸国側の経済専門家が行なおうとしていた政策であった。高度の工業化経済システムから農業・植民地経済システムに至るまで、全領域において組織上の問題はほとんど起きなかった。枢軸国の勝利によってヨーロッパがこれらの影響を受ける以前でさえ、ドイツとイタリアが共同で農業・植民地経済システムを計画したことはなかった。

フランスが戦争から離脱し、また地中海におけるイタリアの支配が保証された結果、ピレネー山脈を越える陸上通信が再開するとすぐに、スペインは再び枢軸体制の一角を占める自信を持った。枢軸体制は今や、アルプスの北側のドイツ占領地域から、これまで戦争の舞台になったことのないヨーロッパ南西部までを網羅している。ドナウ流域諸国における枢軸側の建設的な政策は、ハンガリー、ルーマニア、ブルガリア間の領土改定など明確な成功をもたらした。ドイツとイタリア自身の協力と同様、この成功は、これらの国の間にある国内障壁を破壊し、全ドナウ流域の膨大な資源をヨーロッパの利益のために系統的に整理することが必要という原則にもとづいたものだった。

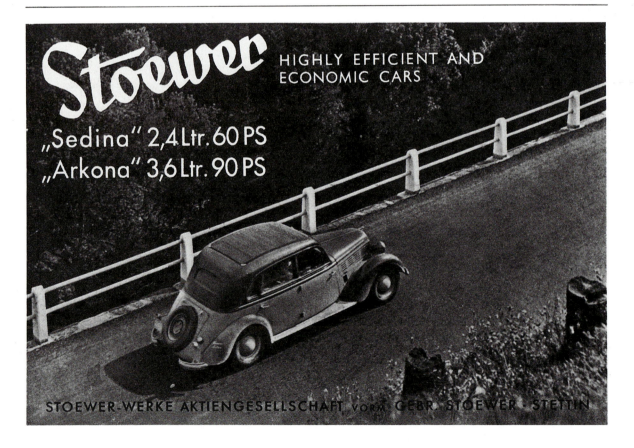

ベルリンの松岡洋右外相

ポツダム新宮殿の窓辺にて
日本の外務大臣、松岡洋右は、ポツダムにおける歴史的な場所で、ドイツ軍人についての正しい印象を得た。友好国の政治家同士の"顔合わせ"を目的とした今回の訪問は、ドイツと日本の外務大臣間のとりわけ親密な接触をもたらしたといえる。

ベルリンのノルウェー女性たち

《シグナル》はこのほど、何人かのノルウェー人女性を取材した。彼女らは自発的にドイツに来て、このベルリンでさまざまな職業に就いている。

社員食堂での夕食：エヴァとエヴリンはともに数ヵ月前にオスロからベルリンにやって来た。二人ともドイツのことを知りたかったこと、ノルウェーでは働き口が見つからなかったことが、ベルリンに来た理由だった。

二人ともベルリンでこれほどの雪を見るとは思わなかった！ でもノルウェーからスキー板を持ってきていた二人は、日曜日ともなるとベルリン郊外のスキー天国であるグリューネヴァルトでスキーを楽しむ。

「これでいいの？」初めのうち仕事はとても難しかった。でも、スデーテンラントから来ている仲間の女性がいつも助けてくれる（写真左）。

雪の楽しみはノルウェーと同じ 楽しい雪合戦は、大体いつもエヴァの勝ちで終わる（右）。

「フランス人による、フランス人のための」

いまベルリンやその他のドイツの町にある事務所や工場では、重要な役割を担う多くのフランス人が働いている。これは、そんなフランス人同胞のために演じ歌うバラエティー一座のスローガン。エーメもルシエンヌも、それにフランス人志願部隊に勤めるマルセルも、ふるさとの身振りと言葉で演じられる舞台を夢中になって見つめる。

彼は自分が歌うシャンソンをみんなが気に入っていることを知っている。独特の衣装とポーズで、観客の一人一人に喝采を求める。

ベルリンのパリジャン

ベルリンの最初の印象は、ベルリンは電気で走る電車がある都市だということだったね。電車に乗ればすべてのものを見ることも、必要な言葉を覚えることもできるし、10区間ぐらい乗ればドイツのことがだいたいわかる。そう、森、石炭、肉屋、レストラン、美容院、たばこ屋などなど。今は、こうしたものこそ最も重要なんだから。

ベルリンの生活状態は、まあパリと似たようなもんだよ。必要最小限の食糧は、配給で保証されている。あらゆるものに切符が必要で、切符がなければ何も買えないんだ。でも行列することはないよ。女の人が経営する店を警察が監督する必要もないし、それどころか、法の力が使われることは滅多にないんだ。人びとは自発的に秩序を守っているから、警察が余計な存在に見えるほどだよ。もちろん、人通りの多い交差点などには警察官がいるけど。

フランス人がベルリンで人気があるのは事実だよ。フランス人は人びとの忍耐、好奇心、同情を喚起するんだ。ドイツ人が私たちの独特の習慣に驚き、ときにはそれを許さないこともある。たとえばフランス人は禁じられたことをすり抜けるのが好きだけど、それが規律正しいドイツ人の気分を害することもあるね。でも大体においてドイツ人は私たちを許し、私たちのためにいいようにしてくれる。まさに忍耐だよ。

フランス人に対するドイツ人の好奇心はこんなものだよ。「ではあなたはフランス人なんだね。こんな時期にドイツでフランス人に会うなんて、何て不思議なんだろう。でも皆さんがこうしてドイツに来たことは嬉しいよ」

ベルリンでは現在、何千人ものフランス人が働いているよ。過去の出来事についての会話、思いやりと未来への希望に満ちた会話をするために、何とか共通点を見つけたいと考えるドイツ人に遭遇した人も少なくない。私もこれまで「近いうちにまたお会いしたいですね」といいながら、何人ものドイツ人と心のこもった握手を交わしてきたね。

結論をいえば、単なる印象を"受け流す"ことが大切なのさ。ベルリンには二つの"フランス大使館"があるんだよ。一つはパリザー・プラッツにある本物の大使館で、シャッターはいつも閉まっている。もう一つは町中にあるもので、そこは生き生きと活動的で、工場、家主、家族、企業主、事務所などで働く何千人もの大使、領事、臨時代理大使で構成されている。彼らの一人ひとりが自分の地位を意識し、そして献身的に外交使命を果たすべきだと考えているんだ。それが将来のために必要であり、重要なんだよ。(M.B.)

スターリングラードをめぐる戦い

フリードリヒ・フォン・パウルス陸軍元帥、そしてかつては精鋭で鳴らしながら今や飢えに苦しむ第6軍の残存部隊がスターリングラードでソ連軍に投降した1942年2月2日は、まさに東部戦線における転換点となった。このとき、ドイツ軍、ルーマニア軍、イタリア軍、そしてハンガリー軍から成る枢軸軍は、総計23万5,000人が捕虜となったうえ、20万人が戦死した。この大規模な敗北を言い逃れることはできなかった。「今日は、ドイツ戦争史上最も暗黒な日になるだろう」——若い学生だったローレ・ワルブは絶望したように語った。

1942年6月から7月初旬にかけて、フリードリヒ・フォン・パウルス将軍率いる第6軍、それにヘルマン・ホト将軍が指揮する第4装甲軍が南東を目指して急進していたとき、スターリングラードは陥落寸前のように見えた。だがこのときヒトラーは、的外れの介入を行なった。これが、確実に成功するかに見えたドイツの進軍を深刻な危険にさらしたのである。ヒトラーはホトの第4装甲軍を切り離し、カフカス目指して南下させたのである。その結果、ドイツ軍は、ソ連軍が再結集して防衛体勢を整える前にスターリングラードに進入するという好機を逸してしまった。

ヒトラーの考えが変わり、第4装甲軍に北転とスターリングラードへの再前進を命じたのは2週間も後のことだった。だが、補給の不足によってホト軍は、スターリングラードの手前160キロのところで立ち止まるしかなかった。かくしてヒトラーは、迅速な、比較的流血の少ない、しかもおそらく決定的な勝利につながったであろう絶好の機会を放棄したのである。

この間、第6軍は、ドン川をはさんで進軍を続けていた。8月23日までに同軍はスターリングラード北のヴォルガ川右岸に到達し、同市郊外に侵入するばかりとなった。だが、スターリンとその最高司令官が、破壊されたスターリングラードへの増援部隊の派遣を命じると、パウルスはソ連軍の頑強な反撃に遭遇した。ソ連軍最高司令官代理に昇格していたゲオルギー・ジューコフ元帥は後に、いかにスターリンがあらゆる犠牲を払ってでもスターリングラードを死守すると決断したかを回想したうえで「もしスターリングラードが陥落すれば、敵軍は中央からソ連に侵入しソ連南部を分断するだろう。だから、我が国最高司令官は可能と思われるすべての部隊をスターリングラードに送った」と書いている。第62・第64軍はすでにスターリングラードを目指して後退していた。そこでスターリンは、これらを支援するために第1親衛軍、第66軍、および第24軍を派遣するとともに、スターリングラード市内にいるソ連軍の指揮をワシーリー・チュイコフ将軍に任せ、「死をも覚悟してスターリングラードを防衛せよ」と命じた。

瓦礫と化した街

だが、パウルスがホトと合流したのは9月2日であり、パウルス軍がスターリングラード中心部に攻め込み、一方のホト率いる装甲部隊が同市南郊への攻撃を開始したのは9月13日になってからだった。ホト軍が攻撃を開始するなか、ホトは野戦司令本部でヒトラーと会談するためにヴィニスタに飛び、スターリングラードは2、3週間のうちに間違いなくドイツ軍の手に落ちるだろうとヒトラーに断言した。

ドイツ空軍第4航空艦隊の爆撃機に援護されたドイツ歩兵部隊と装甲部隊は、今にも崩れ落ちそうな道路を越えて大規模な攻撃を開始した。ソ連軍がじりじりと地歩を確保する中、爆撃によってできた廃墟がソ連軍の防御にとって格好の状況を提供した。時にがれきの山の背後に穴を掘り、時には地下倉庫に隠れ、また時には半壊したアパートの二階に狙撃手を配置するなどして、ソ連軍は進んでくるドイツ軍に大きな打撃を与えた。戦闘はしばしば双方ともに容赦のない接近戦となった。

それでも執拗なドイツ軍の圧力によって、チュイコフ軍は徐々に後退を余儀なくされた。10月12日までにパウルスはスターリングラード中心部——といってもほとんど何も残っていなかったが——に到達し、赤の広場にある政府庁舎ビルに鉤十字旗が象徴的に掲げられた。その後、パウルスは北部にある工場地帯を攻撃したが、ヴォルガ川に到達するには約1ヵ月を要した。さらにパウルスは、ロシアに冬が到来する前にスターリングラード制圧を完了するために、最後の力をふり絞って新たな全面攻撃を開始する準備を整えた。ヒトラーは、犠牲に関係なくスターリングラードを奪取せよという命令をくり返していた。

「ウラヌス作戦」

第6軍は孤軍奮闘したが、結局、立ち往生してしまった。パウルスは、任務を完了するために増援を必死に要請したが、主にロンメル軍がエル・アラメインでイギリス軍に大敗を喫したことに加え、仏領北アフリカに英米軍が侵攻したことが重なって、ヒトラーは増援できるだけの新たな予備兵力を持っていなかった。その代わり、B軍集団の全体指揮に当たっていたマクシミリアン・フォン・ヴァイクス将軍は、目下、第6軍の左翼を守っていた師団を、ドン川に地歩を築いていたルーマニア師団に交代させることを決意した。他のルーマニア軍とイタリア海外派遣軍の一部は、第6軍の他の側面を防護することになった。

結局、この決断が破滅的な結果をもたらすことになる。だがその当時は、ドイツ軍にとってリスクを冒してでも実行する価値があると考えた決断だった。ヒトラーもまた、ソ連軍の側面は、ヴォルガ川に沿って完全に伸びきっており、効果的な攻撃を開始するだけの力を失っていると信じて疑わなかった。だが、現実はその反対だった。この間、スターリンは、大規模な反撃を開始するための準備を整えていた。10月になると、5つの新しい戦車軍、15の戦車軍団、それに100万を超える兵員がこの作戦のために集結した。

ジューコフと、ソ連軍参謀総長であるアレクサンドル・ヴァシレフスキー将軍の計画は、スターリングラードを攻めあぐねているドイツ第6軍に大規模な包囲を仕掛けて釘付けにするとともに、救出手段を断とうというものだった。その意味で、第6軍の各側面を弱めるドイツ軍の決断は、彼らに罠を仕掛けるためにソ連軍指揮官たちが待ち望んでいた好機となった。さっそくジューコフは2つの戦車軍団と4つの野戦軍を機動させると、ホトの装甲部隊の北西に陣取るルーマニア軍とイタリア軍の正面に配置した。その一方で、別の2つの戦車軍団を、南東の線を守るルーマニア軍と対決するために派遣した。11月19日までに、ソ連軍の攻撃開始の準備が整った。

輪を閉じる

ソ連軍の攻撃はまず北西から始まった。ソ連軍の新設部隊は、スターリングラード西方約160キロのルーマニア軍防御陣地の弱点を攻撃した。朝靄が立ちこめる中、攻撃への備えのないルーマニア軍に向けて約3,500門の大砲と重迫撃砲の火蓋が切られると、文字どおりルーマニア軍陣地を抜けてソ連のT-34戦車とそれを支援する歩兵部隊のための道が開かれた。ルーマニア軍はあっという間に制圧された。散発的に抵抗したものの、彼らはパニックの中で逃げ惑った。その翌日、ソ連軍が2回目の攻撃を開始すると、南東方面でもまったく同じことが起きた。装備はわずかな旧式戦車だけ、しかも対戦車砲をまったく持たないルーマニア軍に、戦線の中に大きく広がった間隙を突いて雨のように砲弾を落とすソ連のT-34戦車の多数の砲門に立ち向かう術はなかった。11月23日、カラチにおいて二つの戦車部隊が合流すると、第6軍は完全に包囲され、後方からも分断されてしまった。一方、ホトの装甲部隊は、包囲の外に置き去りにされてしまった。

6個自動車化師団を含む20個師団とともにスターリングラードに閉じ込められてしまったパウルスに、残された選択肢は二つだけだった。一つは包囲をくぐって西方への突破を試みること。ツァイツラー、ヴァイクス、それに新しく編制されたドン軍集団の指揮をヒトラーによって任されていたエーリッヒ・フォン・マンシュタイン陸軍元帥はともに、ヒトラーにこの計画の採用を進言した。だがヒトラーは、もう一つの選択肢——つまり踏ん張り、戦い、そして最終的な救援を待つ計画を望んだ。将軍たちがいつもソ連の強さを過大評価していると不満を持っていたヒトラーは、ソ連は最後の予備軍を使い果たしており、間もなく敗退すると言い張った。「私はヴォルガを離れるつもりはない。いずれにしても、第6軍が最終的に救出されるまで進撃できるよう、空軍が十分な物資をスターリングラードまで空輸するから大丈夫だとゲーリングが私に断言した」と、ヒトラーはツァイツラーに語った。困惑したパウルスにヒトラーは、自分の持ち場を強化し、救援軍が包囲を突破して到着するまで持ちこたえるよう命じた。

救援を任されたのはマンシュタインだった。11月28日、マンシュタインは、窮地に立ったパウルスに無線電報を送った。そこには「持ちこたえてほしい——私は貴軍を救出する予定である」と書かれていた。12月12日、「ウインターストーム（冬の嵐）作戦」が開始された。マンシュタインは、2個歩兵師団と3個装甲師団を攻撃に投入した。それに対抗するジューコフは、イタリア軍をさらに北西方向に撃退した。ジューコフ軍はまたたく間にイタリア軍を制圧したうえ、マンシュタイン軍を後方から分断するために南に進路を取った。

それでも12月19日までに、マンシュタインの装甲部隊は、グロモスラフカに近いムイシュコワ川に到達することができた。そこは第6軍陣地からわずか56キロのところだったが、攻撃もそこまでだった。この地に到着した大量のソ連軍増援部隊を前にマンシュタインは、退却命令を出さざるを得なくなった。こうして「冬の嵐作戦」が終了した。この作戦の失敗によって、パウルスと第6軍は孤軍奮闘することを余儀なくされた。

スターリングラードの"罠"

パウルスはヒトラーに再度、包囲からの突破の承認を求めたが——今や7つのソ連軍部隊がドイツ軍殲滅のために近づいていた——またしてもヒトラーは要請を却下した。ヒトラーは、2月のある時期に新たな救援努力を開始するために計画の練り直しを始めた。その間、第6軍は抵抗を続け、場合によれば東部戦線に運用される可能性のあったソ連軍部隊の足止めに成功した。だが、12月第3週になると、そうした賭けを打つことができるほどの機動性を、第6軍はもはや残して

いなかった。

　すべての物資がまたたく間に底を付いた。パウルスとその兵の進軍を支えるために、ドイツ空軍は「孤立地域」に1日200トンの物資を空輸できるというゲーリングの約束は、空しいホラ話だとだんだんわかってきた。間もなくして、辛い立場にあるパウルスと部下の司令官たちは、空軍による"裏切り"に対する不平を漏らしはじめた。実際のところ、ゲーリングの部下たちが1日に空輸できた物資は90トンにすぎなかった。遅ればせながらヒトラーは、エアハルト・ミルヒ空軍元帥を派遣して空輸問題の解決を試みたが、ミルヒは何とか1日120トンまで増やすことができたものの、これでもまだ十分ではなかった。ドイツ軍の手中にある最後の飛行場であるグムラクに着陸できたドイツの輸送機はわずか数機にすぎず、残りはパラシュートによって闇雲にスターリングラードに落とすしかなかった。物資が地面に落下しても、第6軍の飢えた兵士たちがそれを回収できる可能性はほとんどなかった。ある空軍少佐にパウルスは、「我が兵士たちは今日で4日間、何も口にしていない。燃料がないので我々の重砲も放棄するしかなかった。馬もみな食べてしまった」と冷たく言い放ったあと、苦々しくこう結論した。「我々はもはやあの世から君に話しているようだ。なぜなら我々は死んだ兵士たちだからだ。将来、歴史に名が残ること以外、我々には何も残っていない」

　もはやパウルス軍にできるのは、生き残ることだけだった。ソ連軍の包囲の中でますます強まる"万力"に挟まれたパウルス軍は、そのほとんどが地下室、地下倉庫、あるいは、氷点下の気温から身を守るために急ごしらえでつくった「たこつぼ」に身を潜めるしかなかった。食料不足はますます耐えがたくなった。ある兵士は大晦日に、「我々は主に馬の肉だけで生きている。あまりの空腹からときには生の馬肉を食うことさえあった」と書き、また別のある兵士は、「今日、自分と自分の同僚たちに支給されたのは一切れのパンだけ。しかもそれで6人の兵が3日間生きるようにいわれた」と母に宛てた手紙に書いた。弾薬不足も深刻だった。ある兵士は、「ソ連軍は昼夜の別なく攻撃してくるが、弾薬が足りないので節約しなければならない。ああ、我々も反撃できたら……」と不満を漏らした。

最後の数週間

　スターリングラードの西方を守るソ連軍を指揮するコンスタンチン・ロコソフスキー元帥は、ドイツ軍の「孤立地域」を越えて西から東への進軍を開始した。飢えに苦しむドイツ軍をスターリングラード中心部の廃墟へと押し戻した。ドイツ軍の多くが極度の疲労に倒れ、あるいは退却の中で凍死した。残った者も、放棄した装備を散乱させながら凍った道を負傷兵を乗せたソリを引いた。

　ロコソフスキーが提案した"名誉ある投降"をパウルスが拒絶すると、ロコソフスキーは容赦なく進撃し、その結果、ドイツ軍の「孤立地域」は二つに分かれてしまった。生き残ったドイツ兵たちは、今や二つの小さな地域に閉じ込められた。ドイツに戻ったゲッベルスの宣伝機関は、望みが断たれたように見える状況の中でも戦う必要のあった兵士たちの英雄的行為を躍起になって賞賛した。1933年1月30日にヒトラーがドイツ首相に就任してから10周年にあたる記念式典で、ゲーリングが強調したのもこのことだった。ドイツ全土で放送された演説の中で彼は、第6軍を、侵攻するペルシャ軍をテルモピュライで食い止めたスパルタの兵士たちになぞらえ、「スターリングラードの戦いは、わがドイツ史上最も偉大な英雄的戦闘として名を残すだろう」と述べた。掩蔽壕の中でラジオを取り囲んでいたドイツ兵たちは、すぐにその言葉の意味を悟った。テルモピュライの戦いで、スパルタ兵たちは最後の一兵まで殺戮されたのである。

　パウルスもまた、ゲーリングの放送演説を聞いていた。すでにパウルスはヒトラーに就任10周年を祝う無線電報を送り、その中に「第6軍は総統閣下に祝意を申し上げます。スターリングラードには今もハーケンクロイツがたなびいています。たとえ勝算がなくてもけっして諦めることのない我々の格闘が、何世代も語り継がれることを願っています。最後にドイツは勝利します」と書いた。ヒトラーは、パウルスが目的に忠実であることを確認すると、この日、パウルスを元帥に昇進させる知らせを送った。パウルスはこの意味を正確に理解した。ドイツの歴史を通じて敵軍に降伏した元帥は一人もいなかった。つまりヒトラーは、パウルスが降伏ではなく自決することを期待したのである。

　このときになってようやくパウルスは、ヒトラーに敵対するようになる。持続的な緊張のせいで彼の黒い髪と髭は白くなり、顔面の痙攣さえ発症するようになっていた。パウルスの住居であり作戦本部があった赤の広場の秘密警察ビルは、1月31日にパウルスがロコソフスキーに投降すると同時に炎上した。ヒトラーは、「赤の10月」工場群の周辺にある北部「孤立地域」に立てこもるドイツ軍を指揮するカール・シュトレッカー将軍に、最後の一兵になるまで戦うことを命令した。「こうして獲得できる1日1時間がみな、前線を守る兵士たちにとって決定的な価値を持つ」と、ヒトラーはシュトレッカーに伝えた。シュトレッカーは、それからの2日間は何とか持ちこたえたが、やはり2月2日に投降した。

敗北の結末

　こうした局面における敗北を言い逃れることはもはや不可能だった。ゲッベルスは、全国民に3日間の服喪を命じた。新聞には黒枠が印刷され、「総統と祖国のために」命を捧げた兵士たちのリストが次から次に掲載された。ナチの機関紙である『フェルキシャー・ベオバハター』は、公式見解を簡潔に紹介した。同紙は2月4日の記事に「ドイツが生き残るた

めに彼らは死んだ」と書いた。

　ヒトラーに対する信頼が揺らぎはじめると、ヒトラーに関する辛口のジョークが広まりはじめた。それは、「太陽とヒトラーの違いは何だ」と誰かが問うと、「太陽は東に昇るが、ヒトラーは東に沈む」と誰かが答えるというものだった。親衛隊国家保安本部は「総統の個人的性格に関するものも含め、そうした不愉快かつ国家にとって有害なジョークは、スターリングラード以降急に増えた。お互いを知らないもの同士でさえ政治的なジョークを口にする」と報告した。この報告はまた、「今や多くのナチ党員たちが党員バッジを着用していない」ことを指摘した。

　ヒトラーは、自分以外の非難対象を見つけることを決意した。そもそも、"役立たず"のルーマニア・イタリア連合軍が持ち場の死守に失敗したことが最初の崩壊を引き起こし、そればかりか逃亡してしまった。パウルスとその上級将校たちについていえば、軽蔑の対象にすらならない。彼らは、自決によって名誉を守るのではなく、投降することで名誉を失うことを選んだ。ヒトラーにしてみれば、パウルスは「豚」であり、もし捕らえることができるのであれば軍法会議にかけて銃殺するに値するといってよい。「彼は、私がこの戦争で昇進させる最後の陸軍元帥だろう」と、ヒトラーは険しい顔で誓った。ゲーリングもまたこの惨事への責任を負っていた。「彼は私自身が後継者に指名した。だから私は、彼の責任を公に問えないのだ」とヒトラーは語った。

　圧倒的な敵軍と戦いながらスターリングラード確保を目指して自らを犠牲にした何千何万という一般の兵士たちについていえば、ヒトラーは彼らの苦難をほとんど気にかけなかった。1942年11月初旬、ヒトラーとともに豪華な専用列車でミュンヘンを旅行したシュペーアは、偶発的な出会いが起きたときのことを次のように記録している。

　「昔のヒトラーは、列車が停まるごとに窓から自分の姿を披露してみせた。だが今では、外の世界とのこうした出会いは彼の望みではなくなったようだ。身を乗り出すどころか、駅側のブラインドをさらに下げるようになった」。その日の夕方、列車は待避線に停まり、ヒトラーとその側近たちは夕食を摂っていた。その後に起こったことをシュペーアは次のように書いている。

　「テーブルは銀のカトラリー、カットグラス、高級な磁器、フラワーアレンジメントで優雅に飾られていた。沢山の料理をこれから食べようというとき、隣の線に貨物列車が停まっていることに初めて気がついた。ちょうど東部戦線から戻ってきた、みすぼらしい格好をした、飢えた、そして中には負傷したドイツ兵たちが、数両の家畜車から私たちの夕食をじっと見ていた。自分の窓から2メートルほど先に見える重苦しい光景にはっと気づいたヒトラーは、ブラインドを下ろすようきつい口調で下僕に命じた。戦争の後半になると、かつてヒトラー自身がそうであった最前線の兵士たちに、ヒトラーはこのように接していたのだ」

　1942年以降になると、ヒトラーはますます人前に姿を現さなくなった。ベルリンに行くこともほとんどなくなった。ゲッベルスもシュペーアも、第三帝国の爆撃を受けた地域を視察するようくり返し説得したが、結局うまく行かなかった。それよりもむしろ、ヒトラーは、ほとんどの時間を部下を怒鳴りつける、戦況地図を見る、あるいは新しい作戦計画を時に事細かに練ることに費やした。ヒトラー以外の誰も重要な決定を下さなかった。「平時・戦時を問わず最も偉大な最高司令官」という立場に自信を持っていたヒトラーは、軍事面の部下たちをますます信頼しなくなった。ヒトラーはまた、急速に老いていった。このことも、彼が人前に姿を見せることを嫌った一因だった。最も重要なことは、今やヒトラーには人を喜ばせるような朗報がないことだった。

ケルチ半島を守るソ連軍の撤退はソ連軍の敗北のひとつであり、《シグナル》にとってソ連軍の画策をこき下ろす絶好のチャンスになったが、戦争の潮目は確実にドイツ軍の不利に傾きつつあった。

雪をかぶった平原に敵の動きがないか偵察する戦車隊の援護を受けた部隊の隊長　暗い森が連なる地平線の中に大きな真っ黒の固まりが立ち上るのを見た部隊は、すぐにそれが砲撃の合図だと理解した。

失敗した逃走の試み ソ連軍戦車の操縦手はドイツの地図を携えていたが、彼らは自国の地理には不案内だった。ドルツィ川沿いのトロチンの近くでソ連軍の巨大戦車（重量42トン）は、包囲するドイツ軍の包囲を突破するために同川近くの湿地帯に逃げ込んだが、不運にもそこで泥にはまってしまった。こうしてソ連軍が自国内の自然の罠にはまっている間、ドイツ軍は障害をものともせず、計画どおり進軍を続けた。（撮影：宣伝部隊フーシュケ）

逃走と進軍

ヴェリカヤ川にかかる橋が爆破された ラトビア国境のもう一方の側に面するオボトシュカの近くでは、退却するソ連軍がドイツ軍の進撃を阻止するために大きな橋を爆破した。だが、砲兵隊に援護されたSS部隊は、急造の橋を川にかけると進軍を続行した。川の監視に当たるドイツ軍兵士は逃走する敵を懸命に追いながら、いつでも決戦する覚悟を忘れない。（撮影：宣伝部隊SSバウマン）

さらにソ連領の奥深く
ビャウィストクとミンスクで行なわれた大会戦はドイツの勝利に終わった。ドイツ軍騎馬部隊が、敵を追走する歩兵部隊を先導する。(撮影：宣伝部隊グローネフェルト)

大草原を行くドイツ軍戦車

広大なステップ（大草原）で休止するドイツ戦車の前衛部隊。至近距離を飛行する戦闘機が敵の位置を彼らに知らせると、背の高い草に逃げ隠れた敵を目指してすぐに戦車隊が動く。敵との遭遇はいつ起きるかわからないから、戦車部隊兵士は敵の反撃を受けないように戦車を盾にしながら慎重に進む。発射された炸裂弾によって、ステップのあちこちで火の手が上がる。

間もなく敵の対戦車砲の攻撃に遭ったドイツ軍戦車633号は、それを使用不能にすることに成功。対戦車砲の生き残りの兵士たちを捕虜にするとともに、すぐに反転して新しい敵を目指した。（撮影：前線特派員アルトゥール・グリム）

「赤いバリケード」の戦闘地帯を行く

前線特派員ベンノ・ヴンツハンマー中尉が見たスターリングラード攻防戦

数週間にわたって急降下爆撃機編隊が実行したスターリングラード爆撃に参加した筆者はこのほど、高々度を飛ぶ航空兵だけが見ることができる戦闘地帯を訪れた。あるドイツ軍将校が次のように述べた。「スターリングラードは要塞だが、実際の要塞とは本質的に違う。実際の要塞にはシステム（系統）があり、その秘密をかならず見つけることができ、したがって計画に従って攻撃することができる。だが、スターリングラードにはシステムがなく、いわば防御設備の集まりといってよい。だから我々は、1時間ごとに新しい問題に直面する。この戦いが難しいのはまさにこのせいだ」

スターリングラード攻防戦の典型的な2枚の写真

町の家並みとヴォルガ川の土手との間の地面をくまなく調べる戦車と砲兵隊。少人数の戦車兵は、新たな陣地を確保するためにヴォルガ川を目指してじりじりと、注意深く前進する。

砲火の対象になっている町の中にある塹壕に近づく、別の戦車兵の一団。兵たちは攻撃を急ぐことなく、後から来る戦車群が炸裂弾によって敵をトーチカに釘付けにするまで塹壕に留まる。

「下の状況を見てくれ。そして、2日経ったら戻ってくれ」――わが急降下爆撃機隊の隊長はこういった。私はいま航空隊の前進監視所にいる。そこからは破壊された家屋群、屋根、立体望遠鏡などが、さらに遠くには起伏に富んだ大地と雑木林の向こうに長い家並みが見える。戦闘地域は、煙が上がる丘の上に指のように伸びる給水塔の辺りだ。そこは、我々が昨日攻撃した「ドラ攻撃エリア」である。

町で

我々を迎えたのは鼻につくような焦げ臭い匂いだった。腹が膨らんだ何頭もの馬の死体が放つ腐敗臭が空中に充満している。

我々は町に入った。私はこれまでにも戦火によって荒れ果てた町をいくつも見てきたが、これほどまでの惨状は初めてだった。近代的な工業都市の複雑な技術設備は今、火事と破壊による混沌の中にある。道ばたには死んだ兵士が横たわっている。死んだあとも彼の手は短機関銃をしっかりと握りしめており、その手から銃を取り出すことはとてもできそうにない。

我々は壊れた家の横を匍匐前進する。敵の目を遮るものは何もなく、時おり、敵の重砲兵隊が放つ炸裂弾が大きな音を立てて飛び交う。わがドイツ軍は廃墟の下にある地下倉庫や貯蔵庫に陣取り、そこで食事の用意や昼寝や戦闘の準備に余念がない。そんな中、ある歩兵がこんなことを教えてくれた。

「ここではどの家も要塞だったんだ。敵は家の各階からも地下からも砲撃してきた。奴らはどんなことがあっても自分の穴から出てこないんだ。だから俺たちは何とかして奴らのところまで這って行き、奴らが撃ってくる中に手榴弾を投げ込んでやった。そしたら奴らはひっくり返って死んでしまった。ドイツ軍機が家並みをひとつずつ爆破すると、共産主義者の奴らめ、夜の間に残骸で新しい要塞を作ってしまい、新しいバリケードで俺たちを動けなくしてしまうんだ。これには本当に驚いた」

敵から90メートル

1台の装甲無線通信車が我々を乗せてくれた。その車は空軍通信隊に属し、歩兵前線で重要な戦術任務に就いている。通信車の指揮官は中尉で、偶然にも新兵だった私を訓練してくれたときの伍長だった。

「我々はこの町の北部を目指しており、そこに行けば最前線に近づくことができる」そう中尉がいうと、車は轟音を立て、その他の音はみなキャタピラーがきしむ音にかき消されてしまった。と、しだいに辺りが荒涼としてきた。我々の目に入るのは砲弾孔、動物の死体、破壊された車両、戦車、大砲だけだ。そこには戦場としての動きは何ひとつ見られない。残骸の山の間から、時おり白煙が上がる。そのとき中尉は「手榴弾投擲隊！」と叫んだが、我々には何も聞こえない。

大きな音を立てながら、我々は幽霊のような廃墟の町を通り抜ける。歩兵の姿を見ることはほとんどない。彼らは鋼鉄製のヘルメットをかぶり、身を低くかがめながら走る。電光のようにす早くクレーターに隠れて身を守ると、白い煙が決まって次の瞬間を教えてくれる。

通信車は、半ば焼け落ちた木造家屋のところで止まった。そこからわずか数百メートルのところに敵がいるはずだ。だが何も見えない。それは我々にとって本当に驚きだった。混沌とした廃墟はすでに見捨てられているように見え、歩兵隊が陣地として確保した地下室の入り口があるのがやっと見えるだけだった。驚いた歩兵は我々を見たが、シューッという音を聞いてすぐさまた地下に隠れた。

スターリングラードの中間地帯　→
スターリングラード攻防戦の最前線。空軍中尉で《シグナル》前線特派員ベンノ・ヴンツハンマーが立体望遠鏡を通じて撮影。彼が町にいるあいだ、「赤いバリケード」と呼ばれる広大な武器工場をめぐる戦闘が続いていた。みすぼらしい労働者の家の後ろに巨大な工場がそびえる。矢印は、最前線にいるドイツ軍の陣地を示している。

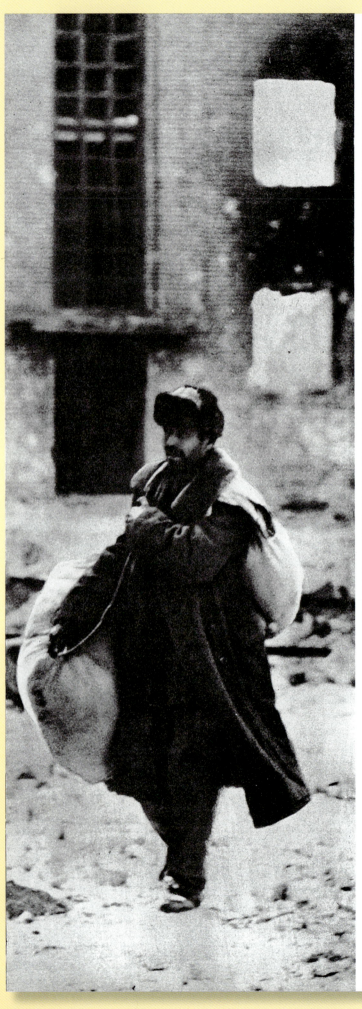

無防備都市を要塞に転換しておきながら住民を避難させなかった結果
左の写真についての《シグナル》記者の説明。「この都市の一般市民の生活状態には何度もぞっとした。このスターリングラード北部の道は、敵の手榴弾投擲手による銃火の対象になっていたが、その中を市民が突然自分の小屋から出てきた。何週間も恐怖と物不足が続いたあと、彼は全財産を手に脱出を決めたのだ。彼らの望みは何だろう。常軌を逸した手榴弾の投擲を恐れ、その中の一人の女は子どもたちとはぐれてしまった。また、泣いている女もいる。彼女はこの3日間何も食べていない。我々は彼女にパンを与える。女と老人と子どもたちがゆっくりと砲火の前進に合わせて、我々の増援に使われる道に沿って集まって来ては西への移動を始める（上写真）。このかわいそうな人の流れはドン川の両岸にまで達し、何百キロにも広がっている」

「赤いバリケード」の戦闘地帯
我々は通信塹壕を越えた。胸壁越しにちょっと見ると、フェンスと工場の背後にヴォルガ川が流れているのがわかる。手榴弾投擲手が大声で叫んだそのとき、短いが鋭い爆発音がした。狙撃兵だ！

我々は地下室で身を守った。ぼんやりとした光の中で私には、手榴弾1箱、短機関銃数丁、そしてベリー信号銃1丁とカートリッジがかろうじて見えた。1本のはしごが木造住宅のロフトへと続いているが、その家には裏の壁がない。我々がロフトに近づいたとき、1人の下士官が報告してきた。ある兵長が操作していた立体望遠鏡が、傾斜のある屋根の前の陣地に運び込まれた。私は、それを使って我々からわずか90メートルのところに敵が潜む道路を見た。木造の小屋と、その背後に大きな工場、「赤いバリケード」と呼ばれる武器工場が見えるだけだ。そのとき、その兵長が「それらの家はみなソ連兵に占領されている」と言った。それらの向こうにかすかな動きがあった。兵長は「そうだ、敵の1

人だ。家の前に、ちょうど黄色い粘土の固まりの上に我々の最前線陣地がある」といった。

　私は工場をじっと見つめた。作業場からは白い煙が立ち上っている。とそのとき、恐ろしいほどの轟音で我々は思わず混乱した堆積の中に投げ出されてしまった。耳をつんざくような爆発が起きた。我々の左手約18メートルにある木造の小屋が炎上している。

　我々は匍匐し、飛び越え、また這い戻った。再び轟音が聞こえると、そのあとで我々の頭上で大きな爆発が起き、白い煙が上がった。高い角度にセットされた高射砲が地上戦に加わる。炸裂弾の破片が腐った木に突き刺さる。2人の歩兵が、力なく頭を下げた別の歩兵を引きずりながら我々の横を通り過ぎていく。我々はなおも先に進んだ。次の煉瓦塀の向こうで、1人の兵士が箱の上で手紙を書いているのが見える。彼は砲兵隊や炸裂弾の衝撃をまったく気にすることなく、もっと大切なことがあるようだ。

　私が状況はどうだと聞くと彼はこう答えた。「とても良好です。食料もおいしく量も十分ですし、それに今日はとても静かです。でも、午後からは緊張が高まるでしょう。我々に先立って、わが急降下爆撃編隊が攻撃するはずです。本当にふてぶてしい奴らですよ」

　私は、ふてぶてしいというのは彼のことだと思うと伝える勇気がなかった。彼は私の言うことを信じないだろう……。

空から見る難民が行く大通り
難民の集団は、後方に向かう空になったドイツ軍トラックが自分たちを危険地帯から脱出させてくれることに気づいた。

マイナス53度

ドニエストル川をす早く渡る急襲ボート……

砲火の"歓迎"を受けながら先陣を務める兵士たちは、泥水の流れる広い川を渡るために船外機付きのボートを操る。彼らの筋肉はみな緊張で固くなり、視線は目的地に注がれる。そこは、川の対岸の急斜面にある隠れたスポットだ。そこに行けば、勇敢な歩兵たちの眠気も不屈の戦争の情熱に変わるだろう。川を越えれば、そこはもうウクライナのスターリン・ラインだ。（撮影：宣伝部隊ハックル）

スターリングラードにおけるソ連最後の"動脈" スターリングラードをめぐる戦闘が何ヵ月にもわたって続いたあと、流血という代償の果てにこの町は共産主義者たちの手から奪還された。ソ連軍は、ヴォルガ川西岸に沿った小さい土地で頑固に抵抗する。川に向かって流れ込む何本もの深い裂け目（現地では「バルカ」という）が、敵にとっては増援と補給の助けになっている。わが急降下爆撃機による徹底的な砲撃が、これらの天然の通信塹壕を休むことなく叩きのめし、かなりの数の敵兵を戦闘前に殲滅する。この写真は、空爆されたあとの峡谷のひとつである。川の中州ではソ連高射砲台がわが空軍による攻撃の妨害を試みたが、結局、空爆されてしまった。写真上奥には、毎夜、敵が使っていたフェリーが見える。

バルカへの致命的な打撃 ドイツ空軍兵士は、多数の敵兵が潜む峡谷に正確に狙いを定める操縦技術を持っている。敵の捕虜が語ったところによれば、敵の人的損失は大隊規模から、多いときは連隊規模にもなったという。↓

ヴォルガ川沿いの峡谷

前線特派員ベンノ・ヴンツハンマー中尉によるスターリングラードをめぐる戦闘報告

異例の功績：急降下爆撃機中隊で小隊長を務めるジャッケル中尉

① ジャッケル中尉がスターリングラードにあるヴォルガ川の峡谷攻撃を命ずる彼は、偵察写真から目標を正確に見極めることができる。

③「ジャッケル中尉機が攻撃のために急降下する中、はるか眼下にヴォルガ川がオリーブグリーンに光って見える」

⑤「帰還中、ヴォルガ川の峡谷の上では炎上する石油タンクの横で黒煙が広がっている。もう一度、目標を攻撃する」

は、出撃回数600回という記録の持ち主だ。

②
「敵高射砲の危険を避けるためスターリングラード上空を散開して飛行中。旋回しながら目標に接近中」

④
"巨大な工場が見えてきた。それが"赤い10月"工場だ"と当誌記者は書いている。

⑥
無事着陸するとジャッケル中尉は仲間の祝福を受け、ワインをプレゼントされた。それから30分もしないうちに、彼は601回目の出撃を行なった。

当誌記者が持ち帰った最高の1枚 ヴンツハンマー中尉はこの写真についてこう語る。「帰還するとすぐに、飛行中隊の暗室でフィルムを現像してみた。その中でこれが一番良い攻撃の写真だった。この写真は、ジャッケル中尉に続く2番機の中から急降下中に撮ったものだ。それは、炎上する石油タンクから立ち上る黒煙すれすれに飛んでいるときで、砲撃箇所から小さな煙が上がっている。我々が立ち上る煙の柱に沿って急降下していると き、煙の中からソ連戦闘機が不意に現れたが、わが機のパイロットはすべての爆弾を目標に投下しながら、敵を確保するために攻撃を続けた。それから間もなくしてドイツ軍戦闘機が我々を援護してくれた。短い空中戦の後にYak-1戦闘機1機の撃墜に成功した。その戦闘機のパイロットは脱出し、破壊された家々の間にあるドイツ軍の前線の背後に着地した」

ヴィルヘルム・エーメル博士（少佐）による

ヨーロッパの盾

ドイツ軍伝統の精神的基盤について

　第1次世界大戦の最後の2年間、機械による戦いは、結局のところ、自分自身の意志を持った個人は戦場から消え去る運命にあるという考えが定着するうえで大きな役割を果たした。機械戦争、つまり機械が何もかもを押しつぶしてしまう戦争が始まったのもこのころといってよい。この意見は、多くの軍事戦略家、とりわけ仏・英・米各国の理論家たちが支持したが、ドイツ軍参謀たちもまたその考え方を戦略として採用した。ここでは二つの事例を引用することにしよう。

　第一の例は、1918年にドイツの軍備が剥奪されたとき、ドイツが重火器、重砲、戦車、戦闘機を二度と持たないようにするために特段の注意が払われたことである。これこそ、物量戦において用いられる主要な兵器であることを銘記してほしい。何よりもこうした禁止措置の結果、ドイツの防衛力は失われると誰もが考えた。第二の例は、マジノ線である。将来、機械が戦いの成否を決めるとすれば、常に無敵であるためには大量の重火器を準備することが必須になる。

　もしヴェルサイユ条約によって最重要兵器の所有を禁じられることがなかったら、ドイツもまたこうした物量主義を採用していたかどうかは、とても興味深い問題である。我々は、ドイツの理論家と実践的な専門家が、こうした状況において、兵士よりも物量を尊重したとは考えない。ドイツの軍事的伝統における精神的基盤は、国そのものに深く根ざしてきた。だからこそ、一人一人のドイツ兵が、長いあいだ敵の物量が自分たちを上回っていることをものともせずに、死をいとわない兵士たちの決意が闇雲な物量を凌駕することを証明してきたのである。

運命が与えたドイツ人の武勇
　ヴェルサイユ条約はドイツの軍備を制限する一方で、どんな命令さえも禁ずることができない美徳をドイツに与えた。それがゲルマン精神である。外的な手段がなければ内的な手段が動員され、物量の使用が制限されれば、泉のように湧き出るアイデアを生んだ。

　第1次世界大戦の"勝者たち"は、分厚い装甲を身にまとい、大いなる狡猾さととげのような武装によって建設した防御要塞線の背後に身を隠した。その間、わずか10万の将兵で構成されたちっぽけなドイツ軍は、偉大なドイツの軍人精神の守護神になるとともに、第1次世界大戦における貴重な経験から必要な結論を引き出すことで、この伝統を発展させた。当時の困難な

　ソ連との戦争も2年目の冬を迎えたいま、スターリンのソ連軍は、まさに大陸的次元と大陸的重要性を持った戦闘において、ヨーロッパ東部戦線に対する攻撃をしている。それに対してわがドイツ第6軍は、クロアチア軍1個連隊とルーマニア軍2個師団とともにスターリングラードを死守。その結果、いくつかのソ連軍部隊を捕捉し、より戦略的に有利な前線を新規に確立することに成功した。わが軍が払った犠牲は、一兵卒の精神を見れば明らかである。いまその精神の基盤を、現役兵士でもある哲学者が解説する。

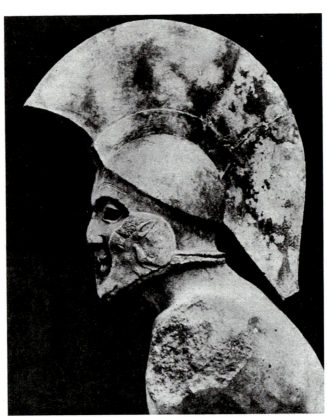

歴史的比較：スパルタの将軍レオニダス1世
紀元前480年、最後の一兵になるまで戦ったレオニダス1世は、テルモピュライ峠でペルシャ軍のギリシャ侵攻を防いだ。こうした犠牲的精神を受け継いだアッティカ海軍同盟は、テルモピュライの戦いの3年後、ギリシャ初の偉大な政治的連合として誕生した。かくしてペルシャによる危険は回避され、アテネの繁栄が始まった。今日のヨーロッパ文化の源泉は、まさにここにある。まさにこれこそ犠牲が果実を生んだ好例である。

> 「旅人よ、もしその道がスパルタに通じているのであれば、スパルタの法に従って我々がここで横たわって死んでいるのを見たとスパルタ人に伝えてほしい」　レオニダス1世とその兵士たちを記念するためにギリシャ人によって建てられたモニュメントに書かれている碑文

状況下でも、ドイツが諦めたり絶望したりすることは決してなかった。それどころか、ドイツ人はみな武勇、気骨、決意、創意、勇気などを呼び起こした。これらの特性こそ、古来ドイツ軍の伝統の礎石にほかならない。

　やせた土地に居住し、困難な状況に置かれても常に生存のために戦って生存を確保しなければならない諸国民はみな、武勇こそ必要に迫られた態度の表現だと考えた。純粋な軍人精神を初めて発展させた二つのゲルマン民族は、好戦的な性格を維持せざるを得なかった。そのひとつ、プロイセン人たちは、大自然の恵みが少なかった土地で最低限の存立基盤を努力して確立し、さらに、自らを守るために、強力でより恵まれた立場にある隣国と戦わざるを得なかった。国境紛争地帯の住人であるオーストリア人たちは、南東諸国と戦うことで自国を守る兵士たちにならざるを得なかった。だから両者がともに軍隊を創設して軍人の概念を自国民に植え付けたのは決して専制君主の気まぐれではなく、彼らの歴史的な運命、あるいは国民性そのものであった。そうした国民性こそが、プロイセン軍と旧オーストリア軍を育んだといってよい。かくして第1次世界大戦のあいだ、再び自国の旗を不滅の栄光に彩った両国は、新しい国家社会主義ドイツ軍の中で、さまざまな過程を経て組織的に一体化したのである。

　プロイセン陸軍の参謀総長を務めたヘルムート・フォン・モルトケ元帥は、かつて武勇を「勇気、我慢、義務への献身、そして生命そのものを含めた犠牲的精神」と説明した。もしこれらの言葉を、近代自由体制の中で発展してきた市民生活に当てはめれば、そこにもまた軍人的資質が必要だということがすぐにわかる。自由主義は、勇気よりも生活を豊かにするための商才を好む。我慢よりも快適さを好み、義務はしばしば不快な強制と見なされ、義務が必要とされるときも、個人的な危険にさらされる可能性がないことを願って物質的なものを捧げることを意味する。

　それに対しドイツ兵は、勇気、我慢、義務への献身、また犠牲的精神を尊重する。それは決して物質的な利益のためではなく、単純に父祖の土地に対する崇高な概念のためであり、自国民の名誉と偉大さのためである。フリードリヒ大王は、その遺書の中で「自分が属する社会の幸福のために、生まれてから死ぬまで働くことは人間の運命である」と書いた。輝かしい大王の

……鉄道線路上の開けた場所で必死の抵抗を試みるファイファー将軍、ハートマン将軍、シュテンペル将軍、それにクローム大佐と数人の兵たち

スターリングラードのモニュメント

これらの絵の何枚かは前線特派員ハンス・リスカによって描かれたものである。その中には輸送トラック運転手の目撃リポートもあった。彼は、何とかしてスターリングラードにいる自軍に戻りたい一心で、進軍するソ連軍戦車と300人のソ連軍歩兵の間を猛スピードで突破した。ソ連軍戦車が襲ってきたときは、ちょうど3人のコックが戦場のキッチンで最後の食事を準備しているときだった。自分の身を守るために彼らは近くにあった手榴弾をつかむと巨人のような戦車目がけて投げつけ、それから

また食事作りを再開した。スターリングラードの廃墟の中に緊急着陸を余儀なくされたドイツ軍機はソ連領に着陸した。その搭乗員を助けたのが、彼ら自身も町に取り残された擲弾兵だったとは狂気の沙汰であった。馬も車もなく、弾薬さえもないのに、雪の中をスターリングラード目指して19キロも自分たちの機関砲を運んだ将校と兵たちがいたとは……。何週間も前に事態の終わりがわかっているにもかかわらず、故郷に手紙を書いた男たちとは、どんな人間なのだろうか。

精神を継承する我々は、「単に"働く"だけではなく、必要ならば"戦う"ことも"死ぬ"ことも人間の運命だ」と付け加えたいと思う。大王は3回の戦争を通じて、5,000万の敵を相手にわずか300万の人口で戦った国民の力のための主要な基盤を確立した。いずれにしても大王は、上に述べた信念に従って活動した。大王はまた、生まれついての闘争者であるだけでなく、優れた文化人でもあり、哲学と芸術に献身し、豊かな感性の持ち主だった。大王はまた、確固たる規律、無条件の従順、揺るぎない義務感、死をもいとわない自己犠牲精神、明らかに絶望的な状況においても決然たる心、それに心

理的な活気を兼ね備えた人だった。これらの特性が、クラウゼヴィッツ、ヨルク、グナイゼナウ、シャルンホルスト、ハインリッヒ・フォン・クライストといった、一世代あとの軍人たちの業績と創造の中で花開いたのである。

同時に決定的な一歩が打ち出された。ナポレオン革命軍によってこうむった1806年の敗北は、プロイセン軍の古い軍人精神が硬直しはじめ、新しい時代に対応できなかったことを示した。プロイセン軍には若返りが必要だった。シャルンホルストとグナイゼナウは、軍事指導者をもはや貴族の特権階級から輩出させるのではなく、軍隊に新しい血を入れて新たな刺激を与えること

が必要だと主張した。そこで彼らはさまざまな反対を押し切って、純然たる国民軍を創設した。彼らがフリードリヒ・ヴィルヘルム3世あてのメモの中で書いたことは、今でも読む価値がある。そこには、「将校という役職を中流階級だけではなく、敵に遭遇したときに真価を発揮するあらゆるドイツ人に広く開放すべきだ」と書かれていた。

その当時ならではのこの考えを今日の出来事と比較することは可能である。プロイセン・ドイツは、大きな没落の中から再び力を取り戻すために、1806年から1812年にかけて6年の歳月を必要とした。今次大戦における新生ドイツ国防軍をゼロから創造するための時

間もまた、同様にとても短かった。当時も今も、国の強い力があって初めて、能力のある個々の将校が軍事指導者としての高い質を保ちながら、兵役における最も高い位置に登ることができる。今も昔も、軍隊の基盤の中心は同じく武勇である。むろんそれは時代の要請に応じて変わってくるし、今日では新しい要素、つまり第1次世界大戦の塹壕と集中砲火の中の苦痛において初めて生まれた、軍服を着た社会主義である。

新しい国の兵士像とは……

第1次世界大戦においてドイツ軍兵士が味わった最も深淵な人間的経験、そ

ヨーロッパの盾（続）

れは仲間意識だった。つまり、それは悲惨なときや戦闘の最中に自分と仲間とを結びつける人間的絆であり、物量に勝る敵に囲まれたときの不変の運命共同体の感覚といってよかった。大戦のあと、国民的基盤に立脚した社会主義的概念（国家社会主義）が誕生したのも、こうした精神的・心理的要因のゆえにほかならない。これは理論家の発明ではなく、4年にわたる戦争において得られた経験の実践的な応用であり、言い換えれば、大戦間において政治の世界に移植された生活の新しい構想の応用から生まれたものであった。第1次世界大戦において自身も兵士として活躍したヒトラー総統こそ、この経験と生活の構想に形と表現を与えた人物にほかならない。君主を戴いた古い社会体制の終焉とともにヒトラー総統は、ドイツ史の必然的な発展とその意味にとって必要なことを実行したのだった。だからこそヒトラー総統は、もともと自分の自由になる権力の源泉を持たなかったにもかかわらず、彼の意図と信条の正しさを信じる国民の支持だけを頼りに、時間をかけてすべての障害を克服したのである。

この発展における軍人的要素は、我々の時代の現象を正しく判断するうえできちんと銘記する必要がある。国家社会主義ドイツ労働者党とドイツ軍との対立について敵国が言ったり書いたりしていることはみな、客観的な誤りか悪意に満ちた中傷のどちらかといってよい。党は一本の同じ幹から生えた政治的な枝であり、軍隊もまた軍事的な枝にすぎない。国家社会主義ドイツ労働者党は、これまでにもドイツ軍人の伝統の特質を数多く取り入れてきた。たとえば、統率の原則、確固とした組織、規律などである。一方、1935年に再編成されたドイツ国防軍もまた、国家社会主義的な政治革命精神を色濃く反映しているのである。

党も軍隊もその思想はかなりの程度、外部の圧力を受けた結果、確立したものである。それらの存在は、おごった戦勝国がヴェルサイユ条約でドイツの軍備を制限し、富を略奪し、ドイツ国民——ヨーロッパ最大の人口を持ち、文化的に最重要なひとつ——が復活できないように、常に弱者の状態に留めておきたいと願った事実によるものである。彼らは、このことを実行するためにポーランドという国家、あるいはチェコスロバキアのような人工国家の創設など様々な手段を行使した。こうした状態はドイツ人にとって耐えられるはずもなく、結果として、新しい政治秩序の精神の中で、また奇跡的なスピードで軍隊の復活が実現したといってよい。

南部軍によるスターリングラードでの最後の戦闘：OGPUビル正面にある最後の「堅固に要塞化された防御陣地」

最後の日々
......

ドイツ第6軍と高射砲師団、ルーマニア軍2個師団、クロアチア軍1個連隊がヨーロッパのために払った犠牲

ソ連統合国家政治局（OGPU）ビル正面の広場にあるこの陣地、それにそこから180〜280メートル離れたところにあるトラクター工場にある2番目の陣地は、わがドイツ軍が守る最後の拠点であり、1943年2月時点では最後に残っていた"スターリングラードのポケット（孤立地帯）"だった。スターリングラードのポケットは、ドイツ軍1個軍団、ルーマニア軍2個師団、クロアチア軍1個連隊が約80日間、維持していた。スターリングラードにいるだれもが、前線全体を支持する桟橋を最後の最後まで維持しなければならないことを知っていた。1942年11月中旬、桟橋が洪水によって破壊され後方まで物資が届かなくなった。吹雪にさらされ石のように固まった真っ平らな地面は、マイナス35度にも達し、戦術的防壁の役を

（絵画制作：前線特派員 H・リスカ）

まったく果たさなかった。それでも輸送機は着陸を強行し、食料と弾薬を補給し、負傷者を救出した。5～6個のソ連軍団は休むことなく急襲を続け、包囲された陣地を迫撃砲と爆弾が容赦なく襲い、陣地の面積はじりじりと縮まっていった。その年のクリスマスになると、陣地はスターリングラード市中心部よりも小さくなった。航空機が着陸して食料を補給できる可能性は小さくなり、食料は日に日に減っていき、弾薬の1発、石油の1滴が貴重なものになった。敵は残る壁の一つずつを徹底的に破壊した。1月になると、物資の欠乏と飢えが兵士たちを襲った。だが、同時に、こうした兵士たちがくり出す東北前線に対する攻撃が、ソ連兵800人の犠牲、ソ連戦車師団の主要戦闘ラインの突破という戦果につながった。1月20日までにソ連軍戦車100両が破壊された。ソ連軍の人的・物質的損害は、ドイツ軍のそれよりもはるかに大きく、時間の損失も甚大だった。時間だけが過ぎていくなか、スターリングラードにいるドイツ兵たちは、戦闘を続けた。スターリングラード中心部にある二つの陣地が駆逐されたとき、南部軍は、広場のシンボルであるOGPUビルに鉤十字旗を掲揚した。増援も弾薬も食料もないなか、彼らは2月まで短剣を使って戦った。その後、彼らは、敵の役に立ちそうなものをすべて破壊した。OGPUビルが大爆発とともに崩落し、煙の中で鉤十字旗が消え、最後の兵士を死が襲った。再び静寂が訪れたとき、トラクター工場の方から戦闘音が聞こえた。戦闘はまだ終わっていなかった。

ヨーロッパの盾（続）

ここで決定的な事実は、こうした組織力の背景にある精神力だ。今、ドイツ軍は、政治的な若返りの中で革命的な推進力を得て、さらなる勢いを増した新しい軍隊になった。1939年9月1日以来、ドイツ国防軍が目ざましい勝利を収めることができたのも、まさにこの最善の軍事伝統、新しいアイデア、そして存在のための新しい条件に対する信頼の融合の賜といってよい。それらは単に戦争における技術的な進歩、あるいは具体的な組織化に光を当てるだけで理解することができない。というのは、ドイツの敵対者もまた、それらの物質的な要素を豊富に手にすることができたからである。敵対者たちは、彼らの「マジノ線」を持っていなかったか。彼らは全世界の資源を所有していなかったか。ポーランド軍は、わずか18日間で制圧された。「マジノ線」は突破され、フランスは7週間で征服された。イギリスは、ナルヴィクからダンケルクへ、そして最後はクレタまで次から次へと敗北を重ねた。兵員の数と物量でドイツを圧倒した共産主義者たちも自国への退却を余儀なくされた。これらはすべて若返ったドイツ国防軍の心理的・精神的強さに帰せられなければならない。これこそが他のどの国も持ち合わせていない資質だ。1914年当時と比べて今日のドイツは、強固な物質備蓄を確保しており、原料と食料に関してより確実な予防措置を講じている。決定的な要因は、ドイツ国防軍にしっかりと植え付けられた勝利の源泉である「理念」と「理想」であり、今もなおそうなのである。

政治的兵士とは……

ヴェルサイユにおいて民主主義が掴みかけていた、ヨーロッパにおける大陸の真の再編という偉大な好機を卑しくも捨て去って以来、ドイツは苦しむヨーロッパに新しい存在の可能性を提供してきた。ドイツ軍が自分たちこそまさに政治的意志の執行者と感じるのも、こうした背景があるからである。これまでしばしば主張されてきた「兵士は、非政治的でなければならない」という考えは、「兵士は徹底して政治的でなければならない」、つまり、「今や兵士は国家社会主義によって支持された理念の重要性と価値観を完全に体現していなくてはならない」という信念にとって代わった。ドイツ再軍備の原因となったのは、征服欲ではない。今回の戦争は、ドイツの敵による破壊によってドイツに押しつけられたものである。ドイツ軍の兵士たちはこのことを骨の髄まで信じており、だからこそドイツ国防軍は、その軍人的伝統に裏付けられた崇高な倫理を精神的基盤に持つ無敵の一団を形成している。さらにドイツ兵たちは、ドイツ第三帝国を守ることによって、西方においては資本主義勢の攻撃から、東方においては共産主義者たちの脅威から全ヨーロッパを守るという崇高な使命感に溢れている。文字どおりこれが生死を賭した戦いだということをドイツ兵の一人一人が知っている。この点について思い違いをしているドイツ兵は一人としておらず、だからこそ頑張り続ける覚悟、すなわちできるだけ敵に打撃を与える決意が揺らぐことはないのである。

ドイツは今や文字どおり国家の軍隊を持っており、そこではすべての兵士が指揮官の命令を我が物としている。勇気、我慢、謙虚さ、規律、そして犠牲的精神は、今もなお最高の美徳なのだ。期待された以上に振る舞うという原則は、今も健在である。ドイツはこれまでと同様、暴虐の傭兵のような残酷な方法に頼ることなく、騎士のように戦っている。今次大戦において我々は、たとえば陸軍病院への砲撃、海上で負傷した兵士の救済に当たっている航空機への攻撃、住民を恐怖にさらすためのイギリスによる無防備な都市への空爆、戦争捕虜に対する共産主義者たちによる非人道的な扱いなど、敵対者たちが行なった、そうした残酷な行為を見てきた。一方、ドイツ軍が占領した地域の住民はみな、ドイツ兵たちの模範的な行為と軍人としての規律を異口同音に賞賛している。それらの国においては、ドイツ軍将校と一般兵との間の友好的な関係に驚く人も少なくない。ドイツ軍将校にとって、部下に対して人間的な関心を持つことは、いわば自然な義務である。将校と兵たちの間に明確な階級差や社会的な溝はなく、互いに共通の義務を負う公平な仲間として認識している。

ヨーロッパへの奉仕

結果としてドイツ軍の精神的価値観は、何世紀にもわたって試され、鍛えられ、幾多の戦争によって強化され、何世代にもわたって受け継がれ、新しい生命を持続的に与えられてきたといってよい。それがあったからこそドイツ兵たちは、全ヨーロッパの防衛において現に実行していることを可能にする力を獲得したのである。それは人間の徳性として最善のものであり、それがあったからこそ、アメリカに見られるような、騒がしく物質優先の文明に特有な空虚な性急さと小賢しさの犠牲にならないで済んだことを、どの国の国民も感謝すべきである。むろん、軍人的価値観以外に多くの有益な価値観があることは確かである。だが、この存立を求める戦いにおいて、軍人的価値観こそ強固な基盤であり、それがなければ、重大な危機にさらされた国民は、崩壊するしかない。殺人や破壊を強制される兵士たちにとって、自分の生命という最も価値のあるものさえ危険にさらすことがある。だが、兵士は、平凡な毎日を捨てることによって、初めて、不変の基準によって行為と価値が評価されることができるのだ。

このことを示す最も崇高な事例は、スターリングラード防衛に当たった軍人の犠牲がある。彼らのおかげで、東部戦線の複数の軍が共産主義者たちの凶暴な攻撃に対抗するための新しい防壁を築くことができ、またソ連による殲滅的な支配からヨーロッパを守ることができたのである。

草原の大宮殿、トラクター工場 シュトレッカー将軍率いる第11軍の残存している歩兵部隊は、トラクター工場に拠点を構えた。だが、敵軍はじりじりと前進し、ついに18メートル先まで迫り、壁や鉄製の桁を順番に破壊している。彼らは、手榴弾や地雷を廃墟の中に投げ込んできた。戦車の援護を受けたソ連軍が組立作業場に攻撃をくり返すと、わが軍兵士は短剣と鍬を使った白兵戦を展開した。重い凍傷を負った兵士は、弾薬の手渡しに当たった。弾薬は減ったが、無線機だけは残った。大ドイツ帝国建国10周年に当たる1月30日、砲弾の爆発、壁の崩落、そして負傷兵のうめき声の中、彼らはヒトラー総統の声明に耳を傾けた。スターリングラードの最後の守備隊は、最後のセレモニーを「ドイツ式の挨拶をするために我々が武器を執るのは、おそらくこれが最後になると思います」と無線で伝えた。

ヨーロッパは虚構か？

共通のヨーロッパ人の運命なるものは、本当に存在するのだろうか。またヨーロッパ人たちは、自分たちの動機を偽装するために適していると思われるときだけヨーロッパという言葉を使うのだろうか。《シグナル》では今号で、このテーマに関するギゼラー・ヴィルジンクによる記事を掲載する。ここ数週間の決定的な時期において、この問題は我々全員にとってとりわけ重要である。

我々はみなヨーロッパ人である！

士気を挫く試み…… 戦争初期の段階からソ連軍は、包囲されたドイツ軍とその友軍の士気を挫くことに懸命だった。彼らは前線に拡声器を設置し、戦闘には望みがないからとドイツ兵に投降を呼びかけた。彼らはまた、チラシをつくり、航空機からスターリングラードにばら撒いた。そこには、武器を捨てるなら命と適切な処遇を保証すると書かれていた。そこにはまた、7万に及ぶドイツ兵がすでに投降したとあったが、このことを裏付けるために掲載されている多数のドイツ兵の写真はむろんねつ造であり、ソ連のいう「約束」が虚偽であることを図らずも物語っている。なぜなら同じ兵士がくり返し写っているからだ（白く囲ったところを比較してみてほしい）。これは合成写真である。これら降伏を勧めるすべてのアピールに対する我々の答えはこうだ。「弾薬の最後の1発が発射されるまで、最後の文書と小銃が破壊されるまで、我々の戦いは続く」と。

70 000 deutsche und rumänische Soldaten und Offiziere haben sich gefangengegeben!
70 000 Eurer Kameraden sind lebendige Zeugen dafür, daß die Rote Armee den Befehl Nr. 55 des Volkskommissars für Verteidigung der Sowjetunion, Stalin, strikte durchführt. Dieser Befehl garantiert den deutschen Offizieren und Soldaten, die die Waffen gestreckt haben, das Leben und gute Behandlung.

„Ein Soldat, der sich in einer aussichtslosen Lage gefangengibt, handelt nicht ehrlos, sondern vernünftig. Die Kriegsgeschichte kennt viele Beispiele, wo die tapfersten Soldaten und Offiziere die Waffen streckten, wenn weiterer Widerstand aussichtslos war."

Aus dem Aufruf des Kommandos der Roten Armee an die im Raum von Stalingrad eingeschlossenen deutschen Soldaten und Offiziere

東部戦線の通称「塹壕村」を守る部隊に所属する一人の兵士。彼の陣地は、まるで脊椎から伸びる椎骨のように、前線における役割を果たしている。彼らは何が危機にさらされているかを知っているから、強靱にならざるを得ない。彼の視線は、過去にソ連戦車が近づいてきたこと、そしてあらゆる犠牲を埋め合わせてくれる将来の可能性を追っているようだ。

この兵士を一瞥すれば、歴史上最も偉大で過酷な戦闘の中心に自分がいることなど夢にも思わなかったことを、その表情から読み取ることができる。知識と自信に満ち、真剣な彼の目の強さが、彼の勇気を雄弁に物語っている。

援護せよ！　敵はまさに集中砲火の下にいる

これはあなたの問題でもある！

　読者の皆さん、ここにある写真をご覧いただきたい。これらは、いうまでもなく我々の日常から離れた最前線の兵士たちの姿である。東部戦線のどこかで戦闘の不運にさらされながら、ドイツ兵たちがひとつの塹壕のために戦っている。そうした光景がここ何年も続いており、それらが前線で戦う兵士たちの日常生活になっている。これが何を意味するかおわかりだろうか。あなたにとって生活はまだ通常の流れに従って静かに動いているに違いない。むろん、今や大都市は猛烈な空襲にさらされているが、それでも皆さんの大部分はそれとは違った生活を送っていることを認めなければならない。また、そうであることは、我々にとっても喜ばしいことである。だが、こうした名もない兵士たち——だれもが立派な名前を持ちながら、軍部の公式発表では個人名は決して紹介されない兵士たち——があなたに代わって前線にいることを忘れないでほしい！　援護から、また地下壕の安全地帯から飛び出して敵の殺人的迫撃砲弾の中に飛び込むこと、あるいはこれらの兵士たちにとって唯一の音楽が機関銃の発射音である死の中間地帯にび込むことが何を意味するのか、毎日毎日、毎年毎年、考えたことがあるだろうか。これらの兵士たちの願いはただひとつ、「兵士であること」。そこから目をそらさないでいただきたいと思う。兵士としての仮面の背後に美と幸福への多大な熱望が隠れていることを私は知っている。尽きることのない勇気とともに武器をしっかりと握ってきた手に無限の優しさが宿っていることを私は知っている。勇敢な行為や厳しい務めを一度だけ実行することは簡単であり、ときにはそれに夢中になることもある。いつも自己の心に忠実であることははるかに偉大である。（宣伝部隊　撮影：戦争特派員オーレマハー、スキューラー）

最も正確に、できるだけ迅速に移動するという課題を率先して遂行したときに見せるこの兵士の情熱的で緊張に満ちた表情には説得力がある。必要な行動を実行するときに必要とされる努力を集中することが、戦闘の結果が何を意味するかを自覚している兵士の活力になるのである。

兵士たちは白兵戦の覚悟を決める：霧の中を共産主義者たちが近づいてくる。

自分に向かって低空飛行するソ連軍機をじっとひるむことなく見つめるこの兵士の視線は、彼が危険に慣れていること、そしてあらゆる恐怖感の抑制の仕方を彼が知っていることを物語っている。高い理想を持つ者に特有の道徳的な強さだけが、自己犠牲を知る兵士を育てる。

あらゆる残骸を利用して、突破してきたソ連軍戦車目がけて突進する。

35キロにわたるスターリングラードの"火炎地獄"

スターリングラードの広大な工場群は、ヴォルガ川の水運を利用するため、河岸に沿って35キロにも伸びている。ソ連は、100万以上の人口を擁するこの町を要塞に変えるとともに、工場一つずつ、道路一本ずつ、家一軒ずつ防衛していった。わがドイツ軍は、この町を徹底的に攻撃するとともに、各トーチカを順番に占領していった。この写真は、ドイツ急降下爆撃機が、ある工場を攻撃している様子である。急降下から反転して上昇する爆撃機からは、投下した爆弾の火の手がぼんやりと見える。スターリングラード攻防戦の模様を伝える《シグナル》特別記事第1回は今号11ページに掲載されている。（宣伝部隊　撮影：前線特派員ベンノ・ヴンツハンマー）

クルスク以後

1943年2月、スターリングラードでドイツ第6軍が降伏すると、ヒトラーはソ連軍の進軍を食い止める決意を固めた。こうして「ツィタデレ（城塞）作戦」が始まった。だがそれは計画どおりに進まず、ドイツ軍の攻撃開始からわずか10日後にソ連軍は反撃に成功する。そのときすでにヒトラーは、作戦の放棄を決めていた。7月10日、連合軍がシチリア島に上陸した。8月1日にはドイツ軍のシチリア島撤退が始まった。シチリアにおける連合軍の勝利はムッソリーニに降伏を促し、ヨーロッパで唯一、ヒトラーの"味方"だった国がついに陥落した。ここにきてヒトラーは否応なく、新しい戦線全体を守るための増強策を考えざるを得なくなった。

ヒトラーはなかなか認めなかったが、スターリングラードにおける敗退以降、第三帝国が東部戦線において防戦一方であることは誰の目にも明らかだった。ヒトラーと彼の将軍たちの議論の的は、ドイツ軍の前線が抱える問題を解決すること、またソ連軍に独自の夏季攻勢を開始させないためにソ連軍を十分に弱体化させることを目的に、新たな攻撃を開始するかどうかだった。問題は進軍先としてどこが最も安全かだった。何度も議論を重ねた結果、ヒトラーは自分で結論を出した。それは、クルスクでソ連軍を打破することだった。この地でソ連軍が防衛する広範囲な突出部は、古典的な包囲作戦によって壊滅させることができるはずだった。だがそれは、あとになってヒトラーが「そのことを考えると胃がきりきりと痛む」と回想したほどの大きな賭であった。

7月までに両軍ともに、後に史上最大の陸戦といわれた戦いへの準備が整った。ドイツ軍は、50個近い師団および武装SS師団を攻撃に集中させるとともに、2,000両以上の戦車、約1,000門の突撃砲、それに1,800機の航空機を集めた。4個装甲軍団と1個歩兵軍団で構成されたハンス・フォン・クルーゲ陸軍元帥率いる中央軍集団は、ヴァルター・モーデル将軍が指揮する第9軍が先鋒を務めて、突出部を横切りながら南方を攻撃することになった。一方、マンシュタイン率いる南方軍集団は、ヘルマン・ホト大将の第4装甲軍とともに、電撃戦スタイルの攻撃特有の"くさび"の陣形を取りながら北部方面に突進した。

攻撃と反撃

7月5日、ドイツ軍は突出部両側の同時攻撃に成功するが、ソ連軍もまたそれに備えていた。主に「ルーシースパイ網」［ルドルフ・レスラー（暗号名ルーシー）が率い、スイスに本拠を置いていた反ナチスのスパイ網］のおかげでソ連諜報部は、4月以降、ヒトラーの意図を摑んでいた。突出部を守るソ連軍は、増援部隊が到着する前に、すでに数においてドイツを凌駕していた。ソ連軍は、最大幅40キロにわたる8つの防衛線の各所に陣取り、5,000両の戦車、2万門の重砲、6,000門の対戦車砲、1,000台のカチューシャ多連装ロケット砲、3,500機以上の航空機がこれを支援した。「ソ連軍が準備した陣地の深さは我々の想像を絶しており、我々がかろうじて一つの陣地を突破すると、すぐに新しい陣地が我々を取り囲むありさまだった」と、あるドイツ装甲部隊の指揮官は戦闘のあとで語っている。ソ連軍の戦法は、決定的な反撃を開始する前に、攻撃するドイツ軍を消耗させるというものだった。

マンシュタインの攻撃はゆっくり始まった。2日間にわたる苦闘の末にドイツ軍が突破できたのは、ソ連防衛システムの中の孤立した3つの部分のわずか11キロのみだった。そのとき突然、ホトの第4装甲軍が殺到するように前進した。一時は、突破できる可能性がすぐそこにあるように見えた。というのも、第2SS装甲軍は、プショル川にまたがる橋頭堡を確保し、プロホロフカの町を奪取する準備ができていたからである。だが、7月9日になると進軍は止まってしまった。マンシュタインは攻撃の再開を許可してほしいとヒトラーに願い出たが、ヒトラーはこれを却下した。一方、北部におけるモーデルの戦況は、ほとんど最初から困難におちいっていた。ソ連軍の膨大な予備軍、強大な防御態勢、そして後方からの反撃の危険などを考えると、モーデルはいつも以上にためらわざるを得なかった。それからの5日間、彼が進んだ距離はわずか10キロにすぎず、攻撃も急失速した。

ツィタデレ作戦が思うように進まない中、ヒトラーはあちこちから不愉快な知らせを受け取った。7月10日の英米連合軍によるシチリア島上陸もそのひとつだった。その数日後、イタリアの戦況を維持するための最後の努力としてイタリアに増援部隊を急派する必要に直面したヒトラーは、クルスクへの全攻撃を中止した。ソ連軍はすぐさま反撃を開始、ドイツ軍をスタートラインにまで押し返した。8月1日になるとソ連軍は突出部の両側面でかなりの成果を挙げ、ドイツ軍はさらに後退を余儀なくされた。8月28

エイア、エイア、アラーラ！　イタリア軍山岳部隊員たちが、伝統的なファシスト式挨拶を用いて国家ファシスト党への忠誠を誓う。

イタリアにて

↑ 英米軍との戦車戦の結末　数百もの敵戦車と重火器が破壊または捕獲された。（撮影：戦争特派員リュトゲ）

後方に連行される英・米軍の兵士たち　イタリア作戦の最中、数千ものイギリス・アメリカ部隊が投降を余儀なくされた。

日にソ連軍がハリコフの奪還に成功すると、ドイツ軍は全面的に退却するに至った。それから数年後、ドイツ国防軍最高司令部参謀のヴァルター・ヴァーリモント将軍は、「それは単なる戦闘敗北以上のものだった。それによってソ連軍は主導権を握り、一方、我々は戦争の最後まで主導権を回復することができなかった」と書いている。

ムッソリーニ救出

ヒトラーがツィタデレ作戦の中止を命じた一因は、7月25日、ファシズム大評議会がローマで開いた連続10時間に及ぶ会議で、ムッソリーニの統帥権限剥奪を決めたという知らせだった。ヴィットーリオ・エマヌエーレ3世は統帥を解任し、その翌日、ムッソリーニを逮捕した。ヒトラーは、ムッソリーニの突然の失脚の報を聞いて激怒した。「我々ははっきりさせなくてはならない。これは完全な裏切り行為だ！」と、ヒトラーは夕方の報告会で部下に大声を張り上げた。

アルベルト・ケッセルリンク陸軍元帥の巧みな指揮のもと、シチリアでは戦闘がまだ続いていた。同島では約6万のドイツ軍が38日間にわたって、13個師団の連合軍をなんとか食い止めていた。だが、ヒトラーが最初にしたことは、ケッセルリンクに同島からの撤退の準備を命じたことと、避けられない連合軍のイタリア本土侵攻に対し自ら備えることだった。ヒトラーの意図は、明確だった。「ヒトラーの狙いは、エマヌエーレ3世を逮捕し、（ムッソリーニの後継者としてイタリア首相に任命された）バドリオとその側近たちを拘束し、ムッソリーニを解放し、さらにムッソリーニとファシズムを復権させ、強固な体制をつくる機会を与えることだ」と、ゲッベルスはヒトラーとの個人的な会談のあとで興奮気味に言及した。

連合軍の本土上陸後のイタリア軍の戦争遂行能力を、ヒトラーがほとんど、あるいはまったく信頼していないことは明白だった。「イタリア軍が示す抵抗はほとんど形だけのものだ。イタリア人は戦うことを望んでいないし、武器を放棄するならまだしも、喜んで売るだろう」というのがヒトラーの見方だった。7月18日、ヒトラーは北イタリアのフェルトレでムッソリーニと会談し、そこでイタリア人はもっと戦争に貢献する必要があると延々2時間にわたってムッソリーニに"説教"した。それでもヒトラーは、ムッソリーニをそういった非難から解放してやりたいと考えていた。ヒトラーは、大胆不敵な武装親衛隊隊長であり、ムッソリーニ救出の任務を託されたオットー・スコルツェニー大尉に、「イタリアの偉大な息子を見殺しにすることはできないし、そのつもりもない」と伝えた。

だが、スコルツェニーが直面した最初の難問は、ムッソリーニがどこに捕らわれているのかを突き止めることだった。捕らわれた独裁者は最初、ポンツァ島に連行され、そのあとで別の島に移され、最終的にグラン・サッソという町のホテルにいることがわかった。そこはイタリア中部のアペニン山脈の人里離れたスキーリゾートだった。スコルツェニーは、イタリアの無線通信を傍受して、ムッソリーニの最後の動きを把握した。9月12日、スコルツェニーとグライダー空挺隊員および武装親衛隊員――これにニュース映画のカメラマンが加わった――がパラシュートでホテルに降下した、乗っていたグライダーはそのまま山に衝突させた。彼らがムッソリーニの護衛を制圧するのに5分しかかからず、また救出のために1発の発砲も必要なかった。それどころか、国家治安警察を指揮する大佐はスコルツェニーを招き、ワインを振る舞ったほどである。

スコルツェニーはムッソリーニに敬礼して「統帥閣下、総統はあなたを自由にするために私を遣わしました」といった。それに対しムッソリーニは「私の友人であるアドルフ・ヒトラーが私を見捨てないことはわかっていた」と答えた。その間、スコルツェニーの部下たちは、〈フィーゼラー・シュトルヒ小型偵察機〉が着陸してムッソリーニを連れて安全な場所に飛び立てるよう、ホテルの前に即席の飛行場を用意していた。ムッソリーニは自分自身、パイロットの経験があったが、明らかに緊張していた。スコルツェニーが無理矢理乗って飛行機の荷重が増加したからだった。スコルツェニーは後になって、万が一、飛行機が墜落してムッソリーニが死んだり負傷したりしたら、ヒトラーは自分の首を飛ばしていたに違いないと語った。

スコルツェニーにとって幸運だったのは、離陸がうまく行ったことである。ムッソリーニは、当初ローマ郊外の飛行場、ついでウィーン、そして最終的には東プロイセンの総統大本営に連れて行かれ、そこで大喜びのヒトラーの暖かい歓迎を受けた。だが、ヒトラーの熱狂も長くは続かなかった。ムッソリーニは、北イタリアのサロの町を拠点に傀儡ファシスト政権を樹立するよう説得されていたとはいえ、すでに"過去の人間"だった。ムッソリーニにもはや実権はなく、多かれ少なかれ、ナチスの"解放者たち"の言いなりになって、お飾りとして生きていくしかなかった。

連合軍への抵抗

いずれにしてもムッソリーニは"権力"に復活したものの、ナチスの戦争遂行に対する彼の貢献度は低かった。だが、スコルツェニーの大胆な英雄行為は、間違いなく第三帝国の士気を高めた。スコルツェニーの行為は、機転を利かせれば難しい状況を打開するためにドイツはまだ迅速かつ決定的な行動を取れることを示していると、国民は口々に語った。だが、イタリア人全体に対するドイツ人の意見は依然として厳しかった。結局のところイタリア人は退廃的だというヒトラーの意見に、多くのドイツ人が同調した。親衛隊国家保安本部は、「今や第三帝国中で、すべての階層の人々に、ひとつの国民に対するに際だった憎悪感情がある――それはイタリア人である」と報告した。

この報告には次のような続きがある。「基本的にドイツ人は、我々の真の敵に対して憎悪を持っていない。それは一種の運命の問題だと感じているからだ。だが、ドイツ人はイタリア人を絶対に許すことができない。そこには、選ばれた代

シチリア島に上陸する連合軍を攻撃するためにパラシュートで降下するドイツ軍。《シグナル》は同島における枢軸側の抵抗を賞賛するが、英米軍を見たとたん、多くのイタリア兵が逃走したり降伏したりしたことには言及しなかった。

表を通して友好のためにはどんな苦労も惜しまないといいながら、二度にわたって卑劣にも我々を裏切ったという事実がある。イタリア人に対する憎悪は根源的な感情に発している」

ヒトラーは、連合軍による待望のイタリア上陸が行なわれる前から——9月3日、モントゴメリー率いるイギリス第8軍は、メッシナ海峡を越えてイタリア南部の町カラブリアからイタリアに上陸し、その6日後、さらに北上してサレルノ海岸に二度目の上陸を果たした——イタリア人が望むかどうかに関係なく、イタリアの防衛を覚悟していた。ひとつだけヒトラーにとって明らかだったことは、バドリオがイタリアはこれからも枢軸軍の側に立って戦闘を継続すると何度も断言していることは信用できないということだった。9月8日の午後6時30分、イタリアと連合国との講和が実現したとBBCが伝えた。その1時間15分後、バドリオはイタリア国民向けの放送の中で、このニュースを正式に認めた。その翌日、バドリオ、イタリア国王、それにイタリア軍参謀総長であるアンブロジオ将軍は、ローマから南へ脱出して連合軍に合流した。この大規模な"脱走"に、イタリア軍最高司令部の多くの上級将校たちが加わった。

ドイツ軍の上級指揮官たち——高名なロンメル、そしてドイツ国防軍最高司令部作戦部長のアルフレート・ヨードル大将などのように——イタリア北部まで退却してアペニン山脈で踏ん張ることを主張する者もいたが、一方でケッセルリンクは、戦わずしてイタリア南部を放棄すべきでないと主張した。ヒトラーは、ケッセルリンクの意見に同意した。仮に英米軍を海岸まで押し戻すことができなくても、少なくともドイツ軍が容赦のない徹底的な攻撃を開始することで、長いイタリア半島に沿って戦う連合軍に最

突撃部隊が次々と舞い降りる：みごとなジャンプだ！

大の人的損害を与えることができるというのがヒトラーの考えだった。連合軍の作戦計画者たちは、1943年10月までにはローマを奪取できると予測していたが、連合軍がようやくイタリアの首都に入城したのはD-デーの前日、1944年6月のことだった。

連合軍にとってイタリア作戦は、第2次世界大戦を通じて最も長く、また最も流血の多い戦闘だった。11月、ゲッベルスとともに戦況を再検討したヒトラーは、「東部戦線を除けば敵軍の勝利もたいしたことはない。イタリアでは英米連合軍は身動きが取れず、しかも最も深刻な損害をこうむっている」と述べた。少なくとも翌年に行なわれたアンツィオの戦いやモンテ・カッシーノの戦いを見るかぎり、ヒトラーのこのときの意見は正しかったといってよい。

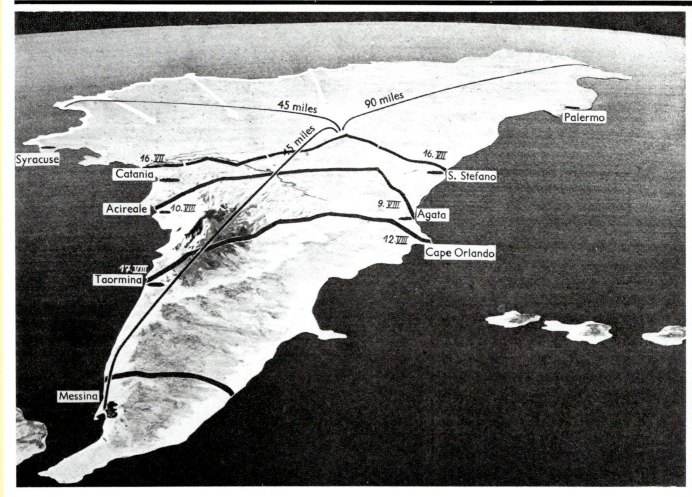

シチリア——いくつかの比較

シチリアにおいて英・米両軍を迎え撃ったのはドイツ軍4個師団だった。アイゼンハワー総司令官の命令は、できるだけ短時間のうちにドイツ軍をメッシナから排除することだった。いわば、シチリアを"ドイツ軍にとってのダンケルク"にするのが彼らの目論見だった。だが、果たして事実はどうだったか。

この決定的な局面において、シチリアをめぐる39日間に及ぶ英・米軍の戦闘は、島の3分の1に限定されていた（図1）。上図は、この地域をめぐる戦闘の連続的な経過を示している。度重なる危機にもかかわらず、クレタ島（図2）は、1941年5月20日から6月1日までの13日間にわたるわが軍の急襲によって奪取した。シチリアの12倍もの面積を持つノルウェー（図3）は、1940年4月9日から同6月1日の間に完全に制圧された。これらの上陸作戦はともに、ドイツ軍部隊と兵器の効率性とドイツ軍の統率力の優秀性を証している。一方、1940年のダンケルクの戦いは殲滅戦への"グランドフィナーレ"だった。グレッペ防御線が侵攻されると5月14日にオランダが降伏し、5月24日になるとアルトワとフランドルに残っていたすべての敵軍の殲滅が始まった（図4）。5月28日、オステンドからリール、アルマンティエール、グラヴリーヌにかけて残留していた4つの敵の部隊を包囲している輪が閉じられた。ベルギー軍が降伏したとき、イギリス海外派遣軍の残存部隊は、3つの包囲作戦（図5）において類を見ない敗北を喫したあとダンケルクへの脱出を試みた。フランスにおいて作戦が開始されてから26日後の6月4日、8万8,000の捕虜とともにダンケルクが陥落すると、イギリス軍はヨーロッパ大陸から駆逐され、いわゆる"ダンケルクの悲劇"と呼ばれる大敗北を喫した。チャーチルはこれを"壮大な軍事的災害"と称した。シチリアでは、5週間以上に及ぶ英雄的な抵抗のあと、ドイツ軍は一兵卒に至るまでヨーロッパ本土に秩序だった退却をなしえた。これらを念頭に置きながら、シチリアの戦いにおける5つの局面に関する当誌のリポートをお読みいただきたい。

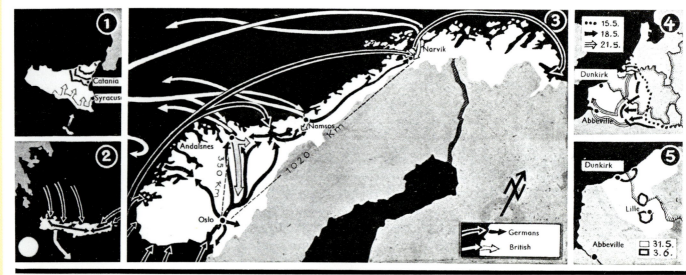

39日間……
シチリア作戦における5つの局面

戦闘の第1局面（1943年7月10日～13日）

7月10日夜、敵の複数の艦船は、マルサーラからパセッロ岬を経てアウグスタに至るシチリア島の東・南西海岸に沿って広がる前線に近づいた。リカータとジェーラ付近の南部海岸には、複数のアメリカ軍部隊が同時に上陸を開始した。イギリスの複数の師団もシラクザとパセッロ岬に上陸した。さらに、ラグーザーコミゾ地域には英・米のパラシュート部隊と空挺部隊が投入された。

ドイツとイタリアの前進守備隊に対する英・米軍の上陸作戦は、こうして始まった。ドイツとイタリアによる沿岸防衛隊は侵攻する敵に対抗し、すぐさま敵を苦しい戦闘に引き入れたが、英・米軍はなおも長大な海岸線に沿った様々な地点に新たな部隊を上陸させた。枢軸軍の背後に着陸しようとした英・米軍のパラシュート部隊と空挺部隊は、着陸すると直ちに枢軸側の空軍と陸軍によって包囲して殲滅されるか、あるいは撃退された。7月10日未明、ジェーラから北東に延びるジェーラーピアッツァーアメリナ道路への攻撃を開始したヘルマン・ゲーリング装甲師団の主力は、イタリア軍のいくつかの部隊と共同して、ジェーラに上陸していたアメリカ軍を海岸に沿った狭隘な土地に追い詰め、さらに彼らの大部分を自軍の艦船にまで撤退させることに成功した。また島の南東部では、ヘルマン・ゲーリング装甲師団とイタリア軍1個師団に支援された第15戦車擲弾兵師団がシラクザへの攻撃を開始した。その結果、シラクザの北西に上陸していた敵のパラシュート部隊は、戦闘を停止せざるを得なかった。

これに続く数日間、複数の戦車部隊を含む強力な敵部隊は、海岸に沿ってさまざまな地点に再び上陸した。だが、マルサーラとアウグスタに上陸しようと試みた敵は、甚大な損害をこうむった。英・米軍は、橋頭堡から継続的に増援部隊を抽出して圧力を加える中、ドイツ・イタリア軍の複数の部隊は、敵の水上艦艇から放たれる雨のような砲撃から逃れるため、島の北部にある準備された陣地に逐次退却していった。そのような中、ドイツ・イタリア軍は、敵の前進を遅らせるための後方守備隊による戦闘をやめなかった。イギリス軍は頑強に抵抗したが、アウグスタの町と港、それにマダレナ半島は、第15戦車擲弾兵師団の複数の部隊によって再び占拠された。いくつかの峡谷を抜けて北に伸びる複数の道路の確保をめぐる戦闘の中で、ドイツ・イタリア軍部隊は、非正規戦を行なって敵に甚大な損害を与えた。電撃的な攻撃を交えた巧みな退却によって、敵の主力部隊を分断させ、そして敵の前進守備隊を殲滅させるという結果をもたらした。ここでもまた、ドイツ軍の対戦車兵器の優秀性が証明された。

間断のない昼夜の戦闘が続く中、ドイツ空軍の強力な爆撃機部隊、急降下爆撃機部隊、戦闘機部隊、攻撃機部隊は、集結する敵の部隊、進軍・上陸中の敵の部隊を攻撃し、殲滅させた。敵の上陸開始から7月13日までの間、ドイツ空軍は、合計20隻もの敵の兵員輸送船、貨物船、商船（その総重量は10万7,500トンに達した）のほかに、数多くの上陸用舟艇、97隻の一般船舶、5隻の巡洋艦、2隻の駆逐艦を撃沈した。加えて、爆弾の直撃を受けて数多くの敵の上陸用舟艇に損害を与えた。さらに、わが高射砲と空中戦によって撃墜された敵の航空機は、83機にも達した。

戦闘の第2局面（1943年7月14日～17日）

第1局面に続く第2局面の戦闘の間、敵は主力を集中させてカタニア平野の突破を試みただけでなく、ドイツ軍防衛線の右翼を突破することで、シチリア島の中心地エンナの奪取を試みた。この目的を達成するために、シチリア南東部を拠点とするイギリス第8軍司令官モントゴメリー大将は、ドイツ軍の強力な抵抗によってカタニア南部で停止しているイギリス軍部隊を増強した。モントゴメリーは、カタニアの北西部と南部に大量のパラシュート部隊と空挺部隊を展開させて、ドイツ軍の後方を攻撃しながら、抵抗線を突破しようとした。わがドイツ軍を制圧するために、アウグスタからカタニアの海岸に沿って何隻もの戦艦、空母、巡洋艦、駆逐艦が集中配置されるとともに、それら艦艇から絶え間のない砲撃が行なわれた。

それからの数日間、わが守備隊は、兵員と物量に勝る敵に対抗できることを証明した。カタニアの北西部と南部に着陸した敵の空挺部隊は、攻撃を開始する前に包囲され、殲滅された。強力な戦車と航空支援とともに始まったイギリス軍の猛攻は、守備隊の抵抗に遭うと重大な損害を出して破綻した。わずか数日間の戦闘において、ヘルマン・ゲーリング装甲師団は、カタニアにおいて130両の敵戦車と15機の敵戦闘機を撃破した。

島の西部に加えられたアメリカ第7軍の攻撃も同じ運命をたどった。同軍を率いたパットン中将もまた、それまでの戦闘においてこうむった人的・物質的損害を埋めるためにリカータとジェーラの橋頭堡にある備蓄を使った。彼は、エンナの町を確保するために、バッラフランカ地域

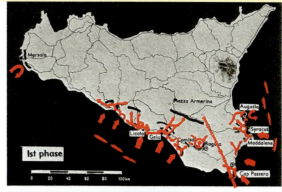
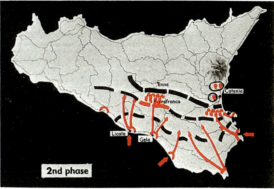
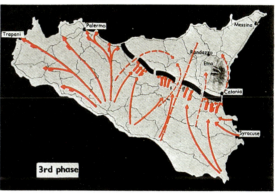
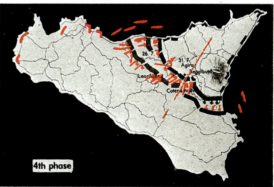
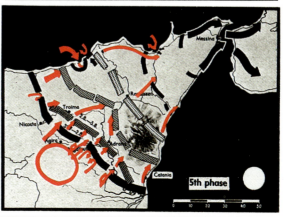

次から次へと砲弾が爆発する敵の前線　ドイツ軍の決死の防御を攻撃しようとすれば、そこに待っているのは甚大な損害という代償である。

戦闘の第4局面（1943年7月24日〜31日）

イギリス軍が十分に自信を取り戻して新たな攻撃を開始したのは、ようやく7月30日になってからであった。彼らは、強力な戦車と砲兵の支援を受けて、カタニア南部と南西部に展開しているヘルマン・ゲーリング装甲師団の右翼を包囲してレガルブート方向への突破を試みた。もうひとつのイギリス軍部隊もカテナヌオーバ方面で同時に攻撃を開始した。だが、彼らがカテナヌオーバに到達する前にレガルブートへの攻撃は、全兵器を使ったわが軍の防御砲撃によって崩れ、一方、カテナヌオーバは苦しい戦闘の中で敵に奪取された。7月31日から8月1日にかけての夜半、主な戦線はカテナヌオーバとレガルブートの北東の丘にまで下がり、レガルブートは敵に明け渡すことになった。

敵は、前週の戦闘で実現できなかった目的を完遂するために、持てる力とあらゆる手段を用い、また情け容赦なく各師団を動員して戦った。敵はまた、自軍の部隊を再編するとともに、作戦の責任をアメリカ軍に移譲した。その狙いは、特に強力な先鋒部隊によってこれらの町を攻撃することで、守備隊の抵抗を鎮圧し、さらに海岸道路に沿って東方に突破することだった。強力な自動車および機甲部隊によるもうひとつの攻撃の目的は、レオンフォルテとアジーラに陣取るわが軍の部隊を駆逐し、さらに北部方面に侵攻して北部グループと合流することだった。

アメリカ軍の力は弱く、結果として北部前線に沿って小競り合いをしたにすぎなかったが、7月25日になると彼らは海岸道路に沿って総攻撃を仕掛けてきた。だが、わが戦車擲弾兵師団はその攻撃を退け、迅速な反撃を開始して彼らを押し戻した。だがその翌日、敵が再び攻撃したとき、わが軍は対抗しなかった。

ドイツ軍が機動的な戦闘を続行したことは、その後に続いた作戦の最中に真価を発揮した。最も頑強な防衛と適切なタイミングでの退却、そして電撃的な攻撃とが交互に行なわれた。ドイツ軍部隊による後方遅延

への攻撃を開始した。そこで合流している道路と鉄道を支配し、活用することが彼の目論見だった。アメリカ軍は、強力な戦車、航空支援および大量の重火器による援護を与えることで歩兵攻撃の進展を試みたが、結局彼らの努力が予期した成功を実現することはなかった。彼らの攻撃はみな、主たる防衛戦に到達する前に、わが守備隊の破壊的な砲火の中で粉砕されてしまった。

この局面におけるドイツ空軍の主要な任務は、地上部隊を効果的に支援することのほかに、島を取り囲む海域で行なわれる敵の海上活動に打撃を加えることだった。7月14日から17日のあいだ、ドイツ空軍は駆逐艦1隻のほかに、兵員輸送船、油送船、弾薬補給船、一般補給船、上陸用舟艇など28隻（総重量9万4,000トン）を撃沈したほか、巡洋艦5隻、駆逐艦5隻、その他艦船43隻に損害を与えるとともに、敵航空機を43機撃墜した。

ンダー将軍は、守備隊の英雄的な抵抗がうまく行っていることを考えると、連合軍司令部に新規の部隊の増援を要請したが、ドイツ空軍による監視と危険が絶えない海上を横切ってでも彼らを派遣してもらう必要があることに気づいた。英・米軍最大の弱点はまさに海にあった。しかも、ドイツ海軍と空軍の作戦がうまく行ったことで、海における敵の困難は日に日に増大した。

数字を挙げれば、ドイツ空軍は、シチリア海域で2隻の敵兵員輸送船（重量合計1万4,500トン）と1万トン級タンカー1隻を撃沈するとともに、中型の船舶21隻と無数の特殊上陸用舟艇に損害を与えた。中でも戦功を挙げたのは6隻のドイツ軍高速魚雷艇だった。7月19日から20日にかけて、快晴の中をシラクサ港への進入を強行し、停泊していた2隻の敵駆逐艦と3,000トン級の汽船1隻を撃沈するとともに、8,000トン級の大型兵員輸送船に損害を与えた。

戦闘の第3局面（1943年7月18日〜23日）

シチリアをめぐる戦いの第3局面においてアメリカ軍はわずかながら勝利した。ドイツ軍が撤退した島の西部と北西部を占拠し、大きな反撃のないなか、トラパニとパレルモの町の確保に成功したのである。

だが、島の東部および北東部では、様相はまったく違っていた。二つの戦線を形成するために大量の自動車および機甲部隊が再度、集められた。アメリカ軍の狙いは、ドイツ第15戦車擲弾兵師団、それに二つの場所にいるイタリア各師団のいくつかの部隊の側面を包囲し、それによって、ランダッツォを経由し、山岳地帯を抜けてメッシナに至る北・北東方面への複数の道路を確保することであった。

第2は、イギリス軍との戦線だった。第2局面においてこうむった敗北にもかかわらず、イギリス第8軍は、広大な戦線に沿ったカタニア平野の奪取という別の試みを実行しようとしていた。その目的は、エトナ山の反対側、北方に向かう海岸道路に沿ってメッシナへと続くドイツ・イタリア軍の退却線を分断することだった。

だが第3局面においてもまた、敵は戦略目的を達成することができず、それどころか不均衡なほどに大きな人的および物的損失をこうむった。

シチリア戦線の中間部であろうと東方面であろうと、敵が攻撃するところは常に、守備隊の徹甲兵器によって敵戦車部隊が粉砕されたのである。敵歩兵部隊が前哨基地を越えて進軍し、主戦線に到達できたとしても、ドイツ・イタリア軍の精鋭部隊が白兵戦という戦闘の覇者であることに変わりはなかった。シチリアにおいて採用された戦術、戦闘の弾力的な遂行、さらに狭隘な山岳通路が多い岩だらけの自然がもたらす多くの利点、これらが相まって、防衛者の損害を最小に押さえながら、攻撃する敵に甚大な被害を与えることができたのだった。7月18日から23日までの間、敵は攻撃の間隔をさらに開けざるを得なくなった。そうすることで破壊された部隊を再編し、備蓄物資を使うためである。当初、シチリア侵攻作戦のために必要と見られた師団の数は、すぐに予想を越えてしまった。シチリア侵攻作戦を指揮したイギリス軍のアレクサ

歴史的な記録　シチリアでの戦闘に当たっていた最後の部隊が、メッシナ海峡を越えてフェリーで本土に到着した。それはまるで実際の戦闘のように整然としたものだった。

作戦の結果、海岸に沿った敵軍の攻撃は不首尾に終わり、中間地域においてアメリカ軍が担当した第2の先鋒は、戦車擲弾兵師団による不屈の決意と頑強な抵抗に遭遇した。レオンフォルテに陣取っていたドイツ後方守備隊に対する攻撃さえも、敵全戦力の放棄を招いた。敵はアジーラを急襲するために、甚大な損害をこうむったあとの再編と予備軍の動員を余儀なくされた。アジーラに対する総攻撃が始まったのはその後だった。わが軍と敵との一進一退の激しい攻防と、双方とも最後の備蓄が乏しくなるほどの戦況が続く中、アジーラ突破という敵の試みは頓挫し、また敵による包囲作戦は失敗した。

シチリア全土で、ドイツ空軍の強力な爆撃機部隊と戦闘機部隊が動員され、地上戦闘を効果的に支援した。だがこの局面においても、彼らの主たる任務がシチリア周辺海域にいる船舶とアフリカにある補給港への攻撃であることに変わりはなかった。彼らの奮闘により7,000トン級のタンカー1隻と重量合計2万トンの大型商船3隻を撃沈するとともに、輸送船と商船計36隻、巡洋艦1隻、小型の海軍艦艇2隻に深刻な損傷を与えた。加えて高射砲と空中戦によって、敵航空機64機を撃墜した。

さらにドイツ海軍に属する小型高速艇が1隻の敵巡洋艦を魚雷攻撃し、敵潜水艦1隻の撃沈に成功した。またドイツ艦船から発射された対空砲火によって、敵航空機を7機撃墜した。

戦闘の第5局面（1943年8月1日〜17日）

8月の最初の数日間、敵は、島の南部を守るヘルマン・ゲーリング装甲師団、同じく北部を守る第29戦車擲弾兵師団に対して少ない戦力で攻撃を仕掛けてきたが、その後、彼らの主たる攻撃は島の中心部に移った。彼らの意図を推測することは容易だった。彼らは、トロイナを経てランダッツォとメッシナに至る道路、またアダルノを経て同地に至る道路の確保を狙ったのである。敵は、この目的を達成するため、島の中央部すなわちニコシアーアジーラーレガルブート地域にその主力軍を集めることで総攻撃を準備した。一方、わがドイツ軍はいくつかのイタリア軍部隊とともに、今回の作戦において最も困難な課題に直面した。もしわが軍が、圧倒的な人的・物的優位によって敵の攻撃を撃退することができれば、またわが主力軍が撤退できるまでの時間を弾力的な方法によって稼ぐことができれば、我々の目的は達成できるのである。この歴史的な課題を意識しながら、わがドイツ軍戦車擲弾兵師団は、敵の総攻撃に敢然と立ち向かい、それを押しとどめ、そして敵軍の再編を余儀なくさせた。

その間、ドイツ・イタリア軍主力は、北東に向かって退却した。わが軍を追撃する敵は厚く敷かれた地雷原に阻まれ、その結果、貴重な時間を失った。ドイツ・イタリア軍の後方に部隊を上陸させることでドイツ・イタリア軍の退却を阻止しようとする敵の試みに対抗するために、わが軍の反撃が始まった。上陸した敵軍は包囲され、破壊され、あるいは海まで押し戻された。

ドイツ・イタリア軍によるイタリア本土への移動は、敵に妨げられることなく数日間続いた。わが軍の20倍の物量を有する敵軍が上陸した港湾の獲得を阻止できたのも、またシチリアで戦う全部隊、さらには重火器、戦車、迫撃砲、トラック、その他の機器を、メッシナ海峡を越えてイタリア本土に動かすことができたのも、ドイツ後方守備隊の卓越した勇気のおかげである。

こうして、シチリアにおける戦闘は終わりを迎えた。5週間にわたる戦闘において、ドイツ陸軍は自らに課せられた任務——前方の守備隊の役割を果たすこと、軍の主力部隊を集結するための時間を確保すること——を立派に遂行した。将来、この戦闘が歴史に記されることがあれば、英雄的な戦いの中で、優勢な敵の3分の1の戦力を失わせることに成功した比類ない勇気を持った少数の兵士たちに対して、大きな賛辞が送られるに違いない。

同じころ、ドイツ空軍は敵の最重要の海上輸送力の大部分を破壊し、撃破した。彼らは、61隻の輸送船・商船（その大部分は兵員と軍需物資を運搬するもので、その総重量は29万トンにも達した）のほかに巡洋艦1隻、駆逐艦7隻、コルベット艦3隻、無数の小型海軍船舶を撃沈した。さらに、59隻もの貨物船と輸送船（合計重量27万8,750トン）に甚大な損傷を与えたため、彼らの損害はかなりのものに上る。その他の砲撃によって炎上または攻撃された船舶は数知れない。

また、ドイツ海軍が果たした功績も歴史上、唯一無比のものだった。彼らは、1万台近いトラック、1万7,000トンもの弾薬、燃料、その他の補給品、それに8月初旬に負傷した4,000人の兵を伴ったドイツ・イタリア軍部隊を無事、撤退させたのである。

4倍以上の物量を有する敵に直面しながらもこうした軍事組織の"傑作"が生まれたのは、三つの軍隊のおかげである。すなわち、自分たちの戦線へのあらゆる侵食と陸上におけるあらゆる包囲の動きを阻止した陸軍、次に、ほとんど小型船舶だけで島と本土との輸送を実行し、小部隊によって陸上部隊の両脇を守った英雄的な海軍、そして、強力な爆撃機部隊と戦闘機部隊によって地上戦を支援し、敵を空中戦に引き込み、貴重な敵の船舶を撃沈し、損傷させることで甚大な打撃を与えた空軍である。

こうして将校と兵士たちが達成した戦果は、攻撃での勝利と同様に、後世の戦史で長く語り継がれるに違いない。

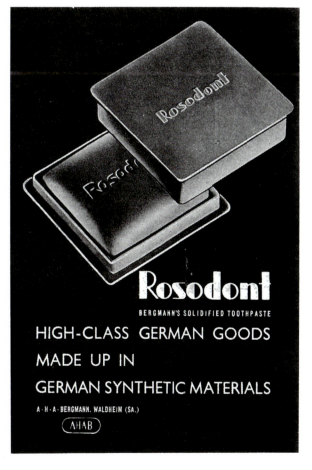

グランサッソの囚人：ベニート・ムッソリーニ ムッソリーニを拘束する守備兵たちをあっという間に制圧したわがドイツ部隊は、彼らをどうしようとしているのか。「彼らを自由にしてやれ」──ムッソリーニはそういうと、〈フィーゼラー・シュトルヒ機〉に乗り込んだ。

「お元気で！」 標高1,800メートルの山上で解放者たちが見送る中、ムッソリーニを乗せた〈フィーゼラー・シュトルヒ機〉が飛び立つ。はるか眼下ではイタリア全土で何千人もの黒シャツ隊が、「鍛冶屋の息子」や「イタリアの救世主」と呼ばれたムッソリーニの帰りを待っている。

第三帝国への爆撃

「1940年8月26日の夜、イギリス空軍の爆撃機がベルリンを爆撃したとき、ベルリン市民はまさに度肝を"抜かれた"」——アメリカからドイツに派遣された従軍記者のウィリアム・シャイアーはそう報告した。ゲーリングが、いかなる敵機も第三帝国の首都には近づけないといって国民を安心させていたからだった。ヒトラーは復讐を誓い、ドイツ空軍はヒトラーの命令を遂行するために最善を尽くしたが、敵地を爆撃する任務を履行できるような重爆撃機がなかった。一方のイギリス空軍は、集中爆撃の技術を完成させていた。1942年から世界大戦終結までイギリス空軍爆撃機軍団司令官を務めたサー・アーサー・ハリス空軍大将は、「ナチス・ドイツの心臓部が鼓動を止めるまで」爆撃を継続すると宣言した。

1941年6月のソ連攻撃を端緒とする「バルバロッサ作戦」を開始するためにヒトラーが西部戦線に関心を移したとき、その前年の秋にドイツ空軍が始めていた対英爆撃は事実上、停止していた。今やドイツ空軍力のおよそ4分の3が東部戦線で運用されており、ゲーリングの残余の爆撃機も東部での長期間の厳しい戦闘を遂行する力を失っていた。一方、イギリス空軍爆撃機軍団は第三帝国への空襲を徐々に強めていたが、1942年の春までの戦果は芳しいものではなかった。空襲には、多大の費用が必要だった。

イギリス政府が実施した調査によれば、イギリス空軍爆撃機軍団所属の爆撃機のうち、実際に主要爆撃目標の8キロ以内に到達できるのは約3分の1にすぎないこと、またこの程度の正確性を達成するにも月明かりによる飛行が不可欠ということがわかった。当時、ほとんどの爆撃機は予想到着時刻を基準にして、"当てずっぽう"で爆弾を落としていた。爆撃機自体の損害も計り知れなかった。1941年8月の最初の18日間だけを見ても107機が失われた。9月になると、2,501機のうち40機が墜落し、また68機が行方不明となった。11月7日の夜には400機のうちの37機が失われた。言葉を変えれば、イギリス空軍爆撃機のうち、ベルリン爆撃では12.5パーセント、マンハイム爆撃では13パーセント、ルール爆撃では21パーセントの爆撃機が帰還できなかった。唯一、ドイツ占領下にあるフランスの目標を爆撃した航空機だけは、比較的、無傷で帰還することができたが……。

「カムフーバー・ライン」

イギリス空軍の損害の増加も無理はなかった。1940年に行なわれたイギリスによる数次のルール爆撃を見たゲーリングは、急いでヨーゼフ・カムフーバー将軍を夜間爆撃に対する第三帝国の防空責任者に任命した。当初、ドイツ軍は主に高射砲とサーチライトに頼っていたが、ゲーリングも徐々に、そしてしぶしぶながらドイツ防衛のために夜間戦闘機を配備する考えに傾いていった。問題はゲーリングもヒトラーもともに、ドイツ空軍の役割は攻撃であって防衛ではないと考えていたことだった。1941年の秋、ドイツの防空について協議する際、ゲーリングは「私が手持ちの飛行部隊を西方に戻すことができさえすれば、こんなインチキ仕事は必要ないんだ」とカムフーバーに断言した。一方、夜間戦闘隊には航空機も要員も不足していた。ドイツ空軍が望むような決定的な規模の戦力になるには、航空機も要員もまったく十分ではなかった。

それでもカムフーバーは、何とか空中戦に勝利できるような防衛システムの構築に成功した。彼はまず、北部ドイツ、オランダ、そしてベルギーにわたる80キロから160キロの間にサーチライトと聴音機を帯状に配置した。手持ちの夜間戦闘機がこの線の各区域を哨戒し、敵爆撃機を発見したら、すかさず攻撃するという仕組みだった。次いで1942年の春には、より高度な、そしてより潜在破壊力のある「ヒンメルベット（天蓋付ベッド）」システムを構築する。これは、北ドイツからベルギーを経てドイツの最も重要な都市群に至る海岸線に沿って設けられた、レーダーによって誘導される戦闘機の"ボックス"を重なり合ったチェーンのように配置したものである。

各"ボックス"には長距離監視用のフライヤ・レーダーが設置され、高度は測定できないものの、敵爆撃機の接近とそのコースを早めに警告する。敵機を迎撃するために夜間戦闘機が緊急発進したあとは、短距離のヴュルツブルク・レーダーが管制した。つまり各ボックスには——爆撃機をより正確に追跡するレーダーと、迎撃戦闘機を管制するレーダーという二つのレーダーが配置されることになる。地上にいる管制官は、二つの機体の相対位置を、赤と緑の予測点として

ゼーブルク市にある評価スクリーンにプロットする。当初、管制官は、支援するサーチライトの組み合わせによってつくられる円錐の中で爆撃機を捕捉することに努めたが、その後、戦闘機自体がリヒテンシュタイン機上レーダーを備えるようになると、管制官は戦闘機が機上レーダーを使用できるように目標まで、誘導するようになった。

それはまことに巧みなシステムだったが、二つの弱点があった。一つは、このシステムは二つのレーダー画面を必要としたことであったが、イギリス軍のそれは一つだけであった。もう一つは、各"ボックス"は一度に一個編隊しか管制できなかったことである。このことに気づいたイギリス空軍は、"ストリーミング（奔流）"という戦術を開発した――これは爆撃機の全編隊を一つのボックスに集中させて機能を麻痺にさせた後に、ドイツの防衛拠点を集中攻撃しようというものだった。イギリス空軍による爆撃が激化するにつれ、圧倒的な攻撃の前に、カムフーバー・ラインはしだいに力を失っていった。

集中爆撃

カムフーバーが自分の持ち場で戦う一方で、イギリス空軍爆撃機軍団は戦術を再検討していた。それは、これまでのように工業施設を正確に攻撃するのを止め、代わって第三帝国の都市部を絨毯爆撃するという重大な決定だった。

新しい戦術は、新型航空機の導入と歩調を合わせたものだった。4発の重爆撃機――＜ショート・スターリング＞、＜ハンドレ・ページ・ハリファックス＞、＜アブロ・ランカスター＞――が、＜ホイットレー＞、＜ウェリントン＞、そして＜ハンプデン＞などの従来の爆撃機軍団の主力だった中型爆撃機に徐々に取って代わった。これに新しい航法支援技術が加わった。まず通称「ジー」と呼ばれる無線パルス航法システムが導入され、次いで、「H2S」と「オーボエ」という名の2つのレーダー誘導システムが続いた。あわせて新しい総司令官――空軍兵士たちの間では「ブッチャー（屠殺屋）」

とか「ブッチ（タフガイ）」という愛称で知られたサー・アーサー・ハリス空軍大将が着任した。ハリスの任務は、イギリス空軍省が指定した"主要工業地帯"――エッセン、デュースブルク、デュッセルドルフ、そしてケルン――と同じく"準工業地帯"の爆撃であった。リューベック、ロストク、ブレーメン、キール、ハノーファー、フランクフルト、マンハイム、シュトゥットガルト、そしてシュヴァインフルトは、第二の爆撃目標に指定された。ハリスはまた「全市に対する攻撃の恐怖を維持する」ため、ベルリンへの執拗な爆撃を継続することになった。それは決して小さな任務ではなかったが、並々ならぬ自信の持ち主であるハリスは、自身とその部下たちならその任務を成就できると確信していた。

ハリスは、新しい戦術を試すための最初の都市としてリューベックを選んだ。単純にいえば、彼の航空隊が見つけ、攻撃し、最終的に破壊できる町がリューベックだったのである。バルト海に面したこの町なら、簡単に狙いを定めることができ、防備もそれほど厳重ではなかった。何より、人口が密集したこの中世の町なら、火を放ち炎上させることも比較的簡単だった。1942年3月28日に行なわれた空襲は、圧倒的な成功で終わった。1,425棟もの民家が完全に破壊され、1,976棟が大きな損傷を受けた。もうひとつの沿岸の町ロストクが次のターゲットになった。このときの攻撃は連続4夜以

《シグナル》が掲載したベルギーの都市アントワープの爆撃被害を示す写真。そこには、連合軍は、無辜の市民に「テロ爆撃」を好き勝手に行なう「空の海賊」と書かれていたが、連合軍の攻撃が軍事目標に厳密に限定していることには触れられていなかった。

上にわたって行なわれ、リューベックと同様、町の中心が激しい炎に包まれた。

1,000機の爆撃機による爆撃

それでもハリスは、爆撃機軍団の力の誇示を止めようとしなかった。1942年5月30日、ハリスは、ラインラントの古都ケルンに対し、史上初の1,000機の爆撃機による爆撃を開始した。それは世界がかつて見たことのない、最も強力なエア・パワーの集中であったのだが、通常の爆撃機軍団の前線編隊の2倍にも相当する、途方もない数の航空機と要員を揃えるために、ハリスは、指揮下にある作戦訓練部隊から、使用可能な航空機のほかに、訓練生と教官をかき集めざるを得なかった。

爆撃は、3波にわたって行なわれた――＜ウェリントン＞が先陣を切ると、＜スターリング＞が後続し、＜マンチェスター＞と＜ランカスター＞が殿（しんがり）に付いた。爆撃機の編隊が目標に向かって進む中、後続機の搭乗員たちは前方200キロの空に巨大な赤い炎が広がるのを見た。それは端から端までケルンの町が燃え上がる姿だった。地上は、大混乱になっていた。市内全域で交通が混乱し、そのた

連合軍の爆撃を受けて損壊したアントワープの学校。《シグナル》はこれを、ドイツ占領下地域はどこも連合軍爆撃機の"恰好の餌食"になっている証拠だと主張し、連合軍の凶暴な空襲から逃れられるものはいないとした。

め新しい弾薬を補給できなくなると、高射砲も射撃を停止せざるを得なくなった。サーチライトだけが目まぐるしく空を照らした。この爆撃で3,300棟の民家が全壊し、また2,000棟が大きな損害を、7,000棟が部分的な損害を受けた。加えて、1万2,000回にも及ぶ射撃によって水道管が損壊し、電線が分断し、ガス管が破裂し、そして電話網が使用不能になった。推定36の工場が全壊したほか、70の工場が激しい損傷を受け、200以上の工場が部分的な損傷を受けた。ライン川沿いのドック、鉄道、そして市内の路面電車網が使用不能になった。約4万5,000人が家を失った。

それは史上まれに見る大惨事だったが、ゲーリングはなかなか認めようとしなかった。空襲の翌朝、アルベルト・シュペーアは、エアハルト・ミルヒ空軍元帥とともにゲーリングを訪ねた。2人が到着したとき、ゲーリング国家元帥はケルン大管区指導者と電話中だったが、この指導者はケルンの被害状況をヒトラーにすでに報告していた。「貴市の警察本部長からの報告はまったくの嘘っぱちだ。国家元帥として私は、言及された数字は単純に大きすぎると断言する。どうしてそんな幻想を総統に報告するつもりだ」——ゲーリングはそう怒鳴った。ゲーリングにとって不運だったのは、ヒトラーが警察本部長を信じたことだった。

ヒトラーは、ドイツ空軍に報復を命じた。同年4月、いわゆる「ベデカー爆撃」が開始され——ヨーク、ノリッジに代表される——ほとんど備えのない、歴史的・建築学的な重要性を持つイギリスの小都市が攻撃目標に選ばれた。だが、爆撃を実行するためにドイツ空軍が集めた航空機はわずかなもの——日中の攻撃に使える戦闘爆撃機が30機、夜間爆撃機が最大130機にすぎなかった。彼らは何の戦果も挙げることができなかった。1944年の春には再度のロンドン空襲が試みられたが、結局これも失敗に終わった。ヒトラーの不信感をさらに高めたのは、爆撃機の多くが目標の都市を見つけることさえできなかったことだった。

徹底的な破壊

ケルンは、単なる始まりにすぎなかった。1943年になるとアメリカ第8航空軍がイギリス空軍の爆撃任務に参加した。この組み合わせが持つ潜在威力をゲッベルスも評価していた。「いま我々はどうしようもない劣勢に置かれており、英米軍の猛攻がもたらす打撃を覚悟しなければならない」と、密かに日記に書いている。

イギリス空軍爆撃機軍団は来る夜も来る夜も、ドイツ工業の中心であるルール地方を強打した。7月、ハリスとアメリカ軍はハンブルクを爆撃し、イギリス軍が集中砲火を浴びせると、同市の大半が灰燼に帰した。約90万人が家を失い、推定だか4万人が命を落とした。最後にハリスは、ベルリンへの全面攻撃を爆撃機軍団に命じたが、度重なる爆撃にもかかわらず、ベルリンはかなり頑強で、その"殻"を砕くことはなかなかできなかった。

だがついに、"第三帝国の心臓"に到達できる新世代の長距離護衛戦闘機の援護を受けた＜ボーイングB-17フライング・フォートレス爆撃機＞、そして＜コンソリディーティドB-24リベレーター爆撃機＞から成るアメリカ第8・第15空軍によって、ドイツ空軍は屈服したのである。1944年春、通称「ビッグ・ウィーク」、つまりドイツ航空機産業を対象とした一連の大規模攻撃が行なわれると、4,000機以上のドイツ軍航空機の生産が停止した。その後、アメリカ軍がドイツの貴重な石油プラントを攻撃対象に加えた。結果はさらに劇的に悪化した。ドイツの航空機燃料供給量は、1944年4月の18万トンから同年6月には5万トンに、さらに8月にはわずか1万トンに急落した。それ以降、ドイツ空軍は使用可能な航空機の数だけでなく、燃料不足におちいった。それによって、もしもう少し早く十分な数が生産されていれば連合軍に対する空域戦況は大きく変わったであろうといわれたドイツの新型ジェット機も大きな影響を受けた。

第三帝国が時々刻々と崩壊に近づく中、1944年も末になると、連合軍爆撃機の爆撃を妨げるものは事実上何もなくなった。昼夜の別なく、破壊された第三帝国のあちこちの都市から巨大な煙と炎の柱が上がった。ゲッベルスは、「状況は日に日に耐えがたいものとなっている。我々にはもはや、この破滅から自分たち自身を守る術がない」と書いた。まさにそれは、終末そのものだった。

Signal

「車輪止めを外せ」
——夜間作戦！

〈ユンカース Ju 88 爆撃機〉に爆弾が積み込まれると、ブーンというプロペラ音が大轟音に変わった。投光器によって煌々と照らされた離陸場から見ると、全速回転するプロペラのハブはギラギラと光る目のようだ。巨大な金属製の鳥は着陸場をゆっくりと滑るように移動したあと、夜の闇へと消えていく。こうしてわが空軍の爆撃機は、イギリスとの戦いに飛び立っていく。彼らへの攻撃は、東部戦線での戦闘が本格化したあとしばらく休止していたのだ。（撮影：宣伝部隊シュテムカ）

恐怖の一夜が明けて 炎上したオペラハウス（右手）と大きなホテルからはまだ煙が上がっている。その前の広場では、火災救出隊の隊員が、引っ張り出されたマットレスの上でつかの間の休息を取っている。

恐怖の一夜が明けて 「焼夷弾を3個も消火したんだ」と市の公園で白鳥の世話をしている庭師のティッセンは語る。町の旧市街にある彼の家はほんの2週間前に爆弾によって粉々にされた。その顔が大空襲のすごさを物語っている。

恐怖の一夜……

当誌の戦争特派員ハンス・ハブマンは、ドイツ西部のある町でひどい夜間空襲を経験した。それから10日後、彼はその町を再訪した。以下は、そのときの報告である。

ドイツ西部にあるこの町は、これまでに100回もの夜間空襲の対象になっている。中でも今回の空襲は、最もひどいものだった。その場に居合わせた私が見たのは、無数の大火災だった。オペラハウスも多くの大きなホテルも軒並み破壊された。今回、私が随行したシュペーア軍需大臣も、マットレスやその他の家財の運び出しを手伝いながらの視察だった。何千何万という住民が家を失いながら、助かる命を懸命に助けた。大空襲の翌朝にも、あちこちの道路には黒煙が柱のように上がっていたが、それでもなお人びとは急いで職場に戻った。だが、その顔には前夜の恐怖がまざまざと浮かんでいた。

それから10日後、私はこの町に戻った。家々の破壊の跡は今も変わっていなかったが、人びとの表情と生活ぶりは、恐怖の夜が与えた苦難を明らかに克服しつつあることを物語っていた。実際、彼らがどのように乗り越えようとしているかは、ここに掲げた写真がまざまざと教えてくれる。あれほどの大空襲のわずか10日後にもかかわらず、妻のために花束を買って帰宅する男性、帽子やハンドバッグが欲しいと屈託なく笑う女性、それに、まるで何ごともなかったかのように早朝、職場へと急ぐ人びとがいた。彼らはいつも運命よりもずっと強い。

← コックピットの風防の中 機関銃を操作する無線兵（宣伝隊 撮影：戦争特派員シュペック）

恐怖の一夜が明けて 大空襲の残骸や負傷した人の横を職場に向かう人たちが通る。いつものように午前6時に機械を動かしたいと願う彼らに、時間のゆとりはない。市街電車は走っておらず、工場に行くために使える乗り物はせいぜい自転車ぐらいである。

恐怖の一夜が明けて 彼らの表情にはまだ破壊の夜の恐怖が少し残っている。彼らは、炎に立ち向かい救助活動をするために襟を外した。空襲警報によって飛び込んだ防空壕で偶然知り合ったという、市調査官のシェーファー、食料品店店主のシュトラートマン、そしてカゴ職人のアーレンスヴァルト。彼らはみないい仕事をしていた。10日後はどうなったか。下の写真をご覧いただきたい。

元気を取り戻した人びと……

ラインラントのユーモア精神は健在だ。ここに紹介するのは、市の調査官、食料品店の店主、そしてカゴ職人である。あれほどの大空襲からわずか10日後、彼らの生活は再び元に戻った。ある者はソーセージを売り、ある者は急ごしらえの壁の間でオフィスワークをこなし、そしてある者は仕上げのよいカゴをつくる。

「ここが私の事務所です。食器棚で仕切った部屋もなかなかいいものでしょう」

「本物のブランズウィックのタンソーセージはいかが？ ついさっき届いたばかりですよ」

「今ちょうどこれらを仕上げたところだよ。店のウインドウにも新しいガラスが入ったんだ」

ウェイトレスのケイト　大空襲の翌朝《シグナル》は、カフェから何とか持ち出した椅子に、同僚と一緒に腰掛けるケイト（写真左）に行き会った。

↓ 10日後　当誌記者は偶然、国家社会主義福祉ヘルパーとして食料の配給に従事するケイトに再び出会った（カゴの右側の女性）。

建築家と写真家……

「あのー、そのバケツをどこに持って行くんだい」、「このはしごを使って階段室に、そのあとで自分のアトリエまで持って行くのよ」——そう答えるのはヘームケ・ヴィンテラーさん。彼女はこのビルの5階に住む写真家である。幸い彼女のアトリエは、全壊を免れた。彼女の夫、建築家のコンラート・ワグナー氏がいくつかの煉瓦で急ごしらえの暖炉をつくった。彼らは裏庭にあるポンプから何度も水を運ばなければならないが、彼女の笑顔は変わることがない。なぜなら、生活はいつもとまったく同じだからだ。

大空襲の翌朝　自宅前に立つワグナー夫妻

10日後　破壊された自宅の中の急造オフィスで、アシスタントたちと仕事をするワグナー氏

彼女が欲しかったのはストッキング1足……

「なんてすてきなドレス！」——ベルリンのクアフュルステンダムをそぞろ歩いていた二人の女性は、まばゆいばかりに輝くショーケースに目をとめた。そこには女性の目を引くものがいろいろと並んでいた。「ねえ、このきれいなランジェリーを見て」と一人がいうと、「私はストッキングだけでいいわ。それに衣服の配給カードもあまりないし。でも、店員さんに聞くだけならいいかも……」と、もう一人の女性はため息をついた。

蹄鉄は幸運のしるし

世界中どこにもそういう言い伝えがある。だが、軍で鍛冶の仕事をしている兵隊にとって、蹄鉄には特別の意味があるという。つまり、蹄鉄を念入りにつくると、武運長久をもたらすと信じられているのだ。(宣伝部隊ヘニシュ)

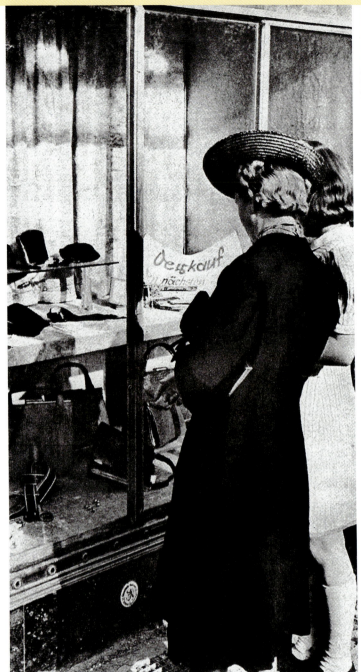

「私は右から2番目がいいわ」 修理された店のウインドウについ先ほど並べられた新しいハンドバッグを見ながら、ヒルデはいった。張り紙には、数日後に営業を再開すると書いてあった。

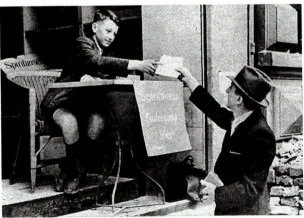

「ブランデーはこれから入荷します」 母親の手伝いをする少年が、客の登録をしながらそういう。空襲を受けた町の住民には特別配給があるのだ。

あれから 10日後……

「明日、営業を再開します」 ストッキング・ショップの店員である少女たちは笑顔でそういう。当分は他の店と店舗をシェアしなくてはならないが、空襲の被害に遭わなかった倉庫から商品を運び出す彼女たちの笑顔は底抜けに明るい。

「軍隊のパンは何ておいしいの!」食料センターで、空襲の被害をこうむった家庭のために軍のパン配給を手伝うインラントの少女たちにとって、その味は格別に違いない。

バラとマーガレット　焼け落ちたデパートの正面玄関の前に、花屋がまた露店を開いた。妻のために花を買う夫たちがひっきりなしに店を訪れる。あの大空襲から10日後のことである。

……そして重要なこと:
仕事は続く

神々の黄昏

すべての最前線からさまざまな凶報がもたらされても、ヒトラーは依然として敗戦を認めようとしなかった。ゲッベルスは、「歴史の必然と正義によって」軍事的状況を根本からくつがえす何かが起きるとヒトラーに断言した。《シグナル》もまた、不都合なニュースをできるだけ無視し、連合軍による"テロ爆撃"が引き起こす破壊をくり返し非難した。当然、ヒトラーがいう"驚異の兵器"――V1飛行爆弾とV2ロケット――の登場を大いに賞賛し、「これによって最後は第三帝国の勝利で終わるだろう」と読者を安心させた。だが《シグナル》も、状況の悪化が雑誌そのものに大きな影響を与えていることを隠すことはできなかった。ドイツ占領下にあるヨーロッパ各国の解放が進むにつれ、各言語版が一つまた一つと廃止され、発行日も徐々に遅れはじめた。全言語を通じた最終号が発行されたのは1945年3月。それは、ヒトラーがベルリンの専用地下壕で自殺を遂げ、第三帝国が最終的に降伏する数週間前のことだった。

ノルマンディーからベルリンへ

1944年6月、連合軍がドイツ占領下のフランスに上陸したとき、ヒトラーは"いちばん長い1日"の戦闘に敗れた。アイゼンハワー率いるアメリカ軍はフランスを横断し、ベルギーを抜けて第三帝国の西の前線に到達した。驚いたことに、これで状況は安定した。ヒトラーは、アルデンヌで瀬戸際の抵抗を試み、最初は成功したものの、間もなく再び軍事的敗北を喫する。連合軍がライン川を越えたとき、ソ連軍もまたベルリンへ突進した。そのわずか数日後、自殺したヒトラーが後継者に指名したデーニッツ海軍総司令官は、無条件降伏せざるを得なくなった。

1944年の夏、東西における切迫した敗北だけが、ヒトラーが直面した潜在的な災難ではなかった。それ以外にも、必ずやヒトラーの命を奪おうとする、またナチ体制を内部から転覆しようする試みに、ヒトラーは直面しなければならなくなってきた。7月20日、ヒトラーは、ラステンブルクの総統大本営で、彼の命を狙う何者かによって爆殺されかけた。それは、翌年の4月、ベルリンの司令部地下壕で最終的に自殺を遂げる以前に、今次大戦全体を通じて最もヒトラーが死に"接近"した瞬間だった。

7月の爆殺計画

ヒトラー暗殺を計画する者たちは、クラウス・フォン・シュタウフェンベルク中佐を実行者として選んだ。だが、ヒトラー暗殺が計画されたのはこのときが最初ではなかった。1943年3月13日、東部戦線から戻るヒトラーの飛行機を爆破する試みが実行され――このときは、高度のために爆弾の起爆装置が作動しなかったことで失敗した――同年3月21日、ある若い将校が、ベルリンにある、ソ連軍から奪取した軍装備品の展示館に爆弾を詰めた鞄を携行した。彼の狙いはこの展示館を視察するヒトラーを暗殺することだった。このときは、ヒトラーが視察をあまりに急いだため、計画者はヒトラーに近づくことができず未遂に終わる。

ヒトラーは強運の持ち主のように見えたが、シュタウフェンベルクの「今度こそ」という決意は固かった。ラステンブルクでのヒトラーとの会議に出席を求められたシュタウフェンベルクは、予備軍司令官フリードリヒ・フロム将軍の参謀という立場を利用して2個の爆弾を会議の場に持ち込んだ。だが、結局1個しか信管を付ける時間がなかった。爆弾を鞄に滑り込ませると彼は、ヒトラーがそれまで身を乗り出していた重い木製の地図テーブルの脚に鞄を立てかけた。その後でシュタウフェンベルクは、緊急電話をかけなければならないと言って辞去した。

安全な場所でシュタウフェンベルクが見守る中、爆弾が破裂した。ヒトラーは死んだと確信したシュタウフェンベルクは、警戒線をすり抜けて近くの飛行場に着くと、ベルリンに戻った。そこでは、国防省の彼の仲間がクーデターを準備していた。彼らは、ヒトラー死亡の報をラステンブルクから受け取りしだい、「ワルキューレ作戦」と名付けられた計画を実施することになっていた。だが、彼らはとっさの行動を躊躇する。結局、彼らはシュタウフェンベルクがベルリンに戻るのを待つことにした。

ヒトラーの死を確認しなかったことが致命的なミスとなった。ヒトラーは生きていたのだ。よろめきながらも会議室から脱出したヒトラーは、ドイツ国防軍最高司令部総長であるヴィルヘルム・カイテル陸軍元帥に抱きかかえられた。そのときカイテルは「総統閣下、あなたは生きていらっしゃる、生きていらっしゃる」といった。ヒトラーの服はぼろぼろに破れ、手足のやけどや擦り傷、鼓膜の破損を負ったものの、重傷は負っていなかった。今回もまたヒトラーは暗殺を免れた。

激怒しながらベルリンに戻ったシュタウフェンベルクは、共同計画者にクーデターの実行を迫るが、そのときすでにラステンブルクからは反対命令が出ていた。そこには、ヒトラーは生きていること、共謀を鎮圧することが書かれていた。ベルリンではヒトラーに忠実な軍隊が国防省に突入し、謀議者たちによって逮捕されていたフロムを解放した。フロムは謀議者たちをその場で射殺した。シュタウフェンベルクは銃殺隊に向かって「神聖なる我がドイツよ、永遠なれ」と叫んだ。ベルリンにおけるクーデターが失敗したことで、パリ、プラハ、そしてウィーンで同時多発的に起こった蜂起はことごとく破綻した。

衰退と崩壊

午前1時少し前、ヒトラーは自ら放送で演説し、自分が生きており無傷であるこ

大げさに誇示された「大西洋の壁」のパ・ド・カレー付近に置かれた巨大な大砲の砲座を守るドイツ軍歩哨。ヒトラーに倣って、《シグナル》はヨーロッパ要塞の難攻不落を"自慢"したが、真相は正反対だった。

とを国民に伝えた。その中でヒトラーはこう述べた。「貪欲で、無責任で、恥知らずで、同時に鈍感で、犯罪的に愚かな一握りの将校たちが、私を排除し、ドイツ国防軍最高司令官の職を私から剥奪する計画を秘かに立てていた。私よりも我がドイツ国民を恐怖に陥れかねない運命を私は免れることができた。今回もまた国民は、私が自らの任務を継続することは神の御業であるとわかるに違いない。」

ラジオ放送が行なわれるという知らせが出されたのは、放送のわずか10分前のことだった。この放送を聴いた人は、ヒトラーの演説がゆっくりであり、最初はためらっていることに気づいた。演説の最後の方で謀略者への報復を誓うくだりになってようやく、早口でいつものようながなり立て口調になった。ヒトラーはここ数ヵ月、国民に対して演説していなかった。「総統はなぜ沈黙を続けるのか」と問う手紙が宣伝省に殺到した。戦況を伝えるニュースがますます悪くなるにつれ、ヒトラーの人気は急落した。1945年1月30日に放送されたヒトラー最後の演説は、ドイツ人の士気を高める上で何の効果も発揮しなかった。「総統の声は、絶望のために耳をつんざくようだった」——「ヒトラー・ユーゲント（青少年団）」から分派した「ドイツ少女団」の若い活動家であるメータ・マッシュマンはこう書いた。

このころになると、ヒトラーは肉体的にも急速に衰えはじめていた。もう何年も、テオドール・モレル医師が処方する怪しげな薬にますます頼るようになっていた。モレルは、1936年以来、ヒトラーの体調を支えてきた侍医である。戦争の終わりごろには、ヒトラーは1日に28種類もの薬を服用し、頻繁に注射も受けた。その回数があまりに多かったので、ゲーリングがモレルを「第三帝国の注射名人」と揶揄したほどだった。

それでもモレルの努力はヒトラーの肉体的衰えを和らげることはできなかった。心電図によれば、ヒトラーはおそらく冠動脈の硬化が原因と思われる進行性の心疾患を発症していた。彼はまた、1943年以降、慢性的な消化不良と周期性の胃けいれんに悩んでいた。左手の震えはますますひどくなり、そのうえ腰は曲がり、左脚のけいれんも出てきた。1945年のはじめ、モレルはヒトラーをパーキンソン病と診断した。

ヒトラーを間近に見ている者は、ヒトラーが急速に老化していることに気づいた。髪は白くなり、実年齢よりもずっと老けて見えるだけでなく、ますます衰弱しているように思われた。ソ連軍がベルリン襲撃のために準備する中、ヒトラーが総統官邸の地下壕に降りて最終決戦を指示するようになると、身体的衰えはさらに目立つようになり、それとともに部下の将軍たちを怒鳴ったり、実在しない師団にベルリン救済を命じたりするようになった。4月22日、とうとうヒトラーは絶望のために自暴自棄になり、ドイツの敗北を初めて公然と認めた。4月29日、ソ連軍がベルリン侵攻を開始したとき、ヒトラーは自らを撃った。

こうして"千年帝国"は終焉した。ヒトラー自殺の数日後、ドイツは無条件降伏を申し出た。

こんな生活が現実になる

夕方の家庭 子どもたちは柔らかいカーペットの上で遊び、父親は新聞に、母親は裁縫に夢中だ。娘は熱心に本を読む。ドイツの古い習慣に従ってテーブルは部屋の隅に置かれている。"冷たい豪華さ"が持てはやされ、部屋の中央にでんと置かれたテーブルが調和を台無しにするようになったのは19世紀に入ってからである。

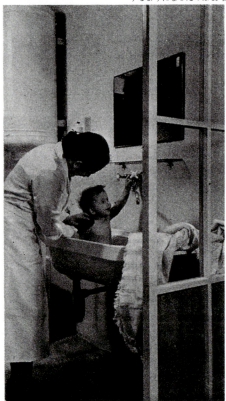

ジョニーの"小さな天国" この深い洗面台は子ども用の浴槽としても使える。ジョニーはそれを独り占めしてご機嫌だ。この浴槽の隣りには、子どもの着替え専用のテーブルがあり、電気湯沸かし器をひねれば数分でお湯が出てくる。

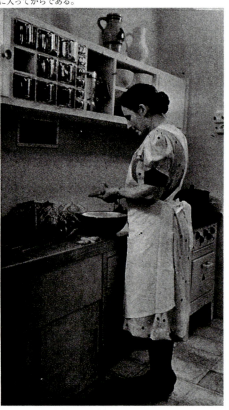

あえて小さくつくられた台所 長い距離を走るのはスポーツ・グラウンドで十分。便利に、近代的に、そして完璧に揃った設備は、周到に計画されテストされたものである。生鮮食品を貯蔵するために小さな冷蔵庫が備えられ、出来上がった料理は壁の穴を通して隣の部屋に渡される。

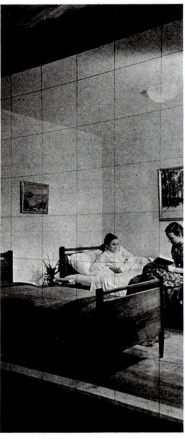

少女たちの部屋 カラマツ材でつくられたベッドは一見すると質素に見えるが、寝心地は抜群だ。どこの家にもあるような家族が囲む食卓がもたらす小さな喜びがあるからこそ、この年齢の娘たちは熟睡できるのだ。

問：ドイツには戦闘のための計画があるか？
答：ドイツの兵たちが守っているのは計画ではない。彼らが守ろうとしているのはまさに、彼らの生存を構成している要素、すなわち平時の市民生活における豊かさと多様さである。だが、彼らが勝利によって獲得したいと願っているもの、それは自分自身と引き替えに個人が尊重される時代がいつか来ることである。これもまた計画ではなく、理念の問題である。以下のページは、このことに対する《シグナル》なりの説明である。

我々は何のために戦っているのか

ヴィルヘルム・ラーブル画「教会の三性」（1881年）

《シグナル》今号のテーマは「ドイツは何のために戦っているのか」である。まず読者にご覧いただきたいのは、ミュンヘンの画家、ヴィルヘルム・ライブルが描いた「教会の三女性」である。そしてこのあとのページで、「ドイツ人とは何か」、「我々が持っているものは何か」、「我々にとって必要不可欠なものは何か」、「我々にとって絶対不可侵なものは何か」という問いに答えていきたいと思う。

我々の人生に
"生きる価値" を与えるものは何か

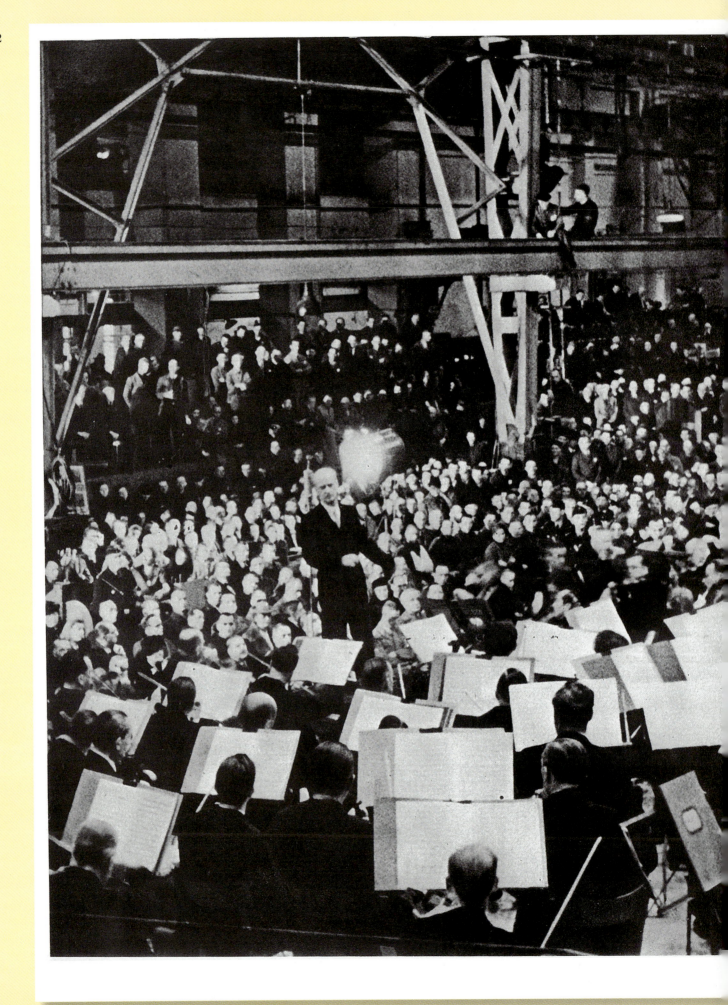

特集
「我々は何のために戦っているのか」

人間の文化の権利のために

大衆の問題は、我々の時代に特有の問題である。

金権的な国々では、何らかの形で文化の恩恵を受ける人びとの数は急速に減っている。一方、ソ連における狂信的なプロレタリア主義がもたらした惨めな産物は、いわゆる公平化や標準化では国民の文化に対する欲求を満たすことができないことを証明した。

結果として、労働者一人一人が、単調な事務仕事や工場労働だけに費やされることのない、自分の自由になる十分な余暇時間を持つことで自分の生活を具現化できるようにすることがヨーロッパにおける最も重要な戦争目的のひとつになった。私たちは、この、すべての個人と家庭にとって利益となる文化への欲求は、公正な賃金に対する闘争と同じように重要と考える。いうまでもなく、公正な賃金は生活保障にとって不可欠であり、また大都市におけるホームレス人口の最大の原因である生活不安の除去につながる。だが、公正な賃金だけでは才能と野心にあふれた人びとに前進の機会を与えることはできない。私たちが、標準化と階級優位の両方に反対する理由はここにある。

才能ある人びとが訓練を受ける権利は、いかなる形にせよ、ヨーロッパにおける新しい社会秩序となるべき働く権利の論理的な延長にほかならない。階級でも金でも利益でもなく、能力こそが常に決定的な要因でなくてはならない。"できる"個人だけが、その能力に見合った地位を努力によって占めることができる。これこそが、本当の文化の表現だと私たちは考える。旧来の社会主義運動が、より改良された成果だけがどんな要求をも正当化できることを同時に表明することなく、人びとに要求することだけを煽ったのは根本的な誤りだった。もし能力のある個人がプロレタリア的生き方によって絶望に追いやられるようなことがあれば、社会正義はけっして実現しない。私たちは、そうした体制に断固として反対する。

ふたつの実例 ドイツのある大工場の昼休み、ヴィルヘルム・フルトヴェングラーの指揮、ベルリン・フィルハーモニー管弦楽団によってベートーヴェンの協奏曲が演奏された。また、あるドイツの観光船は、恵まれない人びとに世界の名所を見てもらうツアーを催した。ほかの国では一部の富裕層しか体験できないことだ。

特集：「我々は何のために戦っているのか」

労働者の立場に関する
問題の最終解決のため

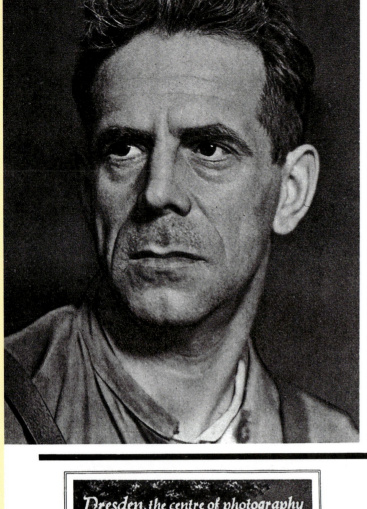

今次大戦における主要な論点は、個人の未来に関する疑問である。これからも個人は、機械や金の"下僕"であり続けるのだろうか。それとも、個人は、機械や資本の"主人"になれるのだろうか。いま起こっている世界的な闘争において問われているのは、まさにこの問題にほかならない。

労働者とは、ソ連に見られるような機械に支配された者ではなく、イギリスやアメリカの金権主義に見られるような資本に支配された者でもなく、そもそも無産階級なのである。

資本の支配そして資本市場の法則は、何百万という人びとの存立における不確実性の上に成り立っている。一方、マルキシズムとソ連共産主義の目的は、プロレタリアート（無産者階級）を永続的な存在に変えることである。ソ連共産主義も金権主義も、社会体制における誤りにもとづいた人間の理想というイデオロギーの建設に努めてきた。あらゆる国において資本主義は、労働者から権利を奪い、彼らをホームレスに追いやり、そして彼らを人民の敵に仕立てた。ソ連共産主義もまた、資本主義とはまったく正反対の過程をたどりながら同じことをしてきた。ソ連の広大な地域において人間は今も機械の奴隷、あるいは権利も公正な賃金も与えられない炭鉱労働者に成り下がっている。

一方、我々が目指すのは、労働者のための社会保障である。労働者という名誉ある階級を名乗るだけで彼らは、自分自身と家族のために、一定賃金の保障、生涯にわたる居心地のよい生活、病気になった場合の治療、負傷した場合の休業補償、そして母親になったときの手当が約束され、万が一、死んだときは妻と子どもたちのための年金が支払われる。

資本主義諸国における賃金闘争や失業という形にせよ、あるいはソ連に見られるような、ある場所から別の場所に送られる家畜のような身分という形にせよ、プロレタリアに不安定はつきものである。

だが我々は、人民共同体における個人の安全保障のために戦っている。これこそ、我々がヨーロッパにおいて展開している闘争の最重要目的にほかならない。

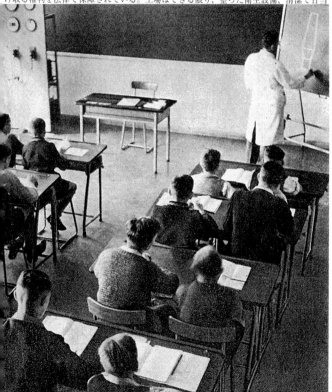

4枚の写真が象徴するもの これらの写真は、労働者が不安のない存在に変化していく過程を示している。それはドイツにおいてすでに進んでいる。労働者をプロレタリアに留めていた大部分の要因が、今次大戦の勃発によって除去されたからである。ドイツ人労働者はみな、働く権利、十分な賃金、病気や怪我に対する治療、休暇、老齢年金を受け取る権利を法律で保障されている。工場はできる限り、整った衛生設備、清潔で日当たりのよい娯楽室、同じく清潔で十分な日光が入り込む職場を用意している。加えて、国または民間企業によって幼稚園がつくられている。専門学校もあちこちに建てられている。そこに行けば、才能のある子どもたちは自分の努力によって社会の階段を昇る権利と機会が与えられる。だが、それ以上に重要なことは……

フヨードル・イヴァノフ（ロシア人） 東部戦線の戦闘が始まって以来、数多くのロシア人たちが、彼らの父祖の土地をソ連共産主義から解放するために、兵士として、農民として、機械工として志願してきた。こうして、共産主義の壁によってヨーロッパ大陸から分断されたロシア人は、ヨーロッパ解放のための戦いに加わったのである。20年以上にわたるソ連のプロパガンダによって形成された彼らの対ドイツ観は、いま根本的に変わろうとしている。

タタシヴィル（グルジア人） 人口約200万のグルジア人はカフカス山脈の南西部に住んでいる。1801年に帝政ロシアに併合されて以来、自由あるいは自主を求めて彼らはくり返し戦ってきた。第1次世界大戦が勃発する前、ソ連が変わって自分たちに自由を与えてくれることを多くのグルジア人が期待したが、共産主義とスターリン（皮肉なことに彼はグルジア人だった）はそれを無残にも挫いた。今や彼らは、ソ連共産主義に対する不屈の戦いを挑んでいる。

ウラディミール・マキシメンコ（ウクライナ人） ウクライナはソ連で2番目に大きい、4,000万の人口を擁する国である。肥沃な黒土地帯にあるこの国の快活で底抜けに楽天的な国民性と、冷酷で不自然な共産主義理論とは本来"水と油"である。彼らはもともと経済的にも文化的にもヨーロッパの一部になることを望んできたが、今やその傾向はますます強く明確になってきた。かくしてウクライナ人兵士は、共産主義に対して勇敢に戦っている。

すべての民族の権利のために

シゲルバル・クシェルバル（トルキスタン出身） ウズベク人、キルギス人、カルムイク人、カザフ人、カドシャイック人、カラカルパク人を中心とするトルクメン族は2,500万から3,000万の人口を擁し、カスピ海からパミール高原を経て遠く中国国境に至る広大な地域に定住してきた。これまで一貫してソ連体制に従属することを嫌ってきたトルクメン族は、今やドイツと協働して戦っている。

イドリス・シャキロフ（ヴォルガ・タタール人） ヴォルガ川上流域に住み約400万の人口を数えるヴォルガ・タタール人は、激しいソ連化の波に長年にわたってさらされてきた。そのためソ連とは密接な関係があるが、一方で、民族の個別性と固有の宗教を頑なに守るとともに民族の一体性を保ってきた。ヴォルガ・タタール人もまた、今日の国際闘争を好機ととらえ民族の権利のために戦っている。

ハシュミク・ナサリアン（アルメニア人） 人口200万というこの少数民族は、東方においてキリスト教を取り入れた最初の民族であり、それだけにキリスト教に対してとりわけ強い愛着を持っている。これまで何人ものキリスト教の殉教者を出してきたアルメニア人にとって共産主義は"天敵"なのだ。彼らは驚くほど自国の歴史に厳格であり、また固有の伝統に忠実である兵士としてのアルメニア人についても、それとまったく同じことがいえる。

ティメール・ガラモフ（クリミア・タタール人） クリミア・タタール人がクリミア半島に定住し始めたのは、チンギス・カン時代にさかのぼる。彼らはイスラム教徒である。これまで、共産主義は、クリミア・タタール人が望む自治権を書類の上では認めてきたが、これが実現したことは一度もなかった。そればかりか、自分たちの権利を求める戦いにおいて、多くのタタール人がシベリアに送られた。志願部隊に参加するクリミア半島東部出身のタタール人の比率がきわめて高いのも、そうした背景があるからである。

ヴァシリ・キゴロヴィッチ（ルテニア人） 約800万人を数えるルテニア人は、リトアニア大公国においても特別な役割を果たしていた。第1次世界大戦の時期までルテニア人は民族の個別性をけっして忘れず、彼らの個性を打ち消すソ連のすべての試みにもかかわらず常に民族意識に目覚めていた。今日、"自由のドア"が開かれるようになってくると、ヨーロッパの傾向に対する彼らの受容性が際だって高いことがわかる。

アレクセイ・ソヴィチェンコ（コサック） 1917年のロシア内戦によって、コサックの地は特に大きな被害をこうむった。共産主義たちはコサックの独立までも奪ったが、いわゆる"コサック軍団"はコサックの伝統を無傷のまま保持していた。かつて彼らはドン川、テレク川、クバン川、ヴォルガ川に農民として定住したが、現在はドイツと協働して志願兵として戦っている。彼らの念願は、いつの日か再びこれらの地に自らの法の下で住むことである。

ドイツ東側地域において、共産国家ソ連への一体化を強制されたときに160以上の民族がその個別性を失ったといわれている。そうした地域からドイツ志願部隊に参加した人びとは、民族の天与の権利の体現者といっても過言ではない。《シグナル》ではそのうちの12の実例を紹介する。

（撮影：戦争特派員パベル、グリム、フレンシュケ、モデュル、アーント、キルシェ、ミッテルシュテット、クナーク）

S・ハヴィバクシ（アゼルバイジャン人） アゼルバイジャン人は北カフカスに住む山岳民族で、乗馬と射撃に優れている。最も初期から"不倶戴天の敵"であった共産主義に長年にわたって苛烈な戦いを挑んでおり、その恐怖を排除する前に人里離れた峡谷に退却したが、それでも闘争を止めることはなかった。同国にドイツ軍が来たとき、ドイツ軍を解放者として歓迎し、多くのアゼルバイジャン人がドイツ軍に加わった。

マハメト・ハダイウホフ（北カフカス人） わずか15万の少数民族である北カフカス人は、イスラム教徒である。1942年に北カフカスがドイツ軍に占領されたとき、同地におけるソ連の支配がとりわけ過酷だったことが明らかになった。ソ連によって北カフカスの限られた産業に追いやられていたが、今、彼らはあらゆる機会を使ってこの制限に反抗している。彼らはまた、射撃に秀でた民族としても知られている。

イヴァン・クルカーネン（カレリア人） ソ連の中でフィン語族に属するカレリア人の人口は、約400万である。ロシア人とフィン人の人種境界はおおむねムルマンスク鉄道に沿っている。カレリア自治ソビエト社会主義共和国の国境は、あえてカレリア人とフィン人が少数民族となるように意図的に引かれたものである。現在、カレリア人はフィン人と協働して共産主義との戦いを続けている。

（このあとのカラーページもご覧ください）

ヨーロッパ大陸の戦争目的とは

これは全世界にとって重要な関心事だが、理解するのは容易ではない。そこで今回は、状況を説明するための"基本知識"を紹介する。

「ヨーロッパをこの世から消してしまえ……　高さ9メートルもある戦車がベルリンを情け容赦なく破壊し、壁も男も女も、子どもたちさえも踏みつぶす……コペンハーゲンでは、誰ひとり生き残る者はなく、ストックホルムはまるで墓場のように静まりかえっている……毒ガスの煙がパリをおおい、住民はみな地下に避難するが、それも無駄であった。共産主義は猛威を振るい、パリもフランスも消えてなくなる……3億5,000万の人口を擁するヨーロッパ大陸を抹殺するには1年もあれば十分だ。ヨーロッパの人びとは、シベリアに送られる……」

ソ連の作家イリヤ・エレンブルグが著し、英米で出版された小説『ヨーロッパ破壊トラスト』より

振り返ってみれば、今次大戦の最初の銃声は、純然たる地域紛争から始まった。紛争の発端は、「ポーランド回廊」と「自由都市ダンツィヒ」であった。それは、ある国境線の修正に関するもので、あらゆる国が名誉にかけて深い関心を払っていた。公文書を見れば、この国境線の修正は誰の感情も傷つけることなく平和裏に行なえるはずだったことがわかる。

それにもかかわらず、ドイツとポーランドとの国境に面したこのヨーロッパの北部で、今次大戦の最初の砲声が起きたのはなぜか。この狭隘な土地にある人口わずか20万に満たないこの町が大戦の"最初の炎"となったのはなぜか。慎重ないくつかの手段があれば消せるはずだったこの炎は、今や5つの大陸と7つの海にまたがる大火災となって広がっている。人類に対する信頼を揺るがすほどの、まるで怪物のような歴史的現象が起こったのは、原因と結果の比率がアンバランスだったからではないのか。それ以上に深刻な疑問も浮かんでくる。「ポーランド回廊」と「自由都市ダンツィヒ」は、はたして本当にこの大戦の原因だったのか、それとも単なるきっかけではなかったのか。

世界を巻き込んだ闘争

1939年にイギリスが今次大戦に参戦を決めた理由は「小国家群を守るため」であり、そして同年フランスが「自国の安全に関する心配」を明らかにしたことはよく知られている。それから少し後に大西洋の彼方のアメリカは「ドイツの脅威」を感じ取っていた。こうしてドイツは、各国境で史上最も過酷な闘争に巻き込まれることになった。

だがこれらの理由はいずれも、到底この戦争の規模を正当化できる動機や目的とはいえなかった。このことは、押収された公文書を見れば説明でき、そして反論もできる。このような見方は、ある程度納得できるものだろう。イギリスが今次大戦への参戦を宣言したとき、その目的がポーランドやデンマークでもなく、ノルウェーやオランダでもなく、ベルギーやフランスでもなく、あるいはギリシャやユーゴスラビアでもなく、実は自国に有利な形による「ヨーロッパでの勢力均衡」の維持と「海洋の自由」の維持であったことを理解すれば、20世紀の現実主義者たちは、自分たちの行為を都合よく定義することができるという事実を知るに違いない。現実主義者たちはまた、自国の経済活動の中心を海外に置いているフランスも、イギリスと同様に参戦するしかなかったことを納得するだろう。一方、アメリカの真の戦争目的も、武器貸与法やその他の一連の外交軍事活動によって明らかになってきている。軍事基地の支配というアメリカの政策は徐々に具体化しており、それは明らかに将来に向けた世界支配の一環である。加えて、アメリカによる爆撃機製造の独占（これについては《シグナル》最近号で報告した）は、圧倒的な空軍力を保有するという同国の政策を裏付けている。こうした事実以上に明白なことは、ソ連の本当の戦争目的である。ソ連は、26年間にわたって世界革命を起こすという野望を隠そうともせず、一部の西部地域では機会が来ればいつでも世界革命を実現するまでになっている。

一方、ドイツの戦争目的もまた明らかである。ドイツ人は今も、自国内の革命の果実――つまり社会問題という多年にわたる問題の解決――のために戦うという姿勢を守っている。この革命によって、ドイツは否応なく資本主義と共産主義という近代人の隷属の形についての闘争を促進するとともに、世界を巻き込んだ知的な戦闘へと突き進んでいったのである。

これらから、各国の戦争目的の別の側面も見えてくる。アメリカは世界支配という計画を有しているが、イギリスは防衛的である。ソ連は共産帝国の建設を目論んでいるが、その一方で共産主義の脅威に対するヨーロッパ・世界の防波堤を自負しているドイツは、ヨーロッパの戦線を死守し、自らを守っている。これと同じことをアジアで行なっている日本は、外国勢力の専制に対抗するために太平洋におけるリーダーシップの確立という歴史的な使命のために戦っている。

時代の要求

この視点から見れば、「ポーランド回廊」と「自由都市ダンツィヒ」の問題は、忽然と消えてしまう。というのは、これらの原因はこの世界的な闘争という結果に釣り合っているからだ。だが同時に、生きているものに対する時代の要求はますます情け容赦がない。全宇宙は今、ある紛争に巻き込まれており、それから誰も逃れることができず、面と向かうしかない。誰もがそれを冷静に検討し、判断するしかない。この地球で最ものどかな所でさえ戦争に巻き込まれ、誰もが生死の問題に対処しなくてはならない。しかもこの問題に迅速かつ正確に答えなければならない。それはまるで、たった15分の時間が与えられ、それを過ぎたあとの解答はまったくの無駄な試験のようなものである。

もし運命がこの世界戦争における態度と目的をヨーロッパ大陸に問うたら（実際この質問はすでになされていると私たちは信じる）、ヨーロッパは何と答えるだろうか。

ひとつだけはっきりしていることがある。それは、もし詳細な国内事情のすべてを世界史の最高裁判所に提訴したとしても、この裁判は惨めに敗訴してしまうということである。些細な問題は、評決によって引いた線で自動的に解決される。だが、自分にとって有利な評決を得るためには、ヨーロッパは確固たる事例を提出しなくてはならないし、実際、ヨーロッパはそれを持っている。

その事例を構成しているのは地味な事実である。それは、この地域にあるすべての国がその歴史を通じて勇気と勤勉、叡智と涙、流血とともに求め苦しんできた論争といってよい。それはまた、歴史の自然でダイナミックな発展の成果、言い換えればヨーロッパの力の統合へと続く道でもある。

このあと数ページにわたり《シグナル》が考えたこのテーマに関する詳細を示す。

ヨーロッパは どこへ行く?

ヨーロッパ大陸の歴史に対する問い
——その答えが5枚の絵にある

9世紀半ば、中央ヨーロッパに成立した最初の帝国であるカール大帝のフランク王国が衰退すると、ヨーロッパは小規模な国が互いに争う時代を迎え、その結果登場した小帝国では、様々な中央権力が力を失って臣下が最高位の貴族になるといったこともしばしば起きた。各王族間の対立は、ヨーロッパの社会・経済・国家を形成するための闘争の先例となった。

東方に対する戦いの初期に統一ドイツの原形が生まれたが、実際に統一ドイツが実現したのは 1,000 年後のことであった。その間、フランスはイル・ド・フランスを首都に定めて家臣を制圧するとともに、イングランドとの百年戦争で疲弊した国家の安定に努めた。同じころスペインは、ムーア人を制圧して勢力を拡大していた。傭兵たちの進軍の音は響きわたっていたが、全体として中世は終わりを告げようとしていた。

偉大なる転換点

ヨーロッパにおいて中世から近代へと至る転換点はまた、大陸という概念が芽生えた時期でもあった。ヨーロッパ人の探検への意欲と勇気は、地球上の様々な地域の発見をもたらしたが、同時に、大陸の各国境界線の確定を促すとともに、初めて我々に文化的・経済的・政治的単位としてヨーロッパを見ることの重要性を教えた。このとき初めてヨーロッパはひとつの故郷になった。ルネサンス期のイタリアでは、普遍的な空間と人類に新たな光を当てるために、古代についての知的な関心が再び高まり、ポルトガル、スペイン、オランダ、そしてフランスは、ヨーロッパ文化を広めるために世界征服を続けた。だが、この人類史における壮大かつ独自の偉業も、征服者に対する恨みを招いたように見える。ヨーロッパ中央部では、農民戦争後の社会の再編をめぐる最初の闘争によって流血の惨事が起きた。世界貿易の始まりによって新たな摩擦が生まれ、市民生活は戦争の原因になった。さらに、新たな領土を獲得するための飽くことのない戦争によって、悲劇的な信教の違いに由来する新たな衝動が生まれた。偉大な転換点は、偉大な一体性にはつながらなかった。ヨーロッパが避けることのできない次のステップ、即ち人民と国家の再編成に向けたステップは、大陸の王朝の分割につながっただけだった。それからの200年の間、ヨーロッパは中世の遺産と内閣による戦争に苦しめられることになる。一方、大陸から離れていたイギリスは、独自に海洋国家の利点を実現するとともに、大陸の大国を代わる代わる巧みに欺くことで彼らのすべてを継承するに違いない。それゆえ——200以上の主権国家に分かれている——ヨーロッパがこのとき近代史の入り口に立ったといわれるのも、"むべなるかな"である。

最終段階

　ヨーロッパ史の最後の時代が始まろうとしたとき、ヨーロッパに再び画期的な出来事が起きた。フランス革命によって旧社会が一掃され、その"偉大な息子"であるナポレオンは、廃墟の中から大陸国家の建設を目指した。彼は大陸国家の必要性を認識していたが、運命は彼の計画の達成を禁じてしまった。彼は、ヨーロッパの歴史が王朝国家から国民国家に移行すべき道筋を開いた。彼は、ヨーロッパ各国から大量の外国人兵士を募集したが、しだいにそれぞれの兵士がナショナリズムに燃えるようになった。その後、100年にわたって国家の統一のための闘争が続いた結果、主権国家も200から20に減った。国家の統一が進む中、解放された精神は文明の壮大な道具を創造した。また、ヨーロッパが自らの問題に取り組んでいるとき、技術の時代がもたらした政治大国の新たなグループによって残りの地球資源が分配されるようになった。その結果として起きた第1次世界大戦の主な原因は、こうした外交政策的動機にあるといってよい。こうした動機によって問題が起き、自らの利益に反してヨーロッパ大陸を36ヵ国から成る不安定な集合体に変えた。広域経済が始まったのもこのころである。新たに8ヵ国が加わったヨーロッパは、自らが相互不信と再軍備による難攻不落の壁の後ろに隠れ、経済的・政治的には他の地域から遅れてしまった。かくして、東から到来した共産主義の災厄は、全世界を脅かす新たな嵐となった。

最後の決断

戦勝国や敗戦国に関係なく、第1次世界大戦がヨーロッパのほとんどの国に与えた甚大な損害は、彼らに貴重な教訓を与えた。それは、戦時において比類のない重要性を持った資本と石油、羊毛とゴム、石炭と鉄が、国境や主権のような伝統的な問題と同様、将来の歴史において決定的な役割を果たすということである。1918年から1938年にかけて頻発した経済危機は、いみじくもこの事実を証明した。はたしてヨーロッパはこの事実を理解したのだろうか。それとも、世界史の発展が大陸間の競争に直面しているというのに、36ヵ国同士の旧態依然とした対立がその後も続いているのだろうか。実は続いているのである。第1次世界大戦で最も深刻な被害を受けた国（つまりドイツとイタリア）だけが、時代の第一の要求、つまり東西ヨーロッパの危険を認識している。これら2ヵ国だけが、技術と資本、社会主義と社会に対する観念を近代化し、また自国の領域において時代の問題を模範的なやり方で解決している。この時期に、世界でくすぶっている野心が再び燃えさかり、ヨーロッパを混沌に追いやろうとしているのは、ヨーロッパ史における最も悲劇的なことのひとつといわざるを得ない。今や枢軸諸国は、ヨーロッパのすべての海岸と国境に沿って前哨基地をつくり、またソ連帝国主義に武器を持って立ち向かう決意を固めた。そのような中、自信に満ちた未来に期待するヨーロッパの列強は時代の第二の要求、言い換えればヨーロッパ史のダイナミックな要求を認識するようになるとともに、国境線に関係のない共通の前線を形成するようになった。今やヨーロッパ統合の道は開かれた。おそらくこれが最後のチャンスになるだろう。

夢が現実になる この憧れを実現できるのはほんの一握りの人に限られていた。でも今では「歓喜力行団」を通じて外国旅行も不可能ではない。あなたも今年は、リヴィエラで、いやもっと遠い海岸で休暇を過ごしてみては。

何千人のための毎夜の娯楽 これこそバラエティーの世界！ここに紹介するのは、ベルリンのバラエティー劇場「プラザ」のプログラムである（上と右）。この２枚のプログラムの装飾性と大胆な様式は観客の関心をしっかりと掴んでいるようだ。

ヨットは金持ちのスポーツ？ 少なくともドイツではもはやそうではない。乗馬、テニス、ホッケーなどと同じように、今や誰もがヨットを楽しむことができる。

索 引

人名索引

ア行
アイアンサイド、エドモンド 24
アイゼンハワー、ドワイト・D 135, 186, 206
アルニム、ユルゲン・フォン 135
アレキサンダー、ハロルド 51, 95, 188
アレクサンダル1世（ユーゴスラビア王） 82
アントネスク、イオン（ルーマニア首相） 80
アンブロジオ（イタリア軍参謀総長） 185
ヴァイクス、マクシミリアン・フォン 154
ヴァシレフスキー、アレクサンドル 154
ヴァーリモント、ヴァルター 184
ヴィットーリオ・エマヌエーレ3世（イタリア王） 86, 184
ヴィルジンク、ギゼラー 6, 7, 176
ウィルソン、ヘンリー・メイトランド 83
ウェイガン、マキシム 24, 25, 42, 50
ウェーヴェル、アーチボルド 92, 93, 100
ウォーカー、バシル・C 140
ウラソフ、アンドレイ 109
エーメル、ヴィルヘルム 172
エレンブルグ、イリヤ 218
大平秀雄 138
オーキンレック、クルート 92, 95

カ行
カイテル、ヴィルヘルム 206
カヴァッレーロ、ウーゴ 82
カムフーバー、ヨーゼフ 192
ガムラン、モーリス 22, 24, 50
グーデリアン、ハインツ 25, 50, 106, 108, 109
グナイゼナウ、アウグスト 173
クライスト、ハインリッヒ・フォン 173
グライフェンベルク、ハンス・フォン 89
クラウス、マックス 147
クラウゼヴィッツ、カール・フォン 173
グラッツィアーニ、ロドルフォ 80, 86, 87, 92
クリスチャン（デンマーク王） 17
クルーゲ、ギュンター・フォン 109, 182
クルコウスキー、ジクムント 11
クルツ、ゲルダ 58
グローテ、フランツ 60
ゲオルギオス2世（ギリシャ王） 83
ケッセルリンク、アルベルト 64, 66, 67, 184, 185
ゲッベルス、ヨーゼフ 108, 132, 155, 184, 194, 205
ゲーリング、ヘルマン 50, 55, 64～67, 155, 156, 192, 194
コッペルベルク、ハインリッヒ 132
ゴート、ジョン・スタンディッシュ 50, 51
近衛文麿 146
コラー、アンドレ 22
コリジス、アレクサンドロス（ギリシャ首相） 83

サ行
ザウケル、フリッツ 134
シャイアー、ウィリアム 192
シャルンホルスト、ゲルハルト・フォン 173
ジューコフ、ゲオルギー 108, 109, 152, 154
シュタウフェンベルク、クラウス・フォン 206
シュトゥデント、クルト 83
シュトゥンプ、ハンス＝ユルゲン 64
シュトレッカー、カール 155, 176
シュペーア、アルベルト 54, 132, 134, 156, 194, 197
シュペルレ、フーゴ 64
シュミット、ベッポ 66
シュルツェ、ノルベルト 61
蒋介石 143
スコルツェニー、オットー 184
スターリン、ヨシフ 106, 108, 109, 114, 145, 146, 152, 154, 172, 216
ソッドゥ、ウバルド 82, 87

タ行
ダウディング、ヒュー 64
チャーチル、ウィンストン 50, 55, 64, 83, 92, 93, 95, 132, 186
チャーノ、ガレアッツォ 80
チュイコフ、ワシーリー 152
ツァイツラー、クルト 144
ツァラコグロウ、ゲオルギオス 83, 89
ディズニー、ウォルト 135
テナント、ウィリアム 50
デーニッツ、カール 206

ナ行
ナポレオン・ボナパルト 146

ハ行
ハイベルク、キルステン 60
ハインリツィ、ゴットハルト 108, 109
ハーウッド、ヘンリー 13
パウルス、フリードリヒ・フォン 145, 152, 155, 156
パヴレ王子（ユーゴスラビア王ペータル2世の摂政） 82
パーク、キース 64
パットン、ジョージ 187
パッラーニ、シディ 92
バドリオ、ピエトロ 80, 82, 86, 87, 185
パパゴス、アレクサンドロス 83
ハリス、アーサー 192, 193
ハルダー、フランツ・フォン 22, 108, 144
ビーバーブルック卿マックス・エイトケン 64
ビヨット、ガストン・アンリ 24
ファルケンホルスト、ニコラウ・フォン 13, 16
フィンク、ヨハネス 66
フォッシュ、フェルディナン 40, 42, 43
ブラウヒッチュ、ヴァルター・フォン 106, 109
プラスカ、セバスティアーノ・ヴィスコンティ 80, 82
フランクリン、ハロルド 24
フリードリヒ・ヴィルヘルム3世（プロイセン王） 173
フリードリヒ大王（フリードリヒ2世、プロイセン王） 172

プリーン、ギュンター 13
フルトヴェングラー、ヴィルヘルム 213
フレイバーグ、ベルナルド 83
ブレカー、アルノ 54
フロム、フリードリヒ 206
ヘーヴェル、ヴァルター 132
ヘス、ルドルフ 55
ペータル2世（ユーゴスラビア王） 82
ペタン、フィリップ 25
ヘブナー、エーリヒ 109
ベーメルト、ハラルド 60, 63
ベルゴンゾーリ、アンニバーレ 92
ホーコン7世（ノルウェー王） 13
ボック、フェードル・フォン 10, 22, 25, 54, 106, 108, 109, 144
ホト、ヘルマン 106, 108, 152, 154, 182
ホプキンス、ハリー 143
ボホマン、ヴェルナー 60

マ行
マーシャル、ジョージ 135
松岡洋右 149
マッケベン、テオ 60, 62
マーテル、ジファール・ル・ケネス 24
マンシュタイン、エーリッヒ・フォン 22, 144, 154, 182
ミルヒ、エアハルト 155, 194
ムッソリーニ、ベニート 80～87, 92, 95, 146, 148, 185
メデンフィント、ハインツ・フォン 6
モーデル、ヴァルター 182
モルトケ、ヘルムート・フォン 172
モレル、テオドール 207
モロトフ、ミハイロヴィチ 114
モントゴメリー、バーナード 92, 95, 185, 187

ヤ行
ヤーリ、ミハエル 60, 63
ヨードル、アルフレート 89, 185

ラ行
ライブ、ハンス 61
ライブ、ヴィルヘルム 211
ラムジー、バートランド 50
ララ・アンデルセン 61
ラングスドルフ、ハンス 13
リスカ、ハンス 173
リスト、ヴィルヘルム・フォン 82, 144
リーツ、ヴィルヘルム 6
リデル＝ハート、バジル・ヘンリー 40
リンドバーグ、チャールズ 135
ルイス、シンクレア 135
ルーズベルト、フランクリン・デラノ 91, 95, 132, 135, 136, 140, 143
ルントシュテット、ゲルト・フォン 10, 25, 50, 106, 109
レアンダー、ツァラー 60, 63
レオニダス1世（スパルタ王） 172
レオポルド3世（ベルギー王） 24
レーダー、エーリヒ 11, 54, 55
レノー、ポール（フランス首相） 24, 25
レーベ、ヴィルヘルム・リッター・フォン 106, 109

レヘンベルク、ハラルド 6
ロアッタ、マリオ 87
ロコソフスキー、コンスタンチン 155
ロンメル、エルヴィン 24, 25, 92, 93, 94, 95, 100, 135, 145, 154, 185

ワ行
ワルプ、ローレ 152

地名＆事項索引

ア行
アイスランド 142
アイルランド 6
アイン・エル・ガザラ 93, 95
アグファ・ゲバルト社 6
アクロポリス 89, 90
アジア 140, 142
アシカ作戦 55, 67
アストラハン 144
アゼルバイジャン人 217
アゾレス諸島 140
アテネ '82
〈アドミラル・グラーフ・シュペー〉 13
アドラータク（鷲の日） 66
アビシニア 87
アビシニア作戦 147
アブヴィル 26, 29
アフガニスタン 141
アフリカ 87, 141, 142, 147
アフリカ軍団 92, 93, 135, 145
〈アブロ・ランカスター〉 193
アペニン山脈 184
アミアン 25
アムール川 142
アメリカ 6, 115, 131, 140, 146, 176, 218
アメリカ第一委員会 135
アメリカ太平洋艦隊 132, 136, 138
アメリカ西海岸 137
アメリカ非参戦委員会 135
アラス 24
アラスの戦い 24
アラスカ 137, 142
アラビア語 6
アラブ人 44
アラム・ハルファ 95
アリエテ（イタリア軍師団名） 92
アリューシャン列島 142
アルザス・ロレーヌ地方 147, 148
アルジェ 135
アルジェリア 95
アルデンヌ 22, 206
アルトワ 34
アルバニア 80
アルメニア 216
アレクサンドロポリス人民委員会 89
〈あんたは女好き、美貌の友〉 62
アンツィオの戦い 185
アントワープ 193
アンナルネス 14
イギリス 10, 14, 114, 115, 140, 146, 147, 176, 218
イギリス海外派遣軍（BEF） 22, 24, 50, 51, 53
イギリス空軍戦闘機軍団 64
イギリス侵攻計画 54
イギリス防空監視隊 64
イジョラ川 127
イズリントン 66
イタリア 6, 80, 82, 86, 115, 146, 147, 148
イタリア軍 92, 106, 152,

154
イタリア軍山岳部隊 183
イタリア語 6
イタリア人 135, 184
イーペル 24
イラク 145
イラクリオン 83
イラン 6, 141
イル・ド・フランス 34
インド 141, 145
インドシナ 143
インド洋 141, 146
ヴァランシエンヌ 29
ヴァルテラント 147
『ヴィクトリー』 6
ヴィシー政府 95, 135, 141
ヴィニスタ 144
ウィーン 206
ウインターストーム（冬の嵐）作戦 154
ウェーク島 136, 142
ウェストエンド 67
ヴェッキオ宮殿（フィレンツェ） 85
ヴェリカヤ川 158
〈ウェリントン〉 193
ヴェルサイユ条約 10, 172, 174, 176
ヴォルガ川 108, 145, 152, 154, 162, 170, 180, 216
ヴォルガ・タタール人 216
ヴォロネジ 144
ウクライナ 106, 108, 116
ウクライナ人 216
ウズベク人 216
ウナラスカ島 142
ヴァジマ 108
ヴュルツブルク・レーダー 192
ウラジオストク 142
ウラソフ軍団（ロシア解放軍） 109
ウラヌス作戦 154
ウラル山脈 140
ウリツク 126
ウルグア 126
英仏海峡 24, 36, 50, 55
英米海外派遣軍 95
〈アプロ・ランカスター〉 193
英領ガンビア 142
エジプト 80, 141
エジプト領スーダン 141
エストニア 6, 106, 114
エッセン 193
エッフェル塔 47, 54
エーヌ 25
エバン・エマール要塞 24, 26
エル・アラメイン 95, 145, 154
エル・アゲイラ 92
エンダーベリー島 142
オアフ島 142
『黄金の龍』 62
『大いなる愛』 63
〈オクラホマ〉 138
オーステンデ 24
オーストラリア 142
オーストラリア軍 92
オーストリア人 172
オセアニア 216
オセチア 13, 16, 18, 19
オデッサ 54
『オーボエ』（レーダー誘導システム） 193
〈おやすみ、かあさん！〉 60
オラン 135
オランダ 6, 22, 26, 115, 147, 148, 192
オランダ語 6
オランダ人 135
オランダ領東インド 142
オルボー 13
オルレアン 37
『オルレアンの男、フォッシュ』 40

カ行
海峡の戦い 55
外国人の徴用 134
凱旋門（パリ） 40
〈街灯のセレナーデ〉 → 〈リ

リー・マルレーン〉
海洋の自由 218
カイロ 92, 95
カザフス 216
カタニア平野 187, 188
カチューシャ多連装ロケット砲 77
カドシャイック人 216
カビテ 142
カフカス 108, 144, 145, 152
カフカス油田 144
カーボベルデ諸島 140
カムチャッカ 142
カムフーバー・ライン 192, 193
カラカルパク人 216
カラジョルジェヴィッチ王家 82
カラチ 154
カラブリア 185
カリーニン 108
カリフォルニア 137
カールスホルスト 56
カルムイク人 216
カレー 24, 26, 50
カレリア自治ソビエト社会主義共和国 217
カレリア人 217
『カレント・ヒストリー』誌 140
カーン 66
歓喜力行団 223
キエフ 106, 108, 117
機関銃生産 132
北アイルランド 142
北アフリカ 80, 92, 140
北カフカス 217
北カフカス人 217
北ブコヴィナ 114
北フランス 64
急降下爆撃機 22, 72, 76
貴陽 142
「教会の三女性」 211
共産主義 114, 115
強制労働局 134
ギリシャ 6, 80, 82, 88, 89
ギリシャ軍 83
ギリシャ正教 89
キール 193
キルギス人 216
キレナイカ 92
金本位制ブロック 148
グアム島 136, 142
空軍戦闘機軍団司令部 64
『クスター・ヴァーサ』 6
クーデター 206
クトノ 10
クバン川 217
グムラク 155
グライダー空挺隊 184
グラヴリーナ 24
グラン・サッソ 184, 190
クリスチャンサン 13, 16
クリスチャン（デンマーク王） 17
グリ・ネ岬 66, 67
クリミア・タタール人 217
クリミア半島 217
グリーン（緑色）作戦 144
グリーンランド 142
グルジア人 216
クルスク 144, 182
クルセーダー（十字軍）作戦 93
クレタ島 83, 176, 186
グレッベ防御線 186
クロアチア 6, 82
クロアチア軍 82, 172, 174
クロアチア分離主義者 82
黒シャツ民兵大隊 86
グロズヌイ 144
クロール・オペラ劇場 54
クロンシュタット 126
軍需生産 132, 134
ケニア 141
ケルチ半島 144, 156
ゲルマン精神 172
ゲルマン民族 172

索引

ケルン 193
『恋と最初の鉄道』 63
紅海 141
航空機生産 64, 132, 134
航空母艦 136
航空母艦「イタリア」 84
『故郷』 62
国民軍 173
コサック 217
国家社会主義 174
〈この世の破滅はまだ来ない〉 63
コブレンツ 148
コペンハーゲン 13, 17
孤立主義（アメリカの） 135
コルビノ 127
コレヒドール島 142
〈コンソリディーテッド B-24 リベレーター爆撃機〉 194
コンドル軍団 64
コンピエーニュ 38, 40, 42, 43, 54, 146
「コンピエーニュの大罪」 38

サ行
サーチライト 192
サハラ砂漠以南のアフリカ 140, 141
サハリン島 142
サモア諸島 142
ザールプファルツ 148
サルーム 93, 99, 100
サレルノ海 185
サロニカ 83
サンカンタン 29
塹壕村 178
三国同盟（日・独・伊） 146
ジヴエ 29
「シカゴ・トリビューン」 135
シチリア 97, 182, 184～189
シディ・バッラニ 80
シティー（ロンドン） 67
シナイ半島 145
シベジャラバブ 100
シベリア 142
資本主義 214
ジャワ 142
シャンゼリゼ大通り 43, 47
シュヴァインフルト 193
重慶政府 143
自由都市ダンツィヒ 218
自由フランス軍 95
〈シュトゥーカ急降下爆撃機〉 28, 29
シュトゥットガルト 193
シュトラスブルク 148
シュリーフェン・プラン 22
シュリュッセルブルク 127
シュレジエン 148
『女王の心』 62
女性 134
〈ショート・スターリング〉 193
ジョンストン島 142
シラクザ 187
シリア・イラク 141
親衛隊国家保安本部 156
シンガポール 142, 143
真珠湾 131, 132, 138, 142
〈人生は大いなるすべて〉 63
シンハラ人 44
スイス 6
スヴァルキ 115
スウェーデン 6, 13, 115, 148
スエズ運河 92
スカパ・フロー 13
スカンジナビア諸国 147, 148
〈スターリング〉 193
スターリングラード 144, 145, 152～156, 162, 166, 170～176, 180
スダ湾 83
スダン 22
スタンモア（ミドルセックス州） 64
ストリーミング（奔流） 193
スパルタ 155, 172

〈スピットファイアー戦闘機〉 64, 66, 67
スファキア山脈 83
スペイン 6, 115, 148
スペイン内戦 64, 87
スヘルデ川 26
スモレンスク 106
スロバキア 6, 115
スロバキア語 6
スロベニア系住民 82
制空権 134
西部戦線 30
世界革命 218
赤軍 10
セネガル人 44
セバストポリ 144
ゼーブルク市 193
セルビア 6, 81
セルビア系住民 82
戦車生産 132
潜水艦戦 13
専制政治 148
戦争捕虜 134
総統大本営 206
ソネフォス 19
ソ連 106, 115, 140, 142, 143, 146, 147, 218
ソ連軍 182
ソ連共和諸国 214
ソ連統合国家政治局 174
ソ連統合国家政治局収容所 116
ソンム渓谷 24

タ行
タイ 142, 143
第1次世界大戦 172, 173
大西洋の壁 207
大戦車戦 207
"大殲滅戦" 52, 53
ダイナモ作戦 50
タイフーン（台風）作戦 108
太平洋 136
ダカール 148
ダッチハーバー 142
ダンケルク 24, 25, 38, 50～54, 176, 186
ダンツィヒ 147
チェコスロバキア 174
チャネル諸島 140
中央アフリカ 140
中央ヨーロッパ 147
南京政府 142
チュニジア 135
聴音機 192
徴兵法（アメリカ） 135
ツァーリツィン 144
ツィタデレ（城塞）作戦 110, 182
ツツイラ島 142
ディエップの戦い 135
低地諸国 22, 64
ディナン 29
ディル川 22
鉄鉱石 13
〈デボンシャー〉 13
テムズ川 66
デュースブルク 193
デュッセルドルフ 193
デルナ 93
テルモピュライ 88, 155, 172
テレク川 217
電撃戦 9, 10, 14
天山山脈 143
テンペルホーフ飛行場（ベルリン） 67
デンマーク 6, 10, 13, 15, 64, 115, 147
ドイツ空軍 55, 64, 155
ドイツ軍情報部 66
ドイツ少女団 207
ドイツ舞曲と娯楽楽曲 60
東南アジア 142
東部戦線 123, 178
トゥール 25
独ソ不可侵条約 10, 114
ドゴール 6, 141
ドックランド地区（ロンドン） 67

トッテナム 66
ドナウ流域諸国 147
ドニエストル川 169
ドネツ盆地 108
トブルク 92, 93, 95, 104
トランスヨルダン 141
トリーア 147
トリエステ師団 95
トリポリ 92, 101
トリポリタニア 92
トルクメン族 216
トルキスタン・シベリア鉄道 143
トルクメン族 216
トルコ 6, 114, 141
ドルツィ川 158
〈ドルニエ Do 17 爆撃機〉 64, 66
ドルの帝国主義 140
奴隷労働 134
トロンヘイム 13, 16
ドン川 152, 154, 217

ナ行
『ナショナル・ジオグラフィック』 6
ナムスオース 13
ナルヴィク 13, 176
南京政府 142
南西太平洋 137
南米 140
西ヨーロッパ 147
日本 131, 132, 136～140, 142, 143, 145, 146
ニュージーランド 142
ニュージーランド軍 93
「ニューヨーク・タイムズ」紙 140
「ニューヨーク・デイリーニューズ」 135
ノリッジ 194
ノルウェー 6, 10～21, 64, 115, 147
ノルウェー人 150
ノルウェー侵攻作戦 13
ノールカップ 146
ノルマンディー 64

ハ行
廃兵院（パリ） 54
〈ハインケル He 111 爆撃機〉 64, 134
ハウランド島 142
バクー 144
パクス・アメリカーナ 140
ハーケンクロイツ 155
バタヴィア 140
バーデン 193
バトルアクス（戦斧）作戦 93
バトル・オブ・ブリテン 55, 64, 67
パナマ運河 137
ハニア 83
パニッシュメント（懲罰）作戦 82
ハノーファー 193
ハーマル 17
パラシュート部隊 24, 26, 27, 28, 83
バランシエンヌ 24
パリ 25, 33, 45, 47, 54, 146, 206
バリケード 42
パリジャン 151
パリ入城（1871年3月1日） 42
パリ入城（1940年6月14日） 41
ハリファヤ峠 103
バルカ 170
バルカン諸国 115
バルカン半島 80, 83
バルディア 92, 93
バルト海 10, 114
バルバロッサ（赤髭）作戦 80, 82, 106～129
バルビア通り 93

ハルファヤ峠 93, 99
パルミラ島 142
パレスチナ 141
バーレーン諸島 141
ハワイ 136, 142
ハンガリー 6, 82, 115, 148
ハンガリー軍 106, 152
バンツー族 44
〈ハンドレ・ページ・ハリファックス〉 193
〈ハンプデン〉 193
ハンブルク 194
ビアホール一揆（1923年） 108
東アジア 136
『ピクチャー・ポスト』 6
『ピグマリオン』 62
ビスケー湾 146
ビッグ・ウィーク（1994年春） 194
ヒトラー・ユーゲント 207
『美貌の友』 62
ビロストク 115, 159
ビル・ハケイム 95
ビルマ 143
ピレウス 82
ヒンメルベット（天蓋付ベッド） 192
ファシズム 148
ファシズム大評議会 184
ファル・ゲルプ（黄色作戦） 22
フィジー諸島 142
〈フィーゼラー・シュトルヒ小型偵察機〉 123, 184, 190
フィヨルド 20, 21
フィリピン 136, 142
フィン語族 217
フィンランド 6, 114, 115
フィンランド語 6
フェニックス諸島 142
『フェルキシャー・ベオバハター』 155
フェルトレ 184
フォッシュ大通り 43, 45
フォルバック 33
フランクフルト 193
仏領北アフリカ 154
〈船乗りの歌〉 60, 63
「プラザ」（バラエティー劇場） 223
ブラジル 140
プラハ 206
フランクフルト 193
フランス 6, 10, 24, 54, 114, 115, 146～148, 176, 218
フランス語 6
フランス山岳大隊 13
フランス人 134
フランス領インドシナ 142
フランス領北アフリカ 135
フランス領赤道アフリカ 141
ブフンデンブルク門 54
〈ブリュッヒャー〉 13
〈プリンス・オブ・ウェールズ〉 136
ブルガリア 6, 82, 114, 148
ブルゴーニュ 34
ブレシア（イタリア軍師団名） 92
ブレスト・リトフスク要塞 110～113
ブレダ 22
ブレビティ（簡潔）作戦 93
ブレーメン 193
ブロイセン 172, 173
プロホロフカ 182
平時徴兵制 135
ペオグラード 82
ベオグラード放送 61
ベダ・フォム 92
ベッサラビア 114, 115
ペデカー爆撃 194
ベルギー 6, 11, 22, 26,

147, 148, 192
ベルギー人 135
ベルギー領コンゴ 141
ベルゲン 13, 16
ベルシャ 145
ベルシャ軍 155
ベルシャ湾 141
ベルベル人 44
ヘルマン・ゲーリング装甲師団 187～189
ベルリン 147, 149, 150, 151, 192～194, 206, 223
ベルリン空襲 66, 67
ベルリン競馬場 56
ベンガジ 92, 93, 95
〈ホイットレー〉 193
『ボーイング B-17 フライング・フォートレス爆撃機』 194
〈歩哨のセレナーデ〉→〈リリー・マルレーン〉
ポピュラー音楽 63
ボヘミア 6, 148
ポーランド 10, 11, 114, 134, 146, 147, 174
ポーランド回廊 10, 218
ポーランド軍 176
ボルドー 25
ポルトガル 6, 140
ボルネオ 142
ポンツァ島 184

マ行
マイコブ 144
マーカス 142
マケドニア 83
マケドニア系 82
マジノ線 24, 26, 32, 49, 148, 172, 176
マース川 29
マデイラ諸島 140
"まやかし戦争" 10, 11, 13
マリタ作戦 82
マルキシズム 214
マルタ 97
マルヌ川 25
マルヌ川の戦い 22
マレー諸島 137
マレー諸州 143
マレメ 83
満州国 142
〈マンチェスター〉 193
マンハイム 192, 193
ミッドウェー 142
『港の小さな手風琴』 61
南アフリカ連邦 141
南ダカール 142
ミルウォール 66
ミンスク 159
ムイシュコワ川 154
ムーズ川 22, 148
ムッソリーニ救出 184
無線パルス航法システム 193
無防備都市 25
メキリ 93
メタクサス線 83
〈メッサーシュミット Me 109 戦闘機〉 64, 67
〈メッサーシュミット Me 110 双発駆逐戦闘機〉 64, 66
メッシナ 185, 186, 188, 189
メッス 148
メドウェイ 66
メメル 148
メルサ・ブレガ 92
〈もし奇跡が起きたら〉 60, 63
モスクワ 106, 131
〈モナズ・アイル〉 50
モラビア 6
モロッコ 95, 135
モロッコ人 44
モンテ・カッシーノの戦い 185
モンテビデオ港 13
モンマルトル 54
モンロー主義 140

ヤ行
夜間戦闘機 192
有色人種部隊 44
〈夕べは酒場で〉 60
ユーゴスラビア 82, 114
ユダヤ問題調査研究所 6
油田（カフカスの） 144
油田（ルーマニアの） 106
ユトランド半島 13
〈ユンカース Ju 87 急降下爆撃機〉 64, 66
〈ユンカース Ju 88 爆撃機〉 64, 65, 195
ユンカース航空機工場 132
ヨーク 194
ヨルダン 145
ヨーロッパ 140, 176, 219～222
ヨーロッパでの勢力均衡 218
ヨーロッパの共同 148
『ヨーロッパの決断』 147
『ヨーロッパ破壊トラスト』 218
ヨーロッパ要塞 135

ラ行
『ライフ』誌 6
ラインラント 198
ラステンブルク 206
ラドガ湖 127
ラトビア 106, 114
ラプラタ川 13
〈ランカスター〉 193
蘭州 143
リトアニア 106, 114
リトアニア大公国 217
リビア 92
リビア砂漠 100
リヒテンシュタイン機上レーダー 193
リベリア 6
リューベック 193
〈リリー・マルレーン〉 61
ルーアン 25, 36
ルクセンブルク 6, 22, 26, 147, 148
ルーシ・スパイ網 182
ルテニア人 217
ルーマニア 6, 10, 80, 82, 114, 115, 116, 148
ルーマニア・イタリア連合軍 156
ルーマニア軍 106, 152, 154, 172, 174
ルール地方 192, 194
レーダー 55, 64, 66, 192, 193
レーダー誘導システム 193
レニングラード 106, 126, 127, 144
〈レパルス〉 136
レンベルク 115, 116
労働者 214, 215
ロシア 216
ロスケ 93
ロストフ 144, 193
ロストフ・ナ・ドヌー 108
ロチェスター 66
ロッテルダム 24, 34, 37
ローマ 184
ローマ帝国 86
ロレーヌ地方 33, 148
ロンドン 66, 67
ロンドン空襲 67, 68
ロンメル通り 93

ワ行
ワイン街道 33
ワーグナー音楽祭 55
ワッテンドルフ 7
ワルキューレ作戦 206
ワルシャワ 10

欧文
「H2S」（レーダー誘導システム） 193
〈U-47〉潜水艦 13
V1 飛行爆弾 205
V2 ロケット 205
VE デー 6

監修者あとがき

本書は、2014年に出版されたジェレミー・ハーウッド（Jeremy Harwood）著、原題『ヒトラーの戦時雑誌——ナチスのプロパガンダ雑誌《シグナル》で描かれた第2次世界大戦（Hitler's Wartime Magazine: World War II as portrayed by Signal the International Nazi Propaganda Magazine）』の全訳である。著者のジェレミー・ハーウッドは、イギリス在住の歴史家であり、オックスフォード大学クライスト・チャーチ・カレッジで学んだ後、近代史を中心に執筆活動を続けている。最近の著作には、『Philosophy: A Beginner's Guide to the Ideas of 100 Great Thinkers』、『World War II From Above: An Aerial View of the Global Conflict』などがある。

原著は、ナチス時代に最も成功したグラフ雑誌《シグナル》である。《シグナル》は、1940年4月に創刊号が発刊され、ドイツが崩壊する直前の1945年3月に最終号が発行された。もともとは200万部の発行部数のグラフ雑誌『Berliner Illustrierte Zeitung』の増補版としてスタートしたものである。最盛期には、フランス語、イタリア語、スロバキア語、アラビア語、フィンランド語、オランダ語など20言語に翻訳され、毎号合計で約250万部が販売されていた。さらには、英・米両国に向けて情報を発信するため、英語版も出版している。

ヒトラー率いるナチス党は、党の理念から共産主義国家ソ連を最大の敵と捉えていた。ヒトラーは共産主義のイデオロギーに対抗するため、「プロパガンダの天才」と呼ばれたヨーゼフ・ゲッベルスを宣伝相に起用して対外宣伝に多大な力をそそいでいる。《シグナル》発刊の目的も、「1940年代初頭にドイツがヨーロッパ文明の守護神であるという主張を宣伝し、ドイツの国家社会主義の美徳を近隣諸国に誇示する」と同時に「占領地域の人びとの信頼を獲得する」こととされていた。このため、《シグナル》は、軍事作戦の現地報告だけではなく、ドイツのイデオロギーを詳しく紹介することにより、ドイツ国民の士気を鼓舞して戦争の協力を促すのみならず、占領地でのドイツ支持者の獲得も重視していた。

一方で、《シグナル》はグラフ雑誌でもあったため、斬新なレイアウト、高質の戯画、わかりやすいイラスト、視覚的な地図、そして政府や軍の高位高官ではなく前線の兵士や一般市民の日常に的を絞ったドキュメンタリー写真の多用など、視覚効果の高い編集をしており、今読み返してみても誌面の現代的感覚には驚くばかりである。

重要な点は、現実の戦闘の推移と《シグナル》に掲載された記事の移り変わりを比較することによって、ドイツのプロパガンダの内幕に迫ることができることである。本書の歴史的意義は、まさにここにある。

本書は、大きく4部に分かれている。第1部は、ドイツ軍がポーランド、ノルウェー、フランスに侵攻して連戦連勝していた時期であり、各国の捕虜、パリ入城の風景、そしてイギリス軍が撤退した後のダンケルクの記事などは、勝利の実感を広く知らしめるものであった。しかし、初めてドイツ軍の進撃が阻止された英本土航空戦については、事実のみの報道に留めている。

第2部は、初期作戦の成功からナチス・ドイツの最大の敵であるソ戦に侵攻するまでの過渡期の時期であり、ギリシャ、ユーゴスラビア、北アフリカ、そして独ソ戦の現場から報告している。とりわけ独ソ戦では初動から激戦が続いており、記事から苦戦がひしひしと伝わってきている。

第3部は、日本とアメリカが参戦して、ヨーロッパの戦いが世界大戦にまで拡大した時期を紹介している。この間の主要な戦闘は、スターリングラードの攻防戦であり、もはや戦闘の挽回は困難となり、戦闘の帰趨がドイツ全体の運命に影響することが予期される記事である。この頃から《シグナル》の視点が変わり、敗戦の中で勇戦奮闘する兵士のヒロイズムに焦点を当てるようになる。

第4部は、ドイツが終焉に向かう時期であり、戦闘の写真は少なくなり、かわって市民のポートレートや歴史といった娯楽記事が誌面を埋め、当初の生き生きとした戦争報道が無くなっていった。このようにドイツの栄枯盛衰は、グラフ雑誌《シグナル》の栄枯盛衰でもあったのである。

激動の20世紀を学ぶ上でナチス・ドイツとその時代は、永遠の研究テーマであり、知的興味はつきない。本書は、ナチス・ドイツのプロパガンダ雑誌《シグナル》の写真と記事を当時のまま紹介しており、本邦初の出版物として大きな意義があるものと考えられる。

2014年11月

源田 孝（防衛大学校教授）

[著者]
ジェレミー・ハーウッド（Jeremy Harwood）
オックスフォード大学クライスト・チャーチ・カレッジで歴史学を学び、公開発表会で優勝するとともに、同じ年度の歴史学部最優秀卒業生としてサー・キース・フェイリング記念賞を受賞する。最近の著作には、『Looking Back at Britain history series』（全5巻、リーダーズ・ダイジェスト社、イギリス）、『Philosophy: A Beginner's Guide to the Ideas of 100 Great Thinkers』（クウェルカス社）、そして『Atlas of History's Greatest Military Victories』（アイコン・ブック社）などがある。

[監修者]
源田 孝（げんだ・たかし）
1951年、福岡県生まれ。防衛大学校防衛学教育学群統率・戦史教育室教授。専門は軍事史。元空将補。防衛大学校航空工学科卒業（1974年）。早稲田大学大学院公共経営研究科修了（2008年）。軍事史学会理事、戦略研究学会理事。主要著書は『エア・パワー——その理論と実践』（共著、芙蓉書房出版、2005年）、『戦略論体系⑪ミッチェル』（芙蓉書房出版、2006年）、『戦略の形成——支配者、国家、戦争』（共訳、中央公論新社、2007年）、『アメリカ空軍の歴史と戦略』（芙蓉書房出版、2008年）、『ノモンハン航空戦全史』（共訳、芙蓉書房出版、2010年）、『エア・パワーの時代』（共訳、芙蓉書房出版、2014年）。

[翻訳者]
大川紀男（おおかわ・のりお）
1949年、横浜生まれ。国際基督教大学卒業後、出版社勤務などを経て約30年にわたって自身の翻訳会社を経営したあと、翻訳家として独立。主な訳書に『こども生物図鑑』（河出書房新社、2014年）、『図説お金と人生』（悠書館、2014年）などがある。

ヒトラーの宣伝兵器
——プロパガンダ誌《シグナル》と第2次世界大戦——

2015年2月25日

著 者	ジェレミー・ハーウッド（Jeremy Harwood）
監修者	源田 孝
翻訳者	大川紀男（ぷれす）
発行者	長岡正博
発行所	悠書館

〒113-0033　東京都文京区本郷2-35-21-302
TEL 03-3812-6504　FAX 03-3812-7504

Japanese Text © 2015. T.GENDA & N.OHKAWA
2015 Printed in China
ISBN978-4-903487-99-1